微博用户
群体行为研究

张静◎著

企业管理出版社
ENTERPRISE MANAGEMENT PUBLISHING HOUSE

图书在版编目（CIP）数据

微博用户群体行为研究 / 张静著 . — 北京：企业管理出版社，2023.12

ISBN 978-7-5164-2957-0

Ⅰ.①微… Ⅱ.①张… Ⅲ.①互联网络—用户—行为分析—研究 Ⅳ.① C912.6

中国国家版本馆 CIP 数据核字（2023）第 186376 号

书　　名：	微博用户群体行为研究
书　　号：	ISBN 978-7-5164-2957-0
作　　者：	张　静
策　　划：	寇俊玲
责任编辑：	寇俊玲
出版发行：	企业管理出版社
经　　销：	新华书店
地　　址：	北京市海淀区紫竹院南路17号　　邮　编：100048
网　　址：	http://www.emph.cn　　电子信箱：1142937578@qq.com
电　　话：	编辑部（010）68701408　　发行部（010）68701816
印　　刷：	北京亿友创新科技发展有限公司
版　　次：	2023年12月第1版
印　　次：	2023年12月第1次印刷
开　　本：	710毫米×1000毫米　　1/16
印　　张：	15.75印张
字　　数：	210千字
定　　价：	88.00元

版权所有　翻印必究　·　印装有误　负责调换

前 言

互联网的发展在很大程度上改变了人们的社会生活状况,多种信息的裂变式传播促进了多元化社会的到来。这种信息传播方式一方面改变了传统的信息传播者与受众的关系;另一方面重塑了信息传播平台。微博是人们在工作与生活中获取信息和发布信息的重要渠道,微博用户行为反映了人们对于微博的利用程度与依赖程度,同时也间接体现了微博对人们工作与生活的影响程度。

本研究以管理学、马克思主义理论、计算机、复杂网络等学科的理论为基础,以静态与动态、个体与群体、宏观与微观的辩证关系为指导原则,采用实证研究和复杂网络建模相结合的方法,论证了微博用户群体行为形成与发展过程、行为选择机理和行为规范构建的对策等,主要内容如下:

第一,将解释结构模型运用于微博用户群体行为的研究,从微观和宏观两个方面系统地阐明了微博用户群体行为的复杂性,论证了影响微博用户群体行为的因素,构建了微博用户群体行为影响因素的解释结构模型。通过案例分析法提取影响微博用户群体行为的因素,结合复杂网络理论,再通过模型探讨阐释了微博用户群体行为发生的根本原因以及各因素之间的关系。

第二,基于无标度网络的原理和元胞自动机模型,多层次、多角度揭示了微博用户群体行为形成互动的机理和演化过程,构建了微博用户群体

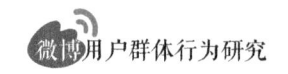

行为形成互动的演化模型，分析微博用户群体行为形成互动的演化过程，提出了微博用户群体行为的引导与发展机理。

第三，利用元胞自动机模型，在论证微博用户群体行为选择过程与机制的基础上，构建了微博用户群体行为选择的复杂网络模型。根据元胞自动机模型，通过建立复杂网络模型，详细阐释了微博用户群体行为在环境要素、个人要素和周围元胞因素的作用下是如何进行群体行为选择的，以及其对微博用户群体行为选择的影响方式与影响程度，提出了微博用户群体行为选择的机制和发展趋势。

第四，从微博用户群体行为的决策原则出发，提出了微博用户群体行为规范构建的对策与建议，论证了对微博用户群体行为进行有效监控与引导的方法。结合案例分析和复杂网络建模得出的结论，阐明了要从政府层面、社会层面和个人层面，多层次、多角度地培养意见领袖，设置议题，加强群体成员之间信息交流与互动，提高群体成员信息认知的全面性，通过微博平台秩序的确立、社会减压与安全机制的保障以及微博用户个体行为的规范约束等方式，确保能够对群体成员行为进行有效的合理约束。

本书在编写和出版过程中，要诚挚感谢我的导师王欢教授和赵玲教授给予的悉心指导；感谢企业管理出版社寇俊玲编审的帮助和指导。同时，本书也参考和借鉴了大量国内外者学者和政府部门的研究数据与研究成果，并在参考文献中一一列出，但仍有可能存在遗漏之处，在此也向学者们表示衷心的感谢。由于作者水平有限，在写作过程中存在的缺点、错误在所难免，恳请读者批评指正。

张 静

2023年9月

目录

第1章 绪 论 ……………………………………… 001
    1.1 研究背景 ……………………………………… 003
    1.2 研究意义 ……………………………………… 006
    1.3 研究内容与框架 ……………………………… 010
    1.4 研究方法与技术路线 ………………………… 013
    1.5 研究创新点 …………………………………… 015

第2章 文献综述与理论基础 …………………… 017
    2.1 微博用户行为相关研究 ……………………… 018
    2.2 微博用户群体行为研究现状 ………………… 029
    2.3 群体行为相关研究 …………………………… 035
    2.4 复杂网络理论 ………………………………… 050

第3章 微博用户的使用动机与结构研究 ……… 067
    3.1 微博用户使用动机的概念与理论 …………… 069
    3.2 影响微博用户使用动机的因素分析 ………… 070
    3.3 微博用户使用动机的结构与测量 …………… 073
    3.4 本章小结 ……………………………………… 084

第4章 微博用户群体行为的复杂网络结构 …… 085
    4.1 微博用户行为的系统分析 …………………… 087
    4.2 微博用户群体行为的复杂性分析 …………… 099
    4.3 本章小结 ……………………………………… 108

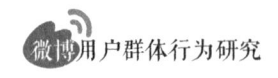

第 5 章　微博用户群体行为影响因素的解释结构模型 …… 111
5.1　影响微博用户群体行为的因素 …… 112
5.2　解释结构模型的确立 …… 119
5.3　模型结论解释与分析 …… 133
5.4　本章小结 …… 136

第 6 章　微博用户群体行为形成互动的机理与演化模型 …… 137
6.1　微博用户群体的演化过程 …… 138
6.2　微博用户群体行为的形成机理 …… 142
6.3　微博用户群体行为的互动机理 …… 147
6.4　微博用户群体行为形成互动的演化模型 …… 153
6.5　本章小结 …… 169

第 7 章　微博用户群体行为选择的复杂网络模型 …… 171
7.1　微博用户群体行为选择过程 …… 172
7.2　微博用户群体行为选择模型确立 …… 174
7.3　模型分析 …… 181
7.4　本章小结 …… 201

第 8 章　微博用户群体行为的决策原则与规范的构建 …… 203
8.1　微博用户群体行为决策原则的确立 …… 204
8.2　微博用户群体行为规范的构建 …… 211

第 9 章　研究结论与展望 …… 221
9.1　研究结论 …… 222
9.2　研究展望 …… 224

参考文献 …… 227

第1章 绪　论

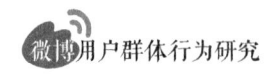

21世纪初，网络和手机的盛行彻底改变了人们的工作方式与生活方式，当今社会被人们冠以"信息时代"或"信息社会"，也是为了强调网络和手机的影响。它们的出现与存在使人们能够获取更多、更丰富的信息，且不受他人意志和外界客观环境的干扰；它们打破了主观和客观的局限性，为人们提供开放、自由的信息环境和氛围，使人们真正进入言论更加开放的社会。所以网络和手机的存在极大地提高了人们的主动性，打破了人们以往被动存在的格局，突出人的能力与个性。

微博是网络时代重要的产物之一，它以便利、快捷、实时、互动、人性化与碎片化等特征著称，对人们的工作方式、生活方式与思维方式产生了较大的影响。根据统计机构World of Statistics的数据显示，2023年年初，X（原名：推特，twitter）的月活用户5.41亿；另外，根据微博发布2023年第二季度财报显示，新浪微博平台月活跃用户达到5.99亿，超过一半的手机网民使用过微博，所以微博的影响力是可想而知的。微博与手机的组合，为人们的信息获取与收集、人际互动和交往塑造了新模式，个人、企业、社会组织与政府部门等相继将微博平台作为其信息收集与信息发布的重要平台。同时学者们通过实证研究，将定性研究与定量研究相结合，对微博用户行为进行了全面分析，掌握了微博用户的使用习惯、使用方法等一般规律。本研究以此为基础，利用复杂网络的相关理论与方法，以微博用户群体行为为研究对象，探讨微博用户群体行为的结构、形成过程以及行为互动和行为选择的模式等，并从微博平台建设、社会安全机制建立和微博用户个体行为规范约束等方面确立微博用户群体行为的规范构建机制，以使微博能够更好地发挥其优势，在为个人、社会组织和政府等提供真实有效信息的基础上，也能够更好地用于维护社会稳定和促进社会和谐发展。

第1章 绪 论

1.1 研究背景

目前，我国正处于转型时期，各种社会矛盾和利益冲突在所难免，比如卫生事件、环境问题、金融危机、拆迁问题等，群体性事件时有发生，对于社会稳定和国家发展都产生了一定的影响。群体聚集，一方面有利于人们传播社会正能量，促进社会和谐发展；另一方面，负面的群体性事件会激发社会负面情绪，影响社会安定。所以，处于国家改革发展的关键时期，必须高度关注群体行为或群体性事件对人们的影响。

近年来，互联网的发展在很大程度上改变了人们的社会生活状况，以微博为代表的社交网络的出现，变革了传统的信息传播方式和人际沟通方式，多种信息的裂变式传播促进了多元社会的到来。这种信息传播方式一方面改变了传统的信息传播者与受众的关系；另一方面重塑了信息传播平台。在网络时代来临之前，人们主要通过报纸、广播及电视等获取信息，而这些获取信息的方式对于信息接收主体来讲是被动的。随着网络时代的到来，越来越多的人选择以网络作为主要的信息接收工具，双向、多向的信息交流方式增加了人们的主观能动性以及对信息的自由选择权，满足了人们对人际交往和海量信息的需求。

微博是一种基于Web2.0的一种新型博客，以计算机、手机等各种设备作为终端，通过个人平台发布信息，以"关注"和"被关注"的方式实现信息的实时传播与互动。它具有信息实时性、用户草根化、内容全面性和裂变式传播等特点，将人们碎片化的时间合理利用，将碎片化信息进行整合，满足了人们对于信息多样化和个性化的需求，逐渐成为人们工作与生活的必需品。

伴随着移动互联网的不断发展，微博对人们的日常生活、学习和工作，尤其是信息获取方式产生了重大的影响。X是较早产生的微博，自产

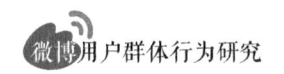

生之日起，包括以新浪微博、腾讯微博为代表的微博平台，每天产生的信息是以亿为单位计算的，这个信息量、产生量和发布量任何一家传统媒体都无法企及。随着Twitter在全世界范围内的兴起与流行，我国的微博网站也得到了快速发展，最早一批的有叽歪、嘀咕等，它们在宣传微博的理念和信息传播思想方面发挥了重要作用；目前国内较具代表性的微博主要有新浪微博、腾讯微博、网易微博、人民网微博等，它们依靠网站的影响力与巨大的用户群，占据了大部分微博用户，有较大的影响力。从无到有，从简单的信息提供，到信息交流，再到实时的信息发布与互动，它改变了人们对于信息获取的看法，同时也改变了人们的信息行为方式，使微博成为信息集散地，更多社会事件都会通过微博进行信息传递。

与此同时，人们的工作、生活、学习、休闲与娱乐等都离不开网络和微博，本研究通过调查发现，52.9%的人每天上微博时间小于半小时，但是人们每天上微博的次数较频繁，34.1%的人每天上微博1~2次，21.8%的人每天上微博2~5次，有17.2%的人经常"刷微博"，26.8%的人每天上微博的次数小于1次，说明人们对微博的利用程度较高，大多数人保持着使用微博的热情（见图1-1和图1-2）。

微博之所以受到人们的喜爱与欢迎，最根本的原因是其信息交互的实时性和用户的草根化，它的开放性与自由性为用户的言论表达提供了空间，同时也增加了用户之间的交流，形成了用户对于微博的依赖。微博最大的特点在于其方便快捷的信息发布能力和强大的信息传播能力。这主要取决于其单向关注的信息推送机制，这就极大地满足了用户关于信息获取的需求以及一些企业病毒式营销的需求。这种传播模式对于用户来说吸引力极大，它可以打破传统媒体平台高门槛、高水平等特质，微博平台的自由开放给予普通人更多的机会与平台，再充分利用微博用户弱关系的特性，在满足人们信息获取需求的基础上，也满足了人们信息发表与信息交

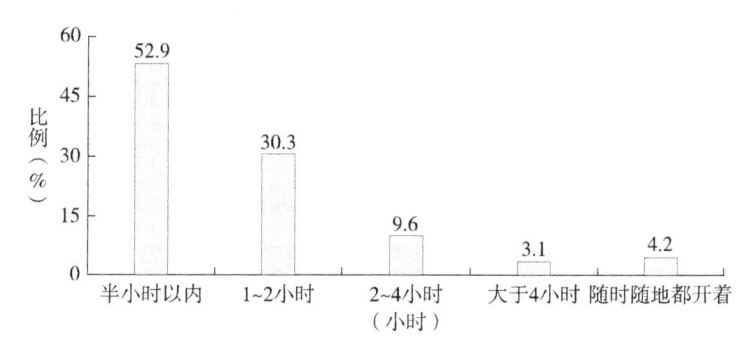

图 1-1　您每天上微博的时长

（数据来源：北京市教工委战略课题"文化多元背景下当代大学生信息接受习惯与认知方式研究"的问卷调查结果）

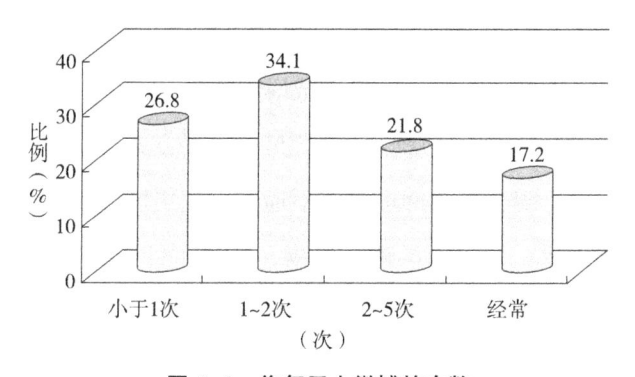

图 1-2　您每天上微博的次数

（数据来源：北京市教工委战略课题"文化多元背景下当代大学生信息接受习惯与认知方式研究"的问卷调查结果）

互的需要。这也使微博成为重要的"信息集散地""网络议事区""观点形成区"等。由此可以看出，微博用户的参与热情，主要来自自我记录与表达、公共信息获取、接近名人和自我形象的塑造。也就是说，用户参与微博进行信息获取与分享也是其依赖微博的重要原因之一。所以在信息时代，由于人们对微博的依赖性越来越强，微博对人们的影响也越来越大，必须对微博中的用户行为密切关注，以服务于社会发展和个人需求。

随着移动互联网技术的不断发展，微博不仅影响和改变人们的信息认

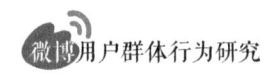

知方式和接受水平，同时也对人们的信息观念与信息态度等产生了较大的影响。伴随着网络和微博的发展，现实与网络相结合，群众与网民相互影响，微博搭建了信息共享平台，也使其成为人们情绪宣泄的"场"；微博加快了信息快速传递，也成为社会矛盾与问题放大的工具；微博实现了民主，但也催化了谣言和网络暴力的产生，严重危害社会稳定。

微博与群体行为的结合是时代的产物，它的影响力、影响范围都是巨大的。微博的存在与广泛利用，使现实社会中群体性事件的状态更加复杂，发展态势倾向于多元化，扩大了群体性事件的影响，在方便社会公众利益诉求表达的同时，也使"小事扩大"，其放大作用也可能会激发社会公众的负面情绪或非理性情绪，社会矛盾不断激化。比如，陕西"微笑局长"事件，最后导致丢官，受到法律的制裁。这就是微博影响力的最好体现，但是从另一个视角来看，这也是社会公众监督或参与的重要方式与有效渠道。

微时代，由于现实利益诉求渠道不通，人们更倾向于通过微博等网络平台表达利益诉求，通过微博进行聚集，放大事件的影响力与影响范围，引起社会关注，最终实现个人利益与诉求的有效表达。这种通过微博进行聚集的行为用于好的方面就有利于传播社会正能量，用于不好的方面就可能会引起社会动荡，造成社会恐慌，不利于社会稳定与和谐。所以，这就要求我们必须关注和探索微博用户群体行为的模式和用户群体行为的形成与发展，了解微博群体性事件的形成与发展，准确掌握其发展路径，以便为突发事件的紧急处置提供一些依据和建议，及时有效地掌握群体性事件的发生状况，减少影响社会稳定的事件发生，促进社会和谐发展。

1.2 研究意义

1.2.1 理论意义

信息时代，随着通信技术与手段的不断完善与发展，人们接收与认知信息的渠道不断增多，各种信息铺天盖地，每种言论都代表一方的利益和态度，存在一定的利益导向性，在面对这些纷乱复杂的信息时，人们可能无从判断真假与对错，也无法全面而准确地认知各种社会事件，所以研究微博用户群体行为是信息社会的产物，也是人们对未知事物进行判断的一种客观需求。

基于Web2.0的理念与技术，微博打破了传统媒体一对多的定向传播以及网络媒体一对多的互动传播，开创了一种新的裂变传播模式。微博采用"用户—粉丝—粉丝的粉丝……"的裂变式信息传递模式，使一条信息能够以几何级数的速度不断传播；它忽略地域、用户特性、用户需求等信息进行不间断的传播，被一个人发布，可能会被成千上万的人浏览，这就是微博最具影响力与吸引力的方面，同时也是微博最可能具有破坏力的地方。目前学术界关于微博用户个体行为的研究有很多，学者们提出了许多行之有效的结论，并应用于实践活动中，相关研究较为成熟，但是针对微博用户群体行为的研究较少。本研究基于复杂网络的基本理论，研究微博用户群体行为，探索微博用户群体行为的形成互动机制和演化机理以及行为选择模式等，以期能够对微博中的群体行为有更加全面、深入的研究与理解。

第一，将复杂网络理论与管理学的问题有效融合，利用复杂网络的理论解决管理学中的基本问题。将复杂网络的相关理论与模型同微博用户群体行为的理论全面融合，用复杂网络的理论解决现实生活中的管理学问题，复杂网络的理论和方法是提出问题和解决问题的手段与方法，更为重要的是利用复杂网络的相关模型和理论，对微博用户群体行为进行更加全面、系统、深入的探讨，丰富微博用户群体行为等相关领域的研究成果，使理论研究更加深入。

第二，丰富微博用户群体行为相关研究的理论成果，完善研究内容。关于微博用户个体行为的研究成果有很多，但是关于微博用户群体行为的

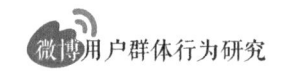

相关研究成果较少。本研究基于复杂网络的相关理论，将理论模型与微博用户群体行为的特性相结合，建立模型，从研究内容上来看，包括微博用户群体行为的特性与复杂性表现以及微博用户群体行为的形成互动机制与演化机理以及行为选择等内容；研究方法不仅有理论探索，也有实证研究和建模研究，研究角度比较全面，丰富了关于微博用户群体行为的相关研究成果。

第三，将静态研究与动态研究相结合，系统揭示微博用户群体行为的形成互动机制和演化过程以及群体行为的选择，使抽象的知识与理论更加形象化。利用复杂网络的相关理论与模型研究群体行为是学术界近年来关注的热点，它能够较好地利用模型将抽象化的问题具体化和形象化，有利于人们理解群体行为的形成与发生、发展等，从而得出一些有价值的研究成果。但目前学者们缺乏具体的、全面的、系统化的研究，本研究在探讨微博用户群体行为的形成互动机制和演化过程以及微博用户群体行为选择的基础上，将理论与实践相结合，利用复杂网络的相关理论建立模型，并对模型进行仿真研究，以达到从微观、中观和宏观的角度对微博用户和微博群体行为有更加全面的认知，对系统化研究微博用户群体行为，有一定的理论意义与现实意义。

1.2.2 现实意义

微博是人们工作与生活中获取信息和发布信息的重要渠道，微博用户行为反映了人们对于微博的利用程度与依赖程度，同时也间接体现了微博对人们工作与生活等方面的影响程度。理论研究的最终目的是服务于社会实践，通过对微博用户的群体行为进行研究，了解微博中群体行为的形成、成员互动以及群体行为的选择，通过模型得出结论，并提出一些对策，希望其对企业挖掘微博潜力、政府加强微博管理和社会有效利用微博有一定的借鉴意义。

第一,全面了解微博群体行为与群体性事件发展过程与影响的需求。近年来,随着微博的不断发展与完善,人们对微博的使用程度不断增强,利用微博发布信息、获取信息、进行信息交流、与他人进行交往等都可以在较短时间里实现。但在微博中,大部分个体的影响力和权威是有一定限制的,所以一些有相似特征和兴趣的个体会组成一个集团,形成小组,方便人们的信息获取和人际互动,能够发挥集体的力量,扩大事件的影响力,传播正能量,比如"微博打拐",同时也有利于人们通过微博表达群体的利益诉求,维护社会公众(尤其是底层群众)的基本权利,促进社会和谐与稳定;但由于信息量大和参与人群复杂,也给一些"有心人"利用微博传播各种谣言营造了环境,这些谣言给人们的心理造成恐慌,极大地危害了社会秩序。这种行为或事件的形成,在一定程度上是以微博作为平台,以信息传播或人际交往为载体,形成集群,并在群体范围内发布信息并相互传播。所以,研究微博用户群体行为的形成过程,对其行为方式、行为互动和行为选择进行研究,可以较好地了解微博中各类群体的聚集情况,对一些突发事件或群体性事件进行预测,尽可能消除威胁社会稳定和不和谐的因素,确保社会稳定和国家安全。

第二,全面了解微博网络舆情的客观要求。哈贝马斯认为,私人领域和公共领域出现交往现象,是世界进入现代化的动力,它促进了国民经济和社会系统的自主和独立。微博平台的开放性使其成为社会公共信息集散地,任何消息,无论是否被传统媒体报道,都能够被公众认知,并使公众参与讨论;同时也拓展了人们获取信息的渠道,给予人们更多机会认识社会。目前微博已经成为个人、企业、社会组织和政府关注的必要内容,利用微博发布信息、收集信息也是其发展过程中的必然选择,而大数据概念的提出与发展,又将以微博为代表的社交网络平台的数据分析与应用提上日程,如何全面、详细地了解微博舆情也成为一大研究重点。研究微博用

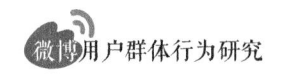

户群体行为以微博中大量存在的客观数据为基础，通过实证分析的方法，对群体结构、群体行为的形成路径、群体行为选择等进行分析，可以较好地了解微博网络舆情，对于政府掌握网民动态与心理、企业掌握用户消费习惯与态度等都有重要意义。

第三，规范微博秩序、发挥微博正能量的客观要求。目前学者们关于微博用户个体行为和微博的特征开展了许多研究，但是对群体行为研究较少。本研究通过对微博用户群体行为的形成、发生与发展过程进行全面分析与研究，根据得出的研究结论，从政府、网络运营商和微博用户个人等角度提出规范微博秩序、净化微博环境、促进微博用户群体行为并向有利于社会和谐的方向发展等方面的对策与建议，希望能够为相关部门的决策提供一定的参考依据，进而发挥微博的正能量。

综上所述，无论是从宏观的国家安全和社会稳定角度来看，还是从微观的探索微博舆情发展角度来看，研究微博用户群体行为意义重大，如何充分利用微博用户群体行为的优势、规避其风险也是社会需要关注的重点问题。本研究正是基于这个背景提出研究问题，结合复杂网络理论对微博用户群体行为的形成发展做基础的系统研究，并提出一些应对的建议与对策。

1.3 研究内容与框架

1.3.1 研究内容

从以上的分析可以看出，学者们在研究微博用户行为时，主要是通过直观、静态的网络结构与形态研究用户在关注、评论和转发微博方面的特征，大多是从数学和技术角度入手，较少考虑社会因素和用户自身因素；主要从微观和个体的角度研究用户个体行为，没有对微博用户的群体行为进行分析。

复杂系统的研究方法和研究内容非常广泛，本研究在利用复杂网络的主要理论与模型的基础上，对微博用户群体行为的形成、群体成员的互动以及群体行为选择等进行研究，结合用户与群体心理的发展，建立模型，并进行仿真分析，得出研究结论，找出问题，给出相应的策略建议。所以，本研究的内容主要集中在以下五个方面：

第一，微博用户行为的结构测度。通过对微博中挖掘的数据进行量化分析，研究微博用户基本行为特性以及微博网络度与度分布、平均路径长度与聚集系数、小世界网络等基本特性，并对微博内容、信息发布方式、用户使用习惯、用户关系等进行分析，并研究微博群体行为特性和复杂性的具体表现。这是研究微博用户群体行为的基础。

第二，影响微博用户群体行为的因素分析。利用文献研究法、案例分析法和实证建模的方法，从社会环境因素、微博因素、群体因素和个人因素四个方面总结影响微博用户群体行为的因素，并对各因素之间的关系进行分析，结合复杂网络基本理论，建立解释结构模型，找出影响微博用户群体行为的直接原因和根本原因，为后续研究奠定基础。

第三，微博用户群体行为形成互动机制与演化模型。本部分主要以微博用户群体行为的形成互动为研究对象，研究用户群体行为的具体形成互动过程、机制及其演化模型。从社会学、心理学和组织行为学的角度具体阐述微博用户群体形成的路径，揭示群体行为的形成互动过程与机制；依据复杂网络的相关理论，运用元胞自动机理论，从宏观到微观，建立微博用户群体行为形成互动的演化模型，并对其进行仿真分析，探索环境、个人和群体对微博用户群体行为形成互动的影响，为研究微博用户群体行为选择奠定基础。

第四，微博用户群体行为选择的复杂网络模型分析。群体行为产生

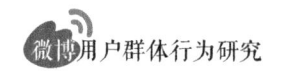

于群体需要与群体环境之间的交互作用。所以，本研究利用复杂网络的元胞自动机模型，对微博中群体行为选择的具体变化过程进行详细描述与分析，研究微博用户群体行为在个人、环境、群体的相互作用下是如何产生，个人与环境的变化是如何影响群体行为的走向以及群体行为的活跃程度、群体行为的选择。这也为后续探讨如果规范微博用户的群体行为提供依据与方向。

第五，提出微博用户群体行为规范的构建对策。对微博用户群体行为进行研究最终目的是使企业挖掘微博潜力、政府加强对微博的监控与管理以及有效利用微博的优势。了解微博用户群体行为的形成发展规律对有效利用微博有重要的指导作用，它会提升微博中正面群体性事件的影响力，也可能会降低负面群体性事件发生和影响扩大的概率，并促使微博用户及群体能够理性对待各类社会问题。所以，本研究在理论研究的基础上提出微博用户群体行为的决策原则，并从社会层面、微博层面和个人层面三个角度，提出微博用户群体行为规范的构建对策，希望本研究的一些研究结论、内容和对策建议有一定的实践价值。

1.3.2 研究框架

本研究利用复杂网络的理论研究微博用户群体行为，在对复杂网络、微博用户行为、群体行为等相关理论知识进行回顾的基础上，通过数据挖掘的方式获取微博用户的基本信息，并对其进行分析，同时详细分析了微博用户群体行为的特性及其使用动机的结构，在此基础上，提出影响微博用户群体行为的因素，确认政府工作机制不完善和相关法律制度的缺失是影响微博用户群体行为的根本原因。结合复杂网络的元胞自动机模型，从微博用户群体行为形成互动机制与演化过程以及群体行为选择等方面，对微博用户群体行为进行研究，并得出相应的研究结论，提出对策建议。本研究框架见图1-3。

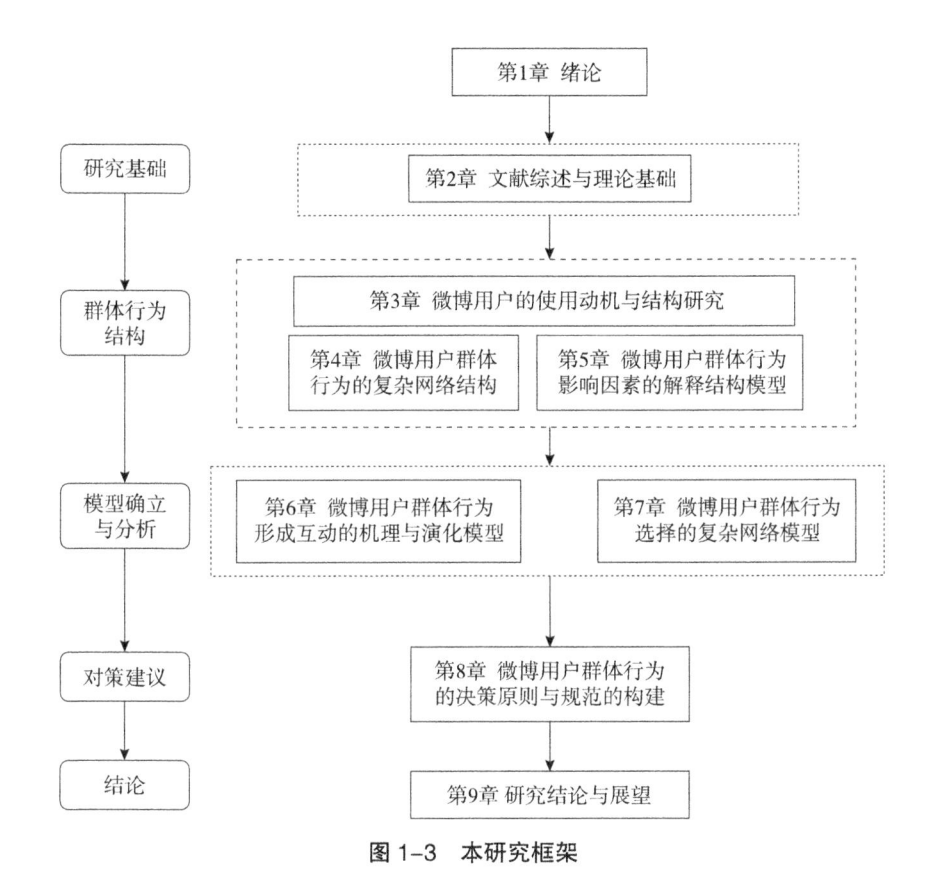

```
研究基础 ─── 第1章 绪论
                ↓
            第2章 文献综述与理论基础
                ↓
群体行为      第3章 微博用户的使用动机与结构研究
结构      ┌─ 第4章 微博用户群体      第5章 微博用户群体行为
          │  行为的复杂网络结构      影响因素的解释结构模型
                ↓
模型确立     第6章 微博用户群体行为     第7章 微博用户群体行为
与分析       形成互动的机理与演化模型    选择的复杂网络模型
                ↓
对策建议     第8章 微博用户群体行为
             的决策原则与规范的构建
                ↓
结论         第9章 研究结论与展望
```

图 1-3　本研究框架

1.4　研究方法与技术路线

微博用户群体行为的研究可分两个主流：一是以大样本数据收集为主，从整体上了解微博用户群体行为，是实证分析；二是以微博中的具体言论和微博群体为具体样本，通过对其内容进行分析研究，确立微博群体行为的发展路径。本研究力图结合两者，倾向"互补性探究"研究思路，综合运用实证分析和理论分析。本研究主要运用的是理论分析与数据实证分析和建模分析相结合的方法。在理论分析方面，运用复杂网络和管理学等学科的基础理论知识，研究微博用户群体行为，为模型建立提供理论支撑和依据。主要研究方法如下：

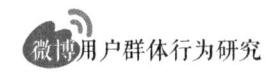

第一，数据实证分析的方法。在运用数据进行实证分析的过程中，将爬虫软件和Java编程相结合，抓取微博中的相关数据。以新浪微博平台为基础，获得微博用户的相关信息，并通过编程抓取新浪微博中博文的转发与评论等相关关系，利用SPSS、UCINET和ROST WordParser分析软件等对获得的数据进行详细筛选和分析，对微博用户行为和结构进行系统分析，了解微博用户群体的基本特性以及成员之间的关系，揭示微博用户群体行为的复杂性以及其形成互动和行为选择的机制。

第二，案例分析法。分析微博中群体性事件和微博用户群体行为产生的原因及形成机理。在研究微博用户的群体行为时，本研究除了利用复杂网络的基本理论和模型进行分析，还将现实中案例融入理论分析过程，以新浪微博为例，在其中选取31个微博用户群体聚集的案例和5个微群，以此为基础进行案例分析，分析这些微群的成员构成与特性，并找出影响微博用户群体行为的主要因素，为研究内容和过程提供现实支撑，将理论与实践相结合，增强研究的理论意义与实践意义。

第三，基于复杂网络理论的建模仿真。这是本研究主要使用的研究方法，利用复杂网络的基本知识和理论，借助解释结构模型和元胞自动机模型，将管理学等学科的理论知识与微博用户群体行为的实际情况相结合，建立微博用户群体行为影响因素的解释结构模型以及微博用户群体行为形成互动的演化模型和行为选择的复杂网络模型，并利用Matlab对模型进行仿真分析，得出研究结论，提出微博用户群体行为形成与发展过程中需求关注的重点问题，并提出了引导微博用户群体行为发展向着有利于社会稳定方向发展的对策与建议等。

以上三个是本研究主要采用的研究方法，同时也是本研究的基础。本研究以复杂网络的相关理论与模型为基础，主要目的在于解决微博中与群体相关的问题，以期能够较好地把握微博用户群体行为的形成路径、群体成员的互动机制以及微博用户群体行为选择的路径与结果等，能够对微博用户和群体行为有全面的认知，较好地引导群体行为的发展，塑造良好的微博言论环境。本研究技术路线见图1-4。

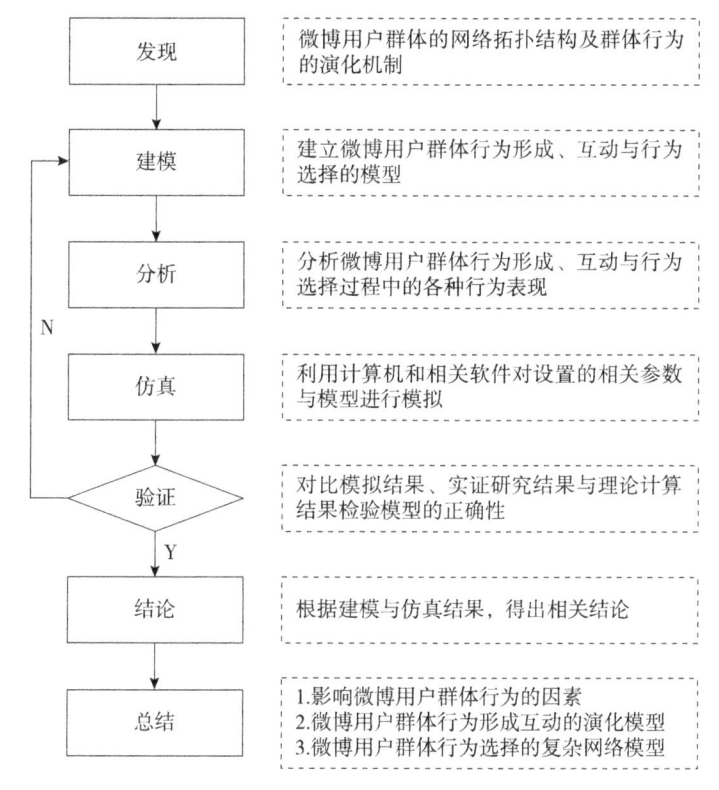

```
发现 —— 微博用户群体的网络拓扑结构及群体行为的演化机制
 ↓
建模 —— 建立微博用户群体行为形成、互动与行为选择的模型
 ↓
分析 —— 分析微博用户群体行为形成、互动与行为选择过程中的各种行为表现
 ↓
仿真 —— 利用计算机和相关软件对设置的相关参数与模型进行模拟
 ↓
验证 —— 对比模拟结果、实证研究结果与理论计算结果检验模型的正确性
 ↓ Y（N 返回建模）
结论 —— 根据建模与仿真结果，得出相关结论
 ↓
总结 —— 1.影响微博用户群体行为的因素
         2.微博用户群体行为形成互动的演化模型
         3.微博用户群体行为选择的复杂网络模型
```

图1-4　本研究技术路线

1.5　研究创新点

利用复杂网络的相关理论与模型，研究群体行为是近年来学术界关注的热点，本研究根据复杂网络的相关理论，深入系统地研究了微博用户群体行为。从研究视角看，本研究突破了传统研究中较多关注个体、忽略群体的研究方式，着重探讨了微博用户的群体行为。在对微博用户群体行为进行动态演化分析的基础上，解决了现有研究中侧重静态分析、缺少动态

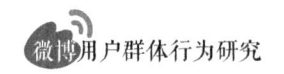

分析的难点问题，从个体拓展到群体，丰富了研究内容与研究成果，同时也有利于更好地把握微博用户群体行为的发展规律。本研究的主要创新点可概括为如下几个方面：

第一，根据微博用户群体行为的特性、影响微博用户群体行为的因素以及微博用户群体行为的形成互动和选择，系统揭示了微博用户群体行为形成与发展的过程与机理，构建了微博用户群体行为的复杂网络模型，这对于进一步研究合理监管和有效引导微博用户群体行为发展的对策提供了极为重要的理论依据。

第二，将解释结构模型运用于微博用户群体行为的研究，从微观和宏观两个方面系统地阐明了微博用户群体行为的复杂性，论证了影响微博用户群体行为的因素，构建了微博用户群体行为影响因素的解释结构模型。在宏观因素和微观因素的共同作用下，微博用户群体行为表现出不稳定性、不易预测性和复杂性，通过模型研究阐释了微博用户群体行为发生的根本原因以及各因素之间的关系。

第三，基于无标度网络的原理和元胞自动机模型，多层次、多角度地揭示了微博用户群体行为形成互动的机理和演化过程，构建了微博用户群体行为形成互动的演化模型。在充分考虑微博用户成员入群选择偏好的基础上，设立入群规则，根据群体成员的增长、局部择优连接、动态演化等关键机理，构建复杂网络模型，分析微博用户群体行为形成互动的演化过程，提出了微博用户群体行为的引导与发展机制。

第四，利用元胞自动机模型，在论证微博用户群体行为选择的过程与机理的基础上，构建了微博用户群体行为选择的复杂网络模型。借助复杂网络理论，详细阐释了微博用户群体行为在环境要素、个人要素和周围元胞因素的作用下是如何进行群体行为选择的，以及其对微博用户群体行为选择的影响方式与影响程度，提出了微博用户群体行为选择的机制与发展趋势。

第 2 章

文献综述与理论基础

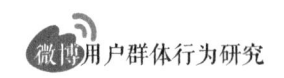

群体行为是一个组织行为学的概念，复杂网络是计算科学和数学中的分析概念，两者共同作用产生的微博用户群体行为，它既可能是一个管理问题，也可能是一个涉及网络安全、国家安全和社会稳定的问题。本章从文献分析角度，一方面总结与群体行为、微博用户相关的研究成果和研究现状；另一方面分析本研究在讨论过程中需要使用到的一些重要理论，进而分析两者之间的关系，以及研究本主题的重要意义与作用。

2.1 微博用户行为相关研究

自2005年Twitter出现后，学术界关于微博行为的研究不断增加，对于用户行为、用户关系、用户兴趣等都进行了深入研究，也取得了较多成果。本章以微博用户行为的研究现状作为研究主题，通过对现有研究文献进行分析发现，目前针对微博用户行为的研究集中在四个方面，见图2-1。

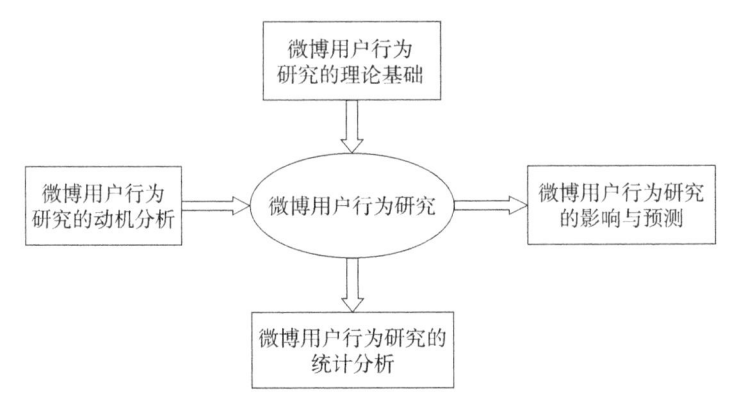

图 2-1 微博用户行为研究内容

由图2-1可知，在实践层面，主要研究微博用户行为的动机及微博用户行为的影响与发展，并在此基础上对微博用户行为的表现进行预测；在理论层面，主要运用基本理论解释微博用户行为，并通过实证研究对用户行为的具体表征进行统计分析。微博用户行为研究是了解和利用微博的基础，它对于微博网络舆情的监控和微博群体性事件的解决等都具有重要的意义。

2.1.1 微博用户行为的界定

微博作为一种新兴的信息交流平台，可以满足用户日常的信息获取、信息交流和信息分享等需求。准社会交往是一种"媒介中的人物或者媒介名人取代了现实的交流对象"的交往现象（Horton and Wohl，1956），微博作为一种新型的信息发布平台和人际沟通工具，借助其去中心化传播、裂变式传播和碎片化传播等信息传递模式与优势，为用户实现了准社会交往的目标。

随着微博在社会中的影响力不断提高，它正在不断改变社会的话语体系，打破传统的舆论格局，使话语权从精英层走向平民层，无论是普通用户，还是名人明星、意见领袖，它们获取信息、发布信息、分享信息等行为都逐渐从传统媒体、博客、论坛、门户网站等走向微博平台，由此可知，微博影响力及微博用户行为研究的重要性。所以，对微博用户行为规律进行深入研究，挖掘用户行为特征已成为学者们关注的重点；而利用用户行为对其进行精准营销也是企业追求的目标，所以近年来对用户行为的研究成为社会关注的重点。

以新浪微博为例，用户在微博中的行为主要有关注、被关注、评论、转发四种行为，用户通过关注获取信息，通过被关注传播信息，通过评论和转发分享信息。目前针对微博用户的所有研究都是从这四种行为出发，分别对用户的关注行为、评论行为和转发行为以及关注关系网络、评论关系网络和转发关系网络对用户的关注范围、关注内容、兴趣表现和转发行为等进行预测。

通过对微博用户的具体行为表现形式进行分析，认为微博用户行为就是指微博用户借助微博信息交互平台，通过关注、被关注、评论和转发等方式获取信息、传播信息、分享信息，以实现个人信息需求和价值的满足。

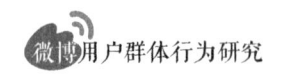

2.1.2 微博用户行为研究现状

1.微博用户行为的相关理论基础

针对微博的理论研究与网络社区和虚拟社区的相关理论研究是紧密相连的,微博是一种虚拟化的信息传播平台,利用这些理论来解释微博用户行为具有一定的合理性。目前关于微博用户行为研究的理论基础主要源于两个方面:一是以心理学、社会学、传播学等社会科学理论为基础的研究;二是以复杂网络和社会网络为基础的技术模型分析。

(1) 以社会心理学为基础的理论分析

行为的产生与塑造与每个人所处的环境有密切关系,所以微博用户的行为表现与其所处的互联网络环境、用户自身的特质、微博环境、周围用户等也有着密切关系。

从宏观角度来看,不同文化环境和地域环境中的用户在使用微博过程中的行为是有差异的,存在一定的文化差异、语言差异和派系集群等,这在Twitter的使用中最为明显,它是一个全球化的信息传播平台,用户往往只有本语系内的用户关注较多,对于其他语系的用户,由于语言、文化、习惯与地域的差别,不会关注太多,对于其微博内容也不太参与评论。Santelli等(2010)研究IBM在中国、印度和美国公司的员工使用微博平台的行为时发现,由于文化规范的不同,用户的行为差异较大,印度员工的内容倾向于非正式化和个性展现,美国员工的内容更倾向于正在做的事。

从中观角度来看,根据哈贝马斯的交往行为理论,微博环境对于用户言语的真实性、真诚性都有直接影响;同时考虑生态环境视域下微博的发展,行业环境、媒介生态环境等都与用户行为的呈现方式有着密切关系。

从微观角度来看,一种行为是由多种不同动机共同促成的,动机是引起行为的内在原因和动力,同时也会影响行为的强度和持续性,用户使用微博的目的、对微博的评价等都是具体动机的体现,不同动机对用户行为的影响程度不同；同时用户内在需求和用户感知的不同，直接影响用户对微博的满意度和使用微博的持续性等。

（2）以复杂网络理论为基础的模型分析

微博是一个自组织系统，符合小世界网络的特质，其中存在自组织行为，通常整体的自组织现象弱，局部明显；选择用户的角度不同，自组织网络的凝聚力也是不同的。以微博中的数据为基础，可以详细分析微博用户的行为特征、分布以及结构，确立相关模型，以便详细了解用户行为的动态发展。易兰丽（2012）基于人类动力学的理论，从网络社交互动的角度详细分析了用户关注、转发与评论之间的关系，并建立用户信息评论模型和兴趣驱动模型。

基于复杂网络和社会网络与微博研究是近年来的一个热点，它能够较好地解释微博用户的信息发布、评论、转发等行为所呈现的网络关系，也可以从中挖掘出关键用户，较好地反映出用户之间的关系，并对用户行为进行预测。从以上的分析可以看出，关于微博用户行为，从复杂网络和社会网络的角度研究较多，研究者着重考虑的是通过直观的、静态的网络形态表现用户行为的特征，而且从技术角度分析也使一些复杂问题简单化；但对于用户行为缺乏理论上的研究与支撑，社会学和管理学等领域研究的成果较少，可能导致研究成果只知其"然"，不知其"所以然"。

2.微博用户行为的动机分析

通过对用户的信息发布、转发与评论等行为进行实证研究和理论研究，找出行为规律，并探索驱使该行为产生的动机，目前在研究方法和研究内容方面也都趋近完善，得出的结论也有一定的相似性。Nardi等探讨了博客用户的使用动机，认为博客是人们分享经验、观点和评价的工具。作为博客的衍生体，微博用户的行为动机也有一定的相似性，但有其独特性。

根据Robert A. Pongsajapan（2009）的调查，用户使用Twitter主要是出

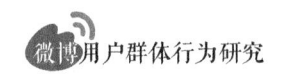

于社会联系和交往、学习新知识、了解新闻时事、寻求意见、交流互动等动机。微博在用户社会联系中的作用可见一斑，它最主要作用在于信息发布与信息共享，所以信息导向与驱动是影响用户使用微博的主要原因。一项关于新浪微博的调查发现，70%多的用户使用微博是因为对于微博的好奇心和求知欲，并将微博作为其获取日常用信息的首选渠道。

在对Twitter用户进行使用动机调查中发现，60%的用户使用微博是为了让别人了解自己的动态，22%的用户是为了与他人沟通交流，7%的用户仅仅是为了消遣发布个人状态。所以，王娟（2010）将微博用户的使用动机详细分为社会性动机和记录表达动机、情感性动机、信息性动机和记录表达动机五种，每种动机对于微博用户使用微博的层次与深度都有一定影响，而且影响程度不同。

所以，微博用户行为是受内因和外因共同驱动的，内因是用户自身对于信息的需求，包括用户对于微博的好奇、用户的求知欲和个人的兴趣等；外因是微博对用户的吸引力，包括微博信息获取的成本低、方便快捷等。它们的共同作用诱导用户对微博的依赖程度增加，同时也影响用户对微博使用深度。

3. 微博用户行为的特性分析

目前国内关于微博用户行为的研究大多是通过爬虫程序和微博的API接口获得微博或者Twitter上的数据进行用户基本行为特征和用户关系进行研究。学者在研究微博用户行为过程中，研究最为成熟的是用户基本行为特征，对用户的信息发布行为、转发行为、评论行为和"@"行为等都做了较为全面、深入的研究。

（1）用户使用行为的特性

新浪微博的官方调查数据显示，目前使用微博的用户，女性约占50%；80后用户占55%，90后及00后占37%；学历在本科以上的用户达到56%；

经济发达地区的用户数量较落后地区多；在美国，微博用户的平均年收入为3万~6万美元；一天之中，早上和工作结束时用户最为活跃，7:00—11:00微博数量是处于较快上升状态，之后处于平衡变化状态，23:00之后微博数量开始下降，并在4:00到达最低，之后缓慢增加。32.8%的用户每天平均使用时长小于15分钟，39.82%的用户平均每天使用15~30分钟。

发布微博是一种突发性行为，用户发布微博的时间间隔不符合正态分布，而呈幂律分布。在发布的微博中，时事新闻、垃圾信息、企业推介信息和个人状态占据40.55%，用户对话占37.55%，其余为转发消息；而且，10%的"顶级用户"贡献了微博90%的内容，这与在线社交网络中10%的用户发布近30%的内容是相反的。从微博的访问量上来看，1%的用户贡献了35%的访问量，72%的用户是非活跃用户，27%为普通用户，用户的分布是极不均匀的、多样化的。

微博用户关系网络是有向的，其关注/好友分布是一种单向模式，而不是社交网络中的对等连接模式。入度方面，大约50%的用户粉丝数少于15人，只有1%的用户粉丝数大于1000人，大约0.01%的用户粉丝数大于2万人。出度方面，50%的用户关注人数少于40人，1%的用户关注人数超过600人，仅有0.01%的用户关注数大于9500人。所以，微博用户的度分布是不均匀的，基本呈幂律分布状态。在微博互动过程中，用户往往更倾向于关注熟悉或认识的人，"关注一些他们感兴趣的人或者朋友，这样他们可以给予更加积极、更多的反馈与互动"，这样也比较容易被他人关注。Heil和Piskorski认为，微博用户更加倾向于关注同性别的用户，男性用户有两倍的可能跟从其他男性用户，而女性有1.25倍的可能跟从其他的女性用户。所以，微博用户行为有一定的偏好和目的性，他们更愿意使微博贴近现实生活圈，增强微博的使用价值。

同时，有很多用户只关注发布的信息，浏览帖子，并不发布或者转发

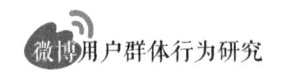

信息，用户参与微博信息发布也有一定选择，用户的分享行为一般从最初的亲密小团体扩展到亲密朋友群体，直到面向陌生人，是一个循序渐进的过程，呈现"差序格局"；用户在转发他人信息时，对于一般信息转发较少，反之对自己较亲近的人发布的信息转发较多；活跃用户和名人微博的转发数量较普通用户的转发量大很多；而且，转发与评论行为有较大的时效性，发布时间与帖子的转发与评论数量有较为密切的关系，50%的转发行为发生在1小时内，75%的发生在一天之内，90%的发生在一个月之内。所以，提升微博的关注、转发与评论量最直接办法是在用户最活跃的时间段增加信息发布量，吸引他人关注。

从微博内容角度来看，有自动发布的博文和人工发布的博文两种，一般来说，自动生成的微博内容较长，人工加工的微博更加形象，有图片、URL或视频等，后者的转发相对于前者来说更多。还有一种是自发形成的标签话题[①]，可以供用户专门讨论，使信息更加集中，方便用户对于热门话题的信息搜索与评论发表。在微博中，大多数的原创内容源于认证用户的博客，普通用户的原创能力弱，其行为以转发及评论为主，整体上的信息质量较差。

由此可知，微博用户行为与现实人际关系有较大的相关性，其行为受名人、权威人士、明星或意见领袖影响较大，在微博中活跃的是少数人，但影响很大；与地区经济发展水平和信息技术教育程度有很大的关系，所以影响和改变微博用户行为可以从其基本表征入手，增加对小众微博的引导作用，提升大众微博的影响力。

---

① 以新浪微博为例，标签话题经常以"#……#"的形式出现，比如"#中国游客应有的形象#"等，主要是将一些热门事件作为话题，把关注它们的人群聚集在一起共同讨论相关内容，以引起社会的反思与重视。它们经常在微博用户个人主页的显要位置出现，以获得用户更多的点击与关注，它们也是形成微博用户群体行为或群体性事件的重要基础。

（2）用户的群聚行为特性

随着微博用户行为的不断发展与完善，依据用户兴趣或对信息需求的不同，部分用户会存在一定的群聚现象，继而形成微博用户关系网络。从信息的角度出发，用户可以分为信息发布型用户、关系导向型普通用户和信息追踪型用户，他们在微博中的行为表现方式和活跃程度、关注微博信息的内容等都有较大的不同。

Horn（2010）根据主体特质的不同，将微博用户分为新闻用户、普通用户和企业用户三类，不同的用户发布使用的关键词、内容的长度和平均时间间隔都是不同的。Baumer和Leis根据用户的互动将微博用户分为最低要求用户（minimalists）和狂热用户（zealots），前者关注的人较少，在微博中的表现不积极，与他人互动较少；后者是专业型微博用户，以信息搜索为目的，关注人数较多，与他人互动频繁，在微博中较为活跃。

何黎（2011）基于用户基本信息数据，利用社会网络分析方法构建微博用户社会关系网络，得出微博社会网络的网络密度为0.104，聚类系数为0.216，平均距离为2.328，并对关键用户进行挖掘，将微博社区依据用户行为分成四个社区。不同社区用户对于信息需求以及微博的关注、转发与评论行为是不同的，它们有自己独有的特征。从整体上来看，无论是用户关注网络，还是转发与评论网络，整体的密度较小，且存在孤立节点，但局部有用户集聚现象，形成较多的子群体。

另外，根据用户在微博中的互动与沟通情况，用户可能会依据个人兴趣与爱好，形成一些小团体或群体，比如新浪微群，这些群体分别关注新闻、娱乐、体育、计算机、教育和商业等，在群体中，用户能够获得更多、更权威的信息，同时信息获取也更加便利；在一个群体中，由于用户主体的热情、关注度等因素存在差异，不同用户的参与层次和参与水平也有差别，随着用户使用微博时间不断推移，这些群体中的用户有一些交叉

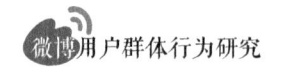

和重叠。

根据复杂网络的基本原理，基于用户在微博中的行为表现，将用户进行归类，可以较好地掌握微博用户的需求；基于不同的标准可以将用户分为不同的群体，每个群体都有其各自的特征，各个群体之间也会有互动；在群体内部，成员的地位与角色也有一定的差异，地位不同的成员影响力也是不同的。所以必须明确用户群体分类，把握关键用户，充分利用微博群体中的意见领袖，在突发事件中进行舆论引导，促进微博舆论环境的和谐发展。

4.微博用户行为的预测与影响分析

对微博用户基本行为的分析是为了对其进行准确预测：一方面可以较为全面清晰地了解用户行为的发展方向，准确把握用户心理，为打造符合用户需求的各项应用服务和精准的用户推荐奠定基础；另一方面可以借助微博的影响力在突发事件和社会群体事件中发挥有效的舆论引导作用，有利于规范网络情绪和网络秩序。

（1）用户兴趣预测。微博用户行为在关注、被关注、转发与评论等方面的表征直接反映了用户的信息导向和兴趣导向，对进一步挖掘用户兴趣，进行行为预测有一定的意义。通过对用户关注和最近浏览的页面分布进行分析，用户兴趣可分为长期兴趣和短期兴趣，且不同用户的兴趣相似度也不同；微博是一个实时变化的信息平台，用户兴趣随着时间推进而不断发生变化，且有一定的时效性，随着时间的推移，用户对微博中的信息会有一定遗忘，因此，必然存在用户兴趣漂移的问题。通过建立用户兴趣模型，可以直接反映用户关注的重点，并对其行为发展进行预测；同时，对用户兴趣的把握可以有效地反映用户行为特征，这对企业营销和政府社会管理都有借鉴意义。

（2）用户行为预测。通过对微博用户行为进行统计分析，依据数学模

型，可以对用户的评论、转发等行为进行一定的预测分析。比如，基于逻辑回归模型，提取影响用户转发行为的因素，并预测影响个体转发行为的因素，认为用户的兴趣、微博内容、微博用户关系和用户属性等都是影响其转发行为的因素；在此基础上增加用户个体的差异，建立预测用户转发行为的信息传播模型：$\Pr_u = p(y_u=1|x) = \dfrac{1}{1+\exp(-\omega(1+F_U(r,\ G)))}$，发现部分用户在微博中的影响力较大，用户转发行为与微博兴趣相似度、用户粉丝数、与消息发布者的关系亲密度等相关。通过对用户行为的基本特征进行研究，研究者可以较为准确地预测和估计用户的转发行为、评论行为等走向，在对用户进行精准推荐、精准营销、舆论引导的过程中，可以进行有效利用。李军等（2012）以TURank为基础提出针对中国微博的影响力评价模型WURank——weibo User Rank。在用户—微博关系图UWG=（V，E），V包括所有用户节点和微博节点，E代表用户操作行为，边的权值W的计算公式：$W(e) = \dfrac{W(e_s)}{outDeg(u,\ e_s)}$，以此来确定各个因素的影响力，能够更好地评价微博的价值。用户的影响力与用户基本行为特征有密切关系，它可以准确地反映用户在微博中的地位，以及对微博舆论的影响程度，对引导舆论的走向、塑造良好的舆论环境起着至关重要的作用。

目前学者除了对微博用户行为的特征、影响因素以及行为预测与行为影响进行探索，对微博用户的伦理、微博政治参与等问题都有比较深入的研究。微博是人们信息发布和获取信息的集散地，人们通过微博能够获得更多的信息，包括政治事件、文化活动和生活琐事等，比如微博在"阿拉伯之春""伊朗大选"中都扮演了重要的角色；政府、企业和学校等机构使用微博，通过微博加强与社会之间的沟通，将微博作为与公众联结的纽带，增强组织的亲和力和感染力。但是微博在发展过程中，也产生了一系列的问题，比如微博用户行为伦理问题、用户隐私问题、微博政治参与影

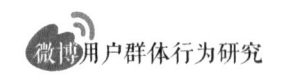

响力问题、企业微博营销等，这些都是学者研究的重点和热点问题。

2.1.3 研究述评

从以上对微博用户行为的理论基础、行为特征与动机、用户行为影响因素和行为预测与影响力等方面，对目前相关研究进行分析可知，学者关于微博用户行为的研究有一定的深度与广度，而且涉及内容较为全面。但是通过对参考文献进行分析发现，国内针对微博的相关研究不断加强，相关研究内容与视角也处于不断拓展中；国外针对 Twitter 和社交网络用户行为的研究较为广泛和全面，而且成果较多。

从研究前沿性来看，国内外关于微博或 Twitter 的研究基本上是始于 2005 年，并在 2009 年开始逐渐"升温"，2010 年之后关于微博或 Twitter 的研究成果不断增加，研究范围不断扩展，从最初对微博特性等基础内容研究扩展到用户行为、群体结构、伦理行为和社会影响等，并将其与企业营销、社会发展等问题相结合。微博的发展以及对微博用户行为的研究与信息时代的发展和社会需求是密不可分的，随着用户需求的不断增加，关于微博用户行为的研究内容也在不断丰富，从最初的简单特征研究，到行为预测、企业营销和舆论引导，都是对微博用户行为研究的拓展。所以，微博的研究内容具有较强的时效性，反映了社会的实际需求，能够及时根据企业、社会、政府等需求解决相关问题，具有一定的前沿性。

从研究内容上来看，目前对于微博用户行为的研究主要集中在四个方面：微博用户行为的动机、微博用户行为的表征、微博用户行为的预测与影响以及理论基础等。很多学者依据复杂网络的基本原理，通过抓取数据进行实证分析，在影响因素、表征和行为预测等方面的研究较为成熟，普遍认为网络用户的行为符合幂律分布，呈现长尾特征；用户行为与其受关注程度呈正相关；建立用户兴趣模型，分析和预测用户行为走向及其关系网络。研究内容有较大的相似性，研究比较深入，有一定的学术价值与实践意义，但是研究广度仍需拓展。

从研究方法上来看，目前关于该主题的研究方法主要集中采用的是实证研究的方法，通过爬虫程序或者微博的API接口获得微博用户的基本信息，对用户行为进行统计分析；借助复杂网络和社会网络分析模型，建立用户兴趣模型、用户关系网络，对用户行为进行预测，分析用户行为的影响。实证研究方法保证了研究的客观性与普遍性，但是忽略了用户行为中存在的一些主观因素，比如用户心理因素和社会环境因素等，这是研究过程中的不足。

从整体上来看，目前国内外学者针对微博用户行为的研究成果比较丰富，有一定代表性，从理论、实践和运用的角度全方位呈现了微博用户行为的具体表现及其所形成的用户关系网络，这对于全面了解微博用户行为的发展方向有较好的借鉴意义；但国内关于微博用户行为的研究目前过于集中，主要是行为特征与统计分析、用户兴趣模型构建，有较大的相似性，包括理论基础、研究方法、过程和部分结果，研究内容广度与深度都有待加深。这也是本研究提出研究微博用户群体行为的原因。

2.2 微博用户群体行为研究现状

2.2.1 微博用户群体的界定

群体是相对于个人而言的，群体是由若干个体组成的集合，目前关于群体的内涵，学术界说法不一，但是在某些方面也达成了共识。比如，Le Bon认为，群体是"一群人的聚合"，这种聚合具有单个个体所没有的特征，一群人聚集在一起，并没有什么特定的意义；波普诺认为，群体就是"有着共同的关注点而临时聚集到一起的人群"，这样一个群体的聚集是随机的，可能没有明确的目标或共同的价值观取向，不过群体中的成员都会感到有事将要发生。根据群体心理理论，群体是指两个或两个以上的人，

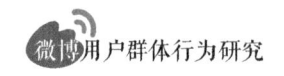

为了达到共同目标，以一定的方式联系在一起进行活动的人群。所以，群体是由个人及其相互之间的交互作用而组成的一个系统，这样一个系统强烈地依赖个体构成它的行为；只有在特定的情况下，群体中的个人特质消失，他们每个人的想法和行动都不再是个人的，而是集体的，进而形成群体行为。

人群（或集体）行为显然是多个个体的行为出现、叠加、相互传染和互动，形成互动和集合的行为；人群开始由混合兴趣和动机的人组成，特别是在不稳定人群的情况下（比如表演和抗议人群），规范可能是模糊的和不断变化的。根据收敛理论，群体行为不是群体的产物，而是由特定的个人带到群体中的，由一定数量的人形成一定集合后形成的；群体由自主决策的个人组成，他们也只能暂时作为一个集体，无论是群体还是群体行为和群体规则，都有一定的不确定性和不可预测性。

根据这些学者的观点，我们认为，群体与集群的概念基本一致，所谓微博用户群体是由微博中的用户依据一定的规则或目的聚集而成（比如志同道合或有共同兴趣的人）的集合。在群体中，用户个体相互交流、相互作用，使得个体行为呈现相似性；另外，随着时间的推移，群体中成员可能会自发地形成一些行为规范和准则以约束群体成员的行为。微博用户群体是一个复杂的系统，这个系统的成员以非线性的方式出现，通过自组织演化的相互作用，其行为表现和互动方式是不规则的，并不是完全随机的，它会根据环境和个体认知的变化而变化，并允许一些突发行为的存在。

2.2.2 微博用户群体行为的界定

1.群体行为概述

由个体通过各种形式组合的群体形成后，群体成员的行为表现与成员个人的表现会伴随着群体环境和社会环境的变化而发生变化。所以，勒庞（1896）认为，群体行为是群体中成员形成的"一种暂时又十分明确的集体心理"，它是由成员自发形成的，并非固定或一成不变，它会随着时间的推移，在各种因素的影响下发生变化，或强化，或弱化，或消失。帕克（1921）认为，"群体行为是在公共和集体冲动的影响下发生的个人行为，它是社会互动的结果"。米尔格拉姆（1984）认为，"群体行为是自发的，是无组织的，甚至是不可预测的，它依赖于参与者的相互刺激"。戴维·波普诺（1988）认为，"群体行为是在相对自发的、无组织和不稳定的情况下因为某种普遍的影响而发生的行为"。所以，我们认为，群体行为是自发形成的，在其形成过程中，群体成员之间的互动和相互作用会影响个体的思想与决策，进而导致具体行动的不同。

从群体行为理性与非理性的角度来看，勒庞认为，群体行为是一种"群氓"行为，其行为表现大多是根据个人意志和情感表现出来的，突破了人类理性思考的范围与控制。群体行为之所以表现为非理性，主要是因为经济发展使人们成为一种"群居动物"，人们渴望在群体中获得成就感，并得到他人认同，所以在进行行为选择与分析判断时，会倾向与他人保持一致，忽略个人的真实想法与感情。这种单独依赖他人信息进行判断的非理性行为可能会有利于问题的解决，达到群体行为的一致性，但也可能形成群体暴力，不利于社会和谐与安定。

我国关于群体行为的研究起源较晚，在研究过程中经常用将群体行为与政治和群体性事件相联系。在20世纪70年代，我国曾把群众集体上访、请愿等称作"群体闹事"；80年代称作"治安事件"或"突发事件"；90年代称作"群体性治安事件"。近年来，随着各种突发事件层出不穷，更多的是将群体性事件界定为"群体性突发事件"。我国行政管理学会课题组认为，"群体性事件，就是由人民内部矛盾和纠纷所引起的部分公众参与的对社会秩序和社会基本价值产生严重威胁的事件"。群体性事件发生的范围广泛，且有一定的破坏性，对社会秩序和社会稳定都会产生一定影响，"在现有的制度安排下，群众表达利益诉求有各种各样的形式，有的

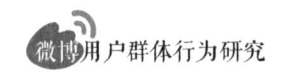

是为现行法律规章制度所允许的，有的是超越和违反现有规章制度，所以现在用'群体性事件'这种中性的说法是比较妥当的"。在一定程度上，这里所说的群体性事件也属于群体行为。

从研究方法上来看，学者更倾向于按照周期理论，选取具体个案对群体性事件的发展进行分析；在范围界定上，将其与治安事件相联系（中国行政管理课题组，2002），一般认为群体性事件是与政治相关的事件，会对社会产生较大影响。所以，群体性事件有广义和狭义之分，广义上的群体性事件是指一切能够引起人们关注、讨论、聚集的事件，无关其性质，可以是突发性事件、治安事件，也可以是娱乐事件等，事件性质有一定的广泛性。狭义的群体性事件主要是群众表达利益诉求的行为，与政府和社会有直接关系，具有一定的狭隘性。

2.微博用户群体行为的内涵

伴随互联网的发展，网络群体性事件也成为人们关注和研究的重点。网络群体性事件基本上作为对现实社会中群体性事件在网络上的延伸，其研究内容有一定的拓展，考虑了网络对群体心理和群体成员互动的影响，"它是在一定社会背景下形成的网民群体，为了共同利益或其他相关目的，利用网络进行串联、组织，并在现实中非正常聚集，扰乱社会正常秩序，乃至可能或已经发生影响社会政治稳定的群体暴力事件"，将网络群体行为基本上等同于网络舆论。邓希泉认为网络群体行为就是指基于互联网产生的相对自发、不可预料、无组织的以及不稳定的情况下对某一共同影响或刺激产生的网络互动行为。夏学銮认为，网络群体行为应是"在某一时间内网民自发或有组织地聚集在某个网络公共场域，由多个网民发帖或回帖等进行网络表达的行为"。

近年来，频发的群体性事件在一定程度上是由于群体行为的大范围传播造成的，快速发展的互联网加速了群体行为的传播与发展。微博兴起后，学者开始关注微博对群体性事件发展的作用与影响，并参照群体行为和网络群体行为的特征，对微博用户群体行为的特征进行分析，但并未对其定义进行界定。以此为基础，本研究认为，微博用户群体行为是指在由微博用户形成的群体中的成员在互动和相互作用过程中表现出来的具体行为方式。首先，微博用户群体行为是由群体中的个体表现出来，并非个体行为的总和或个体行为的具体体现。个体进入群体后，受其他成员、群体环境等各方面影响，其行为表现不再是单纯的个体行为。其次，微博用户群体行为是个体在群体中相互作用的结果。微博中的群体将分散的个体和碎片化的意见进行聚集，形成群体，通过话题、微群、讨论组等各种形式将微博中的个体进行集中，以实现群体目标，比如微博中的一些兴趣群体就是用户基于共同的兴趣爱好，借助微博平台建立，以达到分享信息和相互交流的目的。

2.2.3 微博用户群体行为的特征

微博用户群体行为是在群体成员相互影响下而表现出来的，基于微博的便捷性、快速性、广泛性和实时性，结合群体行为的特征，本研究认为微博用户群体行为具有自组织性、随机性和复杂性。

1. 自组织性

微博用户群体是根据个人对信息或人际交往的需求自发聚集起来的，他们可能是陌生人，也可能是现实人际关系在微博中的延续；他们有一定的相似性，或有共同的需求与诉求，有的群体出于社会公益目的，如"微博打拐"群体，就是基于大部分热心微博网友形成的；有的群体根据个人对于信息的需求而形成的，以关注时事新闻等为主要目的。无论群体的规模、范围、界限如何，他们的聚集是自发的，所以微博用户群体行为有一定的自组织性，没有预定的规则要求他们必须做什么，或者如何做；他们的行为方式和行为习惯是长期与群体中其他成员进行互动、交流而形成的，具有自组织性。但是，微博用户群体行为并不是简单个体的集合与聚

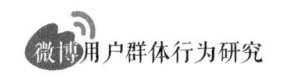

集，它通过成员之间的交互形成一个系统，并产生一定的规则与行为机制，使群体行为从简单到复杂，从无序到有序，从单一化到多元化，它体现的不是个体的思想，而是群体的意志。

2.随机性

根据社会学和社会心理学关于行为的相关理论可知，人类行为的形成和发展与个人的社会认知、情感和意志有密切关系，同时也与个人所生活的社会背景和环境有较大联系，社会环境影响个人思想和认知的形成，影响个人决策的结果。所以，微博用户群体所处的社会环境和微博环境使得群体行为具有随机性，主要表现在群体成员的随机性和群体行为表现方式的随机性。

（1）群体成员的随机性。基于网络的匿名性与开放性，微博是一个自由、实时的信息交互平台，任何人都可以成为其成员，并关注自己感兴趣的人和事，这使得微博用户群体具有一定的随机性和不可预测性。虽说是基于共同爱好或相似特征聚集，但群体成员的进入是随机的，没有规则可言，这种随机性使得群体行为不可预测，其行为形成是自发的，没有规则约束，所以由不同成员组成的群体所表现出来的行为也是多样化的、随机的。

（2）群体行为表现方式的随机性。Turner和Killian（1972）认为群体成员会互相模仿，在交互中创造新的规范，群体决策是由成员共同做出的，所以群体行为具有不可预测性；但由于人们的群体行为有一定的合理性和目标导向性，随着时间的变化，它会形成一个层次目标，影响个人的判断和群体行为，所以群体行为在一定情况下也可以预测，这一般要通过计算机编程进行仿真，通过对各个参数进行训练，以达到较为准确的预测。所以，基于微博环境的复杂性和多元化，群体成员也是多样化的，其背景、能力等参差不齐，这使得群体成员在互动过程中，互动程度和影响力大小等都有较大差别，微博用户的群体行为表现也可能是随机的，它根据群体互动的程度不同而表现不同，而且随着时间的推移也是不断变化的，其行为有一定的不可预测性。

3. 复杂性

群体行为一般是在个人与他人的互动和相互作用中产生，可能是激烈的行为表现，也可能是较为和谐的行为表现；社会环境、群体环境、个人参与群体互动的程度以及个体对于群体的感知等都在一定程度上影响个人行为和群体行为的发展趋势，所以在任何一个群体中，群体行为具有一定的随机性，会随着时间、个体等主客观因素的变化而变化；而且不同的人可能会引起不同的群体行为，这取决于群体中个体成员的看法和态度，甚至是客观环境的变化。

微博用户群体行为的复杂性是由微博平台的广泛性、多元化和用户的多样化决定的。微博用户群体行为是基于用户个性与需求而形成的，每个个体都可能有不同的需求，有相同需求的个体也是大量存在的，所以微博用户行为具有多样化和复杂性；群体成员存在交叉和共享，在不同时间和不同环境里，群体行为具有多变性，其表现方式也会不同。在不同时期，由于群体拥有信息数量的不同，群体成员态度以及成员互动程度不同，人们对于事件的认识也不同，使群体行为表现也有较大的差距；另外，由于微博用户群体界限的模糊性和群体的开放性，使得微博用户群体行为在形成过程中，不仅仅受群体内部各因素的影响，同时也受外界因素影响，进一步增加了微博用户群体行为的复杂性。

2.3 群体行为相关研究

目前，学者基本是从心理学角度和工程角度来研究群体行为的[①]，通

---

① 从对研究成果的分析来看，从心理学角度研究群体行为时，研究者认为人类的行为是孤立于人们的身体条件和客观环境的，行为表现是人类必不可少的一部分；在工程角度，研究者将人们看作空间中的粒子，根据物理学和计算机的基础知识，研究粒子在空间里的相互作用，这也就代表着群体行为的形成与发展过程。

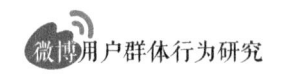

过理论分析和建立动态群体动力学模型的方法来解决群体行为的相关问题。在研究过程中，通常假设群体分布是均匀的，群体中个体的相互作用也是均匀的；但现实生活的人际关系网络或系统，群体分布不是均匀的，成员个体及其行为互动，也可能是非理性的，是不能被准确预测的，所以在对群体行为研究过程中，我们不仅仅要分析群体的宏观行为表现，更为重要的是要对群体中个体的行为表现方式进行分析，以准确了解群体行为的形成、发展与变化。本节从群体行为的形成与特性、影响群体行为形成的因素和群体成员的互动与行为选择三个方面详细分析目前学术界在群体行为方面的研究成果，并对网络群体行为的研究状况进行简要分析。

2.3.1 群体行为的形成与特征

Blumer（1939）的符号互动理论认为，群体行为是通过个体协调合作产生的，群体中所有潜在成员都会参与这个过程，这是一个"循环反应"的过程。在群体中，成员的相互促进和相互作用的反应会刺激另一个人，这个人会根据刺激的程度进行反射，并在群体成员中相互传染和相互影响，形成群体行为。

根据奥尔波特的说法，"在人群中的个体的行为就像他会独自一人，群体成员的思想经过长时间的相互作用和磨合，有较大的相似性"。个体行为会受群体中周围人行为的影响，使人们的行为有一定的类似之处，进而产生群体行为，因此，群体行为是个人思想行为的产物。Turner和Killian（1972）根据紧急规范理论认为，群体成员是互相模仿的，在模仿中创造了新的规范，集群行为是成员的决策过程。所以，Berk（1974）认为群体行为是基于决策理论的，根据决策理论，每个人总是试图最大化奖励、最小化成本，群体行为也不例外。从博弈的角度来看，群体中每个人都有一定的利益导向性，在行为选择中会采用极大或极小策略，更多的参与者会参加群体行动，而不会选择个别行动；通常由于个人获取信息及对信息分析能力的局限性，使个人的决策往往会参考或依照他人的决策而形成，即个人的付出是别人行为的一个函数，因此，每个人都会选择多数人的行动，使得群体行为有一定的相似性。

学者提出了许多模型研究群体行为的形成，这些模型有两个基本特性：一是个体单元（如粒子、鱼、鸟等）在特定空间里的相互作用；二是群体特性的出现源于个体之间的相互作用（Giardina，2008）。基于个体单位的聚集而形成的群体行为具有全局性，成员之间存在相互作用，群体行为并不是在一个孤立的个体单元里能够观察到的行为或特性；这些互动是在有限空间里进行的。因此群体行为可以被认为是自组织概念的一个例子，因为群体行为的出现不需要集中控制或约束，它是个体行为相互作用产生的结果。

在我国，群体行为的形成与特性往往与群体性事件相结合，魏玖长等（2011）通过对我国近年来发生的40例群体性事件进行总结分析发现，群体性事件的形成会分成形成阶段、强化阶段、执行阶段和解体阶段四个阶段；同时，群体行为是非正式的，具有一定的诱导性，并且是短期行为，且有较大的随机性和非固定性，所以会对社会秩序产生一定的负面影响。群体行为是由目标、组织、人员等基本要素组成的，同时群体行为的形成具有一定的自发性和自组织性，无序中又有一定的秩序，在不稳定中会形成稳定的元素。

关于群体行为的形成与内涵等基础研究，学术界基本上达成一致，对于其形成过程、形成阶段和基本特性都有共识，所以本研究是基于这些共识进行的应用性研究。

2.3.2 影响群体行为形成的因素

群体行为存在于自然界的许多生物系统和社会生存系统中（Deneubourg and Goss，1989; Goldstone and Gureckis，2009; Makris, et al.，2009; Moussaid, et al., 2009; Sumpter, 2006, 2010), 通常的动物群体行为包括鸟群（Ballerini, et al., 2008）、鱼群（Parrish, 1989, 1999; Parrish, et al., 2007; Parrish and Hammer, 2007）、昆虫群体（Buhl, et al., 2006）和细菌培养群体等（Grégoire, et al., 2001），这些动物为什么会集中起来形成群体的原因有很多是未知的。关于影响群体行为形成的因素，最为著名的是斯梅尔塞的"价值累加理论"。他提出，集群行为的形成是受结构性压力、社会控制机制、社会环境、诱发因素、成员和信念等因素影响的。在群体中，群体行为有时看起来好像被一个人的思想所控制（Couzin, 2007），群体中每个个体行为会依据环境的变化而变化，个体的决策行为都会在一定程度上影响群体行为。

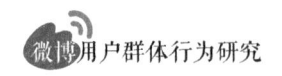

Cooper等人认为，有三个能够影响群体行为的心理因素：每个人都试图达到的特定目标，人们的行为依赖一定的社会环境，人们存在于不确定的环境或区域中。这些因素能够控制和引导群体行为的建立——包括领导、情感的强度和群体的目的，甚至能够对群体行为进行预测。个人和集体行为之所以可以预测，是因为它在很大程度上是合理的，有目标导向性，随着时间的演变，会形成一个层次目标，影响个人决定。

Hankin 和 Wright在20世纪50年代对行人运动和行为进行实证研究，20世纪70年代Henderson通过运用气体动力学的理论进行计算仿真研究发现，群体移动的动力学过程中可能会有"气体"阶段和"液体"阶段，比如，火车里的人匆匆走向全车的出口，这是气相，他们突然受空间的限制和约束到一个单一或固定的位置时，这就是液相。气体动力学理论主要对人类群体行为的产生和变化建立数学模型，以预测临界点、相变过程和相变趋势。

与气体动力学相类似的研究还有行人动力学和流体动力学，通过将行人比作一般粒子的方式，对行人的运动方向和运动过程进行预测，以应对突发事件的发生。所以，Reynolds的动物协作运动模型认为，个体聚集能够呈现各种不同的形态，这会影响群体行为的形成与发展。Vicsek模型认为，在一个系统里，每个个体都会与一定范围里的其他个体相互作用，当噪声参数增加时，它可以展现出有序或无序的状态，整个系统的走向和发展趋势会存在不确定性。这也说明，在群体中，由于成员的选择以及成员之间互动程度的不同，群体行为并非一成不变，它会随着时间的推移而不断变化。

Helbing等人（1997，2001）利用行人疏散模型进行研究发现，行人之间的自组织集体运动可以通过相互作用引起。群体行为的形成具有一定的自组织性，一般情况下这种行为并没有经过设计，比如行人运动流是伴随着行人的运动而形成，并没有划分严格的道路来限制其形成，但是这些行人流的形成与街道的宽度和行人的密度有一定的关系。Daamen和Hoogendoorn（2003）对行人运动进行实验研究发现，"在一定条件下，会形成两条行人通道，行人会自觉地按照顺序通过，分成两个方向的行人流，最大限度地利用基础设施"。Adriana Brown等人（2003）通过添加个人参数扩展Helbing物理模型，研究个体特征对人群疏散的影响，认为个人的利他主义和对群体的依赖与合作会影响群体行为的表现，通过改变个体的特征属性，能够改变人群疏散的状况以及人群的分布情况。程远（2012）将演化博弈论与疏散动力学相结合，认为在群体疏散过程中，群体成员的理性程度、从众程度对疏散行为的有效性有至关重要的影响。

从宏观角度来看，魏玖长等（2011）认为，群体的利益需求、外部环境、群体互动和群体结构是诱发和促使群体行为形成的主要因素。任何一种行为的产生都是由内因和外因相互作用的，李峰等（2011）通过建立效用选择模型发现，当网络外部性为正且主体更多地利用这些信息时，更能

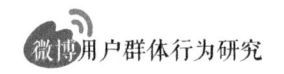

对群体行为选择产生稳定作用，也能降低混乱性，群体结构对群体行为有一定的影响；而当群体网络的平均路径较短时会加速群体中信息的传播，更容易导致羊群行为产生。外在的客观因素会引发群体行为的产生，一些主观原因可能会促使群体行为大规模爆发，徐光有等（2011）通过对现实群体性事件进行分析发现，群体性事件中群体行为的形成主要是由于刻板印象和从众行为形成的。另外，宫敏燕（2012）也认为，群体行为或群体性事件的发生还必须与社会环境等因素相结合，社会变迁催生了社会风险，人们的相对剥夺感会增强，导致社会失范行为的产生，最终可能诱发群体行为或群体性事件的发生。

关于影响群体行为形成的因素，学者根据外因与内因的关系，从客观环境、群体结构和群体成员属性等方面都进行了一定探索，将定性研究与定量研究相结合，得出了较多有价值的结论，是本研究重要的基础和依据。

2.3.3　群体成员的互动与行为选择

根据社会比较理论，在群体中，当个体缺乏对信息判断能力时，便会对群体中其他个体的意见进行评价，比较倾向于那些有意见、有能力或者与他们相似的人的观点和意见，然后试图纠正差异，这样就能够较好地解释群体行为的形成和群体成员之间的相互作用。吕传笑等（2005）在对个体行为进行分析的基础上，通过研究群体类型与群体互动对个体行为的影响，探讨了个体行为与群体行为之间的关系。群体行为的形成主要经历两个过程：模仿和传染。Festinger（1954）认为，在群体中，"对自我评价的驱动力是一个人想要属于一个团体并想与他人交往的压力的存在。人们倾向于移动到一个群体，听取他们的判断和意见，并汲取他人的判断与意见，与他人的观点与态度保持一致"。个人自我评价的高低有一部分来自群体认同，所以个人与他们沟通、联系和交往，趋于倾向群体，他们的观点也更加倾向于那些容易得到他人认同的观点，这就使得成员之间存在行为的模仿；另外，人们需要适应他人的行为，"在一个群体中意见和能力差异的存在会导致部分成员采取行动减少差异"，这就是群体中成员行为相互传染的过程。在任何一个群体中，个体不是静止不动的，他们会通过沟通与交流等多样化方式相互作用，最终形成群体行为。

Zheng（2009）等人认为目前研究群体行为的计算模型方法包括元胞自动机、行人疏散模型、流体模型、基于Agent的建模和社会力模型等。Fang等人通过研究一个我国火车站人群行为形成、变化与发展过程后发现，人群速度是影响前后人物间距和个人动机的主要动力。Spieser和Davison（2009）利用控制理论进行建模仿真发现，排队群体中权威人物的存在可以稳定并控制人群的良好沟通和群体的秩序。Deere（2009）等通过maritime EXODUS模型去评估船舶设计中人力因素的影响程度，它认为子模型中包含许多危险动作，最复杂的是行为形成与交互对沟通和亲和行为的反应；它使用"基因"这个新型社会关系概念来分析群体行为的层次结构，认为群体成员的确定是通过社会基因的分享确定的。

Blue和Adler（2000）利用元胞自动机对群体行为进行仿真，每个模拟的行人被一个元胞控制，它们根据其周围的邻居或其他个体决定下一步的行动；系统中的每个元胞之间会相互作用，形成一定的互动规则与群体，不同的群体其行为表现均有一定差异。Toyama等人（2006）通过添加不同的行人特征来扩展元胞自动机模型，如速度、性别、能力等模型，对双向行人运动行为和疏散行为进行研究发现，行人运动的元胞自动机模型与行人疏散元胞自动机模型的具体规则是不同的，在不同规则约束下的群体行为也有差异，群体行为的走向也会发生变化。程远（2012）运用演化博弈理论研究了群体行为的演化规律，认为在群体中每个人的行为与决策都处于不断博弈之中，人们的心理变化会对其个体行为和群体行为产生重要影响；另外，通过对逃生疏散群体研究发现，在整个疏散过程中，群体成员

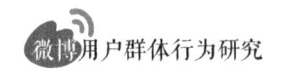

越是理性，受伤害可能性越小，疏散速度也越快，这种理性在一定程度上也会影响其他成员理性面对，进而有秩序疏散。但疏散过程中群体成员的不理性自利行为也会影响疏散的效率。王志明和胡斌（2005）运用SW—ARM建立了多主体的群体行为模拟系统，每个个体都有各自的行为规则与策略，各个个体通过与其他主体及环境相互作用，使得群体行为的宏观特征涌现；并从微观和宏观两方面详细分析了企业员工群体行为复杂性的具体表现，提出描述群体适应性学习能力的模型，为预测群体成员和群体行为的动态变化提供了一定的依据。

Takayuki Niizato等（2011）明确区别群体成员之间拓扑距离和度量距离，提出一种新的混合模型——度量拓扑距离，研究群体中成员之间的相互作用，认为群体成员在相互作用过程中，不仅与其度量距离较近的人保持联系，同时也会与其拓扑距离较近成员保持密切联系，成员个人不仅需要邻居，同时也需要知己和有共同兴趣爱好的朋友。

在国内，以司光亚和杨志谋为代表的一批学者将复杂网络与群体行为相结合，形成一批较具代表性的成果。杨志谋（2010）等认为，社会关系建模和环境建模是研究群体交互行为的基础，并提出ARE概念模型，充分考虑个体主动性、环境和个体之间的关系，从局部行为与规则出发研究群体行为涌现的特征；基于Agent进行建模分析，从日常和危机两种状态解决了群体行为演化的确定性、随机性问题以及可视化问题。所以，群体中成员之间关系与互动方式并不是固定的，他们会根据自身需求的变化而不断变化，夏功成（2005）运用QSIM算法，对不同群体成员之间的互动与合作方式进行详细描述，认为群体之间既存在合作，也有竞争，两者相互作用能够提高群体绩效。田炜等（2008）基于演化博弈与复杂网络理论得出，每个用户都有节点的收益，以实现真正的"优"，这就使得群体会产生"马太效应"，即富者更富、贫者更贫。群体成员心理的变化、需求与利益的不同导向都会促使群体行为变化。

除了将复杂网络理论与群体行为的研究相结合，一些学者将理论与实践相结合，研究群体行为的互动机制与成员的行为选择过程。田野（2012）通过在微博中抓取"小悦悦事件"的相关信息，从事件关注度趋势和情感趋势两个方面详细分析了微博群体事件形成与发展的过程，并建立回归方程模型，对微博群体事件的发生趋势有初步的了解。余凤霞（2011）运用元胞自动机仿真企业中员工行为的形成，认为不同类型员工的忠诚度和凝聚力有较大不同，在进入企业初期可能会有较大波动，但随时间的不断推进，各项数据趋向稳定。

行为选择是一个复杂的课题，在社会网络中群体有很多的行为选择，涉及群体仿真，以及在时间和空间上多尺度相互作用的影响。这些社会行为选择的过程可以被看作达尔文进化论的过程，因为其中存在复制和变异机制。因为在整个系统或网络中，群体根据一定的规则形成，随着社会环境、个体特性和与他人的互动形成多样化的群体行为，这些行为也会随着时间的变化而不断变化。

2.3.4 网络群体行为的相关研究

网络群体行为、网络群体性事件是近年来社会和学术界关注的重点与热点问题，学者从理论与应用角度，都对其进行了深入研究，本节将从网络群体行为的特征、成因与作用机理等方面进行总结。

1. 网络群体行为的特征

网络群体行为的研究是伴随着网络的快速发展及网络影响力的逐步提升而增多的，所以学者一般将其认为是现实群体行为在网络中的延伸与扩展，认为网络群体行为属于集群行为的研究范畴，是从群体行为演化和衍生出来的，但它又是一种全新的群体行为；网络集群行为是网络群体性事件的基础，网络群体性事件是网络集群行为发展的一种后果。所以，与现

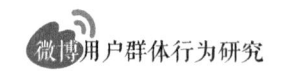

实群体行为相比，邓希泉（2010）认为，网络群体行为是现实社会中传统群体行为在网络中的创新与延伸，它的发生环境具有网络化和符号化的特质，成员之间的关系也具有不确定性、分散性和利益导向性，这使得网络群体可能会产生一些非理性的行为；刘长龙（2012）也认为他们在行动主体、活动场域、组织方式、生成机制与影响程度、冲突管理方式等存在较大不同，但在诱发因素、基本诉求和群体心理等方面又有较大的相似性。

在此基础上，我们可以认为，群体行为的特征是网络群体行为的基本特征，但是也具备一些专属于网络群体行为的特性。王建平（2003）认为，网络群体行为除了具备群体行为的基本特征，还有不确定性、亲密关系与信任关系的博弈、有限理性、信息双面性和信息传递反控制性等特征；沈晖（2009）也认为，网络群体行为必须具备群体行为的自发性、无组织性、不可预期性；但由于网络对群体行为有较大影响，所以朱思鹤（2012）认为，网络群体行为具有超时空性、超功利性、成员关系松散、行动信息的多点化和多向化及效应的双重性等特征。周湘艳（2007）认为，网络传播匿名性使得个体在群体中会更"勇敢"地表达自己的想法，拥有表达的主动权，造成网络群体行为容易产生情绪化，形成规模效应。通过比较网络群体行为与群体行为，蔡前认为网络群体行为还具备快速性、匿名性、跨地域性、方便性、低成本、低风险等特征。这些都是现实群体行为没有的。所以，基于网络群体行为有起因的偶发性与扩散的必然性、场域的离散性与交往的聚合性、议题的公共性与价值的多元性、外在的异质性与内在的同质性等特性（田大宪等，2010）可知，网络群体行为是信息时代的特殊存在，它会对社会生活产生较大的影响。

从以上学者的研究成果可以看出，关于网络群体行为的特征，是将普遍性与特殊性相结合，既考虑了群体行为本身的特质，也兼顾了网络的特色，比较客观真实地反映了网络群体行为的特征，在研究结论上也基本达成了一致。

2. 网络群体行为的成因

乐国安等（2011）以斯梅尔塞的价值累加理论为基础，建立理论解释模型，从结构性紧张、环境条件、诱发因素、普遍的情绪或共同的信念、行动动员和社会控制五个方面详细分析影响网络群体行为的因素，提出并不是每个网络群体行为都是由这些因素共同诱发的，在不同的事件里，不同的因素发挥的作用是不同的。杜骏飞（2009）也认为，网络群体行为是结构性助长、结构性压力、普遍信念、催化因素等共同作用的结果，而一个网络议题是否存活主要取决于网民的心理因素、社会因素及媒介因素（郑知，2011），其中网络媒介是外在诱因，网民心理与行为是内在机理，社会制度不健全是其产生根本原因（王扩建，2009）。

在当前环境下，人们民主意识逐步增强、对网络的利用程度越来越高，但是由于社会中的利益表达渠道不畅通，再加上部分地方政府缺乏执行力，会引发一些网络群体性事件和群体行为的发生（杨久华，2009）。社会燃烧理论（牛文元，2001；付允，2008；朱力，2009）从网络的角度详细分析了网络在群体行为形成与发展中扮演的角色，它认为，社会稳定受到社会燃烧物质、社会助燃剂和点火温度三个方面的影响，其中社会燃烧物质是社会矛盾的积累，社会助燃剂是促使矛盾加剧的因素，点火温度是造成社会不稳定的诱发事件。在目前的社会状态中，网络是最重要的社会助燃剂，借助便捷的传播方式，可以不受限制地将信息在最广泛的范围里进行扩散，扩大其影响力。

沈晖（2009）认为，网络群体行为是信息刺激（外因）和网民认知（内因）相互作用的结果，其最终能否发生，最关键的问题在于个体对信息的认知以及对他人和自己行为的认知；同时，他根据时序，将网络群体行为的产生分为四个阶段：信息（刺激源）的制造与控制、关注信息产

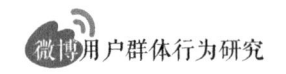

生认知偏差、情绪煽动与行为脱轨、暴力升级等，在不同的阶段，不同的因素发挥着不同的作用。在此基础上，曹嘉霖（2012）将网络群体行为的形成分为两个阶段：热点呈现期和网络群体行为涌现期。在前一阶段，网络群体行为主要受社会背景（利益失衡、政府失当、体制欠缺、网络发展、心理变化）和静态要素（刺激表达、心理距离、共同感知）的影响；在第二阶段主要受驱动动力（情绪感染、行动动员）和主次生事件（网络与传统媒体互动）等因素的影响。在网络群体行为形成过程中，网络因素、主观因素与客观因素在不同时点发挥着不同的作用，其影响程度也是不同的。

通过对以往学者的研究进行分析可知，网络群体行为的形成主要受主观因素、客观因素和网络环境的共同影响，在群体行为发展的不同时期，每个因素的作用是不同的。本研究在探讨影响微博用户群体行为过程中，综合考虑网络各种因素与环境，详细研究每个因素在行为发展过程中扮演的角色和发挥的作用，找出主要原因，为引导群体行为的发展提供一定依据。

3.网络群体行为的形成互动机制

对于网络群体行为，无论是研究其特征还是成因，最终目的都是力图对网络群体行为的形成与发展路径进行详细的描绘，以知晓其本质，为管理网络群体行为的发展服务。通过对相关文献研究发现，学者主要从三个角度对网络群体行为作用机制进行研究。

第一，理论模型研究。邓希泉（2010）根据价值累加理论分析不同因素在网络群体行为中发挥的作用，认为网络为人们参与网络群体行为提供了环境与方法，让人们能够更好地表达自己的思想与情绪；而网络合理合法机制的缺失又促使网络群体行为的激化和进一步发展，为网络群体行为的发展提供了更好的环境。孙佰清等（2011）通过建立网络舆论集群行为的动态仿真模型发现，网络群体行为的发生与作用机制与现实社会的群体行为有一定的相似之处，在形成过程中，意见领袖在言论表达中发挥了重要作用，直接影响了信息传播的速度与广度；在合适的时机对特定人员的行为进行引导，有利于引导网络群体行为的走向。

第二，阶段研究法。在研究过程中，按照一定的标准将网络群体行为分为不同的阶段，详细研究不同阶段，群体成员与行为的特点与作用机制。贾举（2010）将网络群体行为的形成分作四个阶段（见图2-2）："引爆点"信息竞争存活，存活信息唤醒群体关注，群体膨胀形成群体极化，群体的涨落与动荡。在不同阶段，网络群体、话题与社会环境等都会相互作用，共同推进网络群体行为的形成与发展。

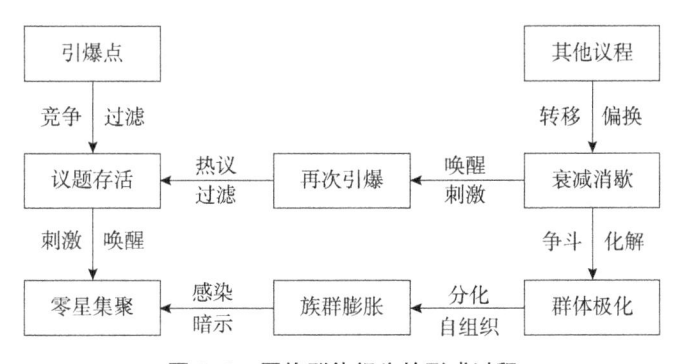

图 2-2 网络群体行为的形成过程

网络群体行为的形成会经过引爆、从"一边倒"到"激烈交锋"、理性行为唱主角等阶段，在整个过程中，网民会在环境、信息、情绪等各种要素之间进行博弈（郑知，2011），经历网络舆论场的激烈交锋，从最初的情绪表达向探寻事件真相和本质的理性行为演变，最终理性行为占据上风并催生出网络主导性舆论。

第三，基于实证和案例的研究。杨蕾（2010）运用实证方法检验了传播因素对网络集群行为的影响，建立了网络集群行为的 IEC 交互式矩阵型形

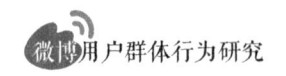

成机理。靖鸣等（2012）以"药家鑫事件"为例，对微博中的相关言论进行了详细分析，认为微博群体行为或群体性事件在形成过程中，公众参与度极高，且呈自发性与无组织性，公众的微博声讨十分狂热，并且极度情绪化，公众在审判结果出来之后的"狂欢"是一种集体失范的表现。微博舆论监督中的集群行为产生于多种社会心理机制的相互作用，微博平台的匿名性和开放性为其提供了便利，成员在意见与行为表达时，相互传染，容易产生从众行为，追求言论的"一致性"，而忽略了社会道德，用情绪和刻板印象绑架"社会道德"，容易让非理性情绪占据社会主要地位，造成负面影响。

4.网络群体行为的道德伦理审视

Peter Levine（2001）认为，"网络空间的争论和冲突有利于激活市民社会和唤醒公共精神，是一种强大的民主资源"。网络在为人们表达意见与思想提供便利的同时，我们还必须重视网络伦理道德，要用合理合法的方式表达意见与观点，确保网络氛围的和谐。网络群体行为的道德伦理问题是基于网络群体行为互动产生的，其理性化和情绪化与网络参与者、事件、环境等有着重要的联系。一般来说，事件性质一般、用户知识结构完善、信息量充足、权威信息引导等都会使网络舆论趋于理性化方向发展，形成稳定的舆论环境；反之则可能造成网络舆论的情绪化，使网络舆论环境混浊。

陶文昭认为，网络中容易产生群体极化现象，它是网络群体思维的一种表现方式，这种极化行为的存在可能会引发网络暴力，破坏网络秩序。所以网络群体行为伦理道德需要从网络秩序规范、政府作为和网民行为规范等三个方面入手，确保网络合理秩序的形成。杜骏飞等（2011）从协商民主的视角对网络群体行为的效用进行分析，提出理性的网络群体行为能够促进社会公正的产生，对网民具有教育意义，能够形成共同意识。所以，政府应该积极寻找网络对话平台，公开信息，重视门户网站的建设和维护，克服官僚主义狠抓式话语，同时争夺网络话语权，加强网络引导，加强制度供给（王扩建，2009）；同时还必须采取建立健全防范协作机制、及时掌控事件的发起人和组织者，构建利益整合机制等措施（杨久华，2009），确保对网络群体行为的整体掌握，使其在规范内发展，确保网络秩序稳定。

2.3.5 研究述评

通过以上分析可以看出，针对群体行为，目前学术界利用社会学、心理学、管理学、经济学、数学、物理和计算机等理论与方法，将定性分析与定量分析相结合，通过实证研究和建模仿真对群体行为的形成与互动进行了详细分析，得出了许多有价值的结论，为预测和有效处理突发事件、群体性事件提供了依据。

从研究内容上来看，目前对群体行为的研究主要集中在四个方面：群体和群体行为的形成、群体成员之间的相互作用、群体行为互动规则与机制的形成以及群体成员互动对群体决策的影响等。很多学者依据社会学和管理学中关于群体的相关理论，通过建立数学模型或实验的方法对群体的形成过程以及群体成员之间的互动机制进行详细分析，对群体性事件或突发事件的形成与发展进行预测，提出一些有效的应对策略。

从研究方法上来看，一部分学者侧重于定性研究，结合相关理论对群体行为的形成、互动与相互作用机制进行分析；另一部分学者则运用计算机、数学和物理的方法，建立模型，对群体行为进行仿真，研究群体中个体的出现、改变、进化和相互作用的过程，以及消失过程中的群体行为。群体仿真模型有助于对危急情况下潜在人群的危害进行有效预测，提高人们对危机事件的应对能力，减少或避免不必要的伤害。但目前关于群体行为的研究大多数利用计算模型通过实验进行仿真分析，利用社会学或管理学相关理论将定性与定量相结合的研究较少，还有进一步突破和发掘

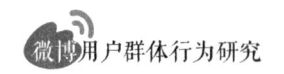

的空间。

从研究结论上来看，群体是由个体组合而成的集合，其成员有一定的相似性或共同的经历与经验，但群体并非简单"物理"上的个人集合，而是由"心理"上的个人组成；在群体中，许多人互相认识，并不是匿名的，群体中的个人相互沟通和交流，成员的态度、思想与行动也会相互影响；同时，群体具有一定的可控性，群体行为会随着时间和空间的转移而发生变化。

从以上的分析可以看出，学者们关于群体行为的研究已趋于成熟，利用各个学科的理论和研究工具、方法提出了许多有价值的研究结论，对于预测群体行为的发展趋势也提供了指导；但是将网络，尤其是在线社交网络（比如微博等）与群体行为相结合的研究较少，较多的是参照现实群体行为的特征等研究网络群体性事件，所以在以后的相关研究中，要将理论与实证相结合，利用群体行为的相关理论，结合微博用户群体的实证数据，对微博用户群体行为进行研究，为有效应对各种突发事件或网络群体性事件奠定基础。

2.4 复杂网络理论

2.4.1 复杂网络的基本概念

随着近代社会的不断发展，以及各类科学问题的增加，简单的手段与思想无法解决我们所面临的多样化问题，所以关于复杂网络和复杂性科学的研究不断兴起。关于复杂网络的研究可以追溯至18世纪对哥尼斯堡"七桥问题"的讨论，其相关理论得到不断发展的标志性事件是1998年Watts和Strogatz发表《小世界网络中的集群行为》一文，在该文中，他们将规则网络扩展到随机网络，并通过理论与实践的方法，提出小世界网络所具备的基本特性；1999年Barabási和Albert提出无标度网络，认为现实中的许多网络是复杂的,它的分布不具备规则性,其连接度分布具有幂律性。表 2-1 是复杂网络的研究过程具有标志性影响的成果。

表2-1 复杂网络研究过程

时间(年)	人物	事件
1736	Euler	七桥问题
1959	Erdos 和 Renyi	随机图理论
1967	Milgram	小世界实验
1973	Granovetter	弱连接的强度
1998	Watts 和 Strogatz	小世界网络模型
1999	Barabási 和 Albert	无标度网络模型

除了理论研究,学术界对复杂网络相关研究也在不断扩展,更为重要的是将其基本理念和模型运用到图论、物理学、计算机、心理学、生态学、生物学、人口学、传播学、社会学、经济学、管理学等多个学科,用于解决日常生活中遇到的现象或问题。

钱学森是我国最早开始研究复杂网络和复杂性科学的学者,他认为:一个具有自组织性、自相似性、吸引子和小世界、无标度中部分或全部性质的网络即为复杂网络。这个定义对复杂网络的基本特性和具体要素进行了描述,但较为抽象。复杂网络是现实与虚拟的相结合,在其中有数量巨大的节点,这个节点是真实可见的,我们需要做的是通过各种方式认识这些现实节点之间以虚拟化形式存在的真实关系与结构。一般来说,我们倾向于用数学和计算机的方法来详细描述复杂网络[①]。所以,根据图论的基

---

① 维基百科是这样定义的:"复杂网络是由数量巨大的节点和节点之间错综复杂的关系共同构成的网络结构。用数学语言来说,就是一个有着足够复杂的拓扑结构特征的图。"

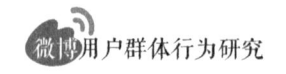

础知识，郭进利认为："假设 $W=\{(V, E) | (V, E)$ 是有限图$\}$，G 是从 $[0, +\infty)$ 到 Ω 的映射，则对于任意给定的 $t \geq 0$，$G(t)= V(t)$，$E(t)$ 是一个有限图，$N^*(t)$ 表示到时刻 t 网络已发生变化的总次数。如果 $\{N^*(t), t \geq 0\}$ 是一个随机过程，对于充分大的时间 t，称 $G(t)= V(t)$，$E(t)$ 是一个复杂网络。记作 $N(t)=|V(t)|$，$M(t)=|E(t)|$，$\lim_{t \to \infty} E[N(t)-N]$（无穷或有限），其中，$E[N(T)]$ 表示网络在时刻 t 的节点平均数"。这个定义比较具体，它用图论的概念诠释了复杂网络的基本特性。

关于复杂网络的定义，虽然学者在具体定义上有着较大差别，没有形成一个统一的概念，但从整体上看，学者们对复杂网络的基本理念认知是一样，复杂网络中节点关系复杂且多样化，节点具有自组织性，能够相互吸引，节点的行为与态度处于不断变化之中。现实世界许多网络都是复杂网络，作为拥有近4亿节点的微博网络，也是一个复杂的网络，成员多、关系相互交织且不断变化，网络中的用户个人关系网络、评论关系网络和转发关系网络等都是复杂网络。本研究以此为前提，对微博用户群体行为进行研究，探讨用户行为的复杂性。

2.4.2 复杂网络的测量指标

复杂网络的研究起源于图论，从图论的角度来看，网络 $G=(V, E)$ 是由顶点 V 和边 E 所构成的一个图，其中 V 是顶点的集合，E 是边的集合。

1. 度与度分布

一个节点所连接的边的数目称为节点的度，节点 i 的度一般用 K_i 来表示。在社会网络中，度越大，表示与其相连接的节点越多，那么该节点的影响力也越大。在有向图中，一个节点的度可以分为出度（out-degree）和入度（in-degree），出度是节点指向其他节点的数量，在微博中表示个人的关注情况；入度是其他节点指向该节点的数量，在微博中表示个人被关注的情况。（微博就是一种有向网络[①]）入度和出度可以反映出各个节点在网络中的地位与状态，也能够反映出不同节点在网络中的身份、地位与角色等。

另外，节点的度分布是指节点度数的概率分布，一般用$P(k)$表示：

$$P(k) = \frac{1}{N}\sum_{i=1}^{N}\delta(K-K_i)$$

度分布是衡量复杂网络的一个重要指标，它直接反映了节点度的扩散程度。赵文兵（2011）以和讯微博为例进行分析，得出结论：用户的关注数呈长尾现象，用户被关注数和博文数遵循幂律分布。另外，国内外的大量学术研究证明，人际关系网络、电子邮件网络、书信网络等实际网络的度都呈现一种幂律分布（power-law）状态，其函数的表达式一般记作：$P(k) \propto k^{-\lambda}$，$\lambda$是幂指数，一般介于1~4之间，具有这种分布特性的网络一般称为无标度网络（scale-free network）。这也是本研究讨论微博网络和微博用户群体行为的重要基础。

2. 平均路径长度与小世界特性

网络中的节点如果可以通过一些首尾相连的线连接起来，那么我们认为这些节点是可达的，并且把连接这两个节点的边数最少的路径称作节点之间的距离。用N表示节点数量，d_{ij}表示节点之间的最短距离，网络平均路径长度的计算公式如下所示：

$$L = \frac{2}{N(N-1)}\sum_{i=1}^{N-1}\sum_{j=i+1}^{N}d_{ij}$$

另外，两个节点之间最长的路径被称为网络的直径。网络平均路径长

[①] 根据图论的基础知识，图可以分为有向图和无向图。在有向图中，节点之间的关系，即边的连接是有方向的，A节点指向B节点，B节点不一定指向A节点。比如，微博形成的网络关系图就是有向图，即微博中的一个用户A关注另一个用户B，B不一定关注A。无向图中，节点之间的边连接是无方向的，节点A和B之间的连接表示两者是有关系的。比如人人网形成的用户关系网络图就是无向图，即人人网中用户A关注了用户B，那么B一定也关注了A。

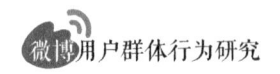

度和网络直径都是反映网络传输效率的,长度越小说明通过较少的节点便能达到传输的效果,网络效率较高。通过大量的实证研究证明,在大多数网络中,尤其是一些超大规模的网络,其实 L 的值都不大,即使在稀疏的网络中也是如此,这也就证明了 Watts 和 Strogatz(1998)提出的小世界网络的特性,可以认为平均路径长度和网络规模服从 $L\sim ln(N)$ 的分布。

3. 聚类系数与聚集性

衡量网络小世界性的重要指标有两个:一是平均路径长度;二是聚类系数。聚类系数通常描述的是网络中节点聚集的程度,即网络的紧密性。假设节点 i 与其他 K_i 个节点都相连,如果这 K_i 个节点也相互连接,那么它们之间应该有 $K_i(K_i-1)/2$ 条边;但这 K_i 个节点之间实际存的边数只有 E_i,那么两者之比即为聚类系数 C_i,用公式表示如下:

$$C_i = \frac{2E_i}{K_i(K_i-1)}$$

其中 K_i 表示节点数量,E_i 表示实际的边数,C_i 表示节点的聚类系数。

由此可知,整个网络的平均聚类系数 C 可以定义为网络中所有节点聚类系数的平均值,如下所示:

$$C = \frac{1}{N}\sum_{i=1}^{N}C_i$$

其中 N 为网络中的节点总数。

聚类系数的取值一般介于 0~1 之间,系数越大表示网络的连通性越好,网络聚集程度越大。根据 Watts 和 Strogatz 提出的小世界网络特性,一些真实网络的聚集系数通常大于同等规模的随机网络的聚集系数,也就是说真实网络趋向于聚集,有一定的集群性质。

以上是对复杂网络最主要测量指标的描述,针对不同的网络特性和不同的网络环境,这些测量指标的具体描述也是有变化的。自从小世界网络的无标度网络提出后,对于网络的拓扑结构的相关研究不断拓展,针对网络的度、类型、平均路径长度和聚类系统的研究一度成为学术界关注的热点，被应用到社会领域、信息领域、技术领域和生物领域等。表2-2是一些学者针对部分实际网络的研究结论。在该表中，N表示网络中节点的数量，M表示边的数量，$<k>$表示平均度数，L表示平均路径长度，g表示幂指数（有向网络分别给出入度指数和出度指数），C表示聚类系数。

表2-2　各类实际网络的基本统计数据

网络		类型	N	M	$<k>$	L	g	C
社会领域	电影演员	无向	449913	25516482	113	3.48	2.3	0.78
	公司董事	无向	7673	55392	14.4	4.6	—	0.88
	数学家合作	无向	253339	496489	3.92	7.57	—	0.34
	合作物理学家	无向	52909	245300	9.27	6.19	—	0.56
	合作生物学家	无向	1520251	11803064	15.5	4.92	—	0.6
	电话呼叫较图	无向	47000000	80000000	3.16			
	电子邮件	有向	59912	86300	1.44	4.95	1.5/2.0	0.16
社会领域	电子邮件地址	有向	16881	57029	3.38	5.22	—	0.13
	学生关系	无向	573	477	1.66	16	—	0
	性关系	无向	2810				3.2	
信息领域	WWW（nd.edu）	有向	269504	1497135	5.55	11.3	2.1/2.4	0.29
	WWW（Altavista）	有向	203549046	2.13E+09	10.5	16.2	2.1/2.7	
	引用网络	有向	783339	6716198	8.57		3.0/—	
	罗氏词典	有向	1022	5103	4.99	4.87	—	0.15
	单词搭配网络	无向	460902	1.7E+07	70.1		2.7	0.44
技术领域	自治层Internet	无向	10697	31992	5.98	3.31	2.5	0.39
	电力网	无向	4941	6594	2.67	19		0.08
	铁路网	无向	587	19603	66.8	2.16		0.69

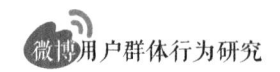

续表

	网络	类型	N	M	$<k>$	L	g	C
技术领域	软件包	有向	1439	1723	1.2	2.42	1.6/1.4	0.08
	软件类	有向	1377	2213	1.61	1.51	—	0.01
	电子电路	无向	24097	53248	4.34	11.1	3	0.03
	对等网络	无向	880	1296	1.47	4.28	2.1	0.01
生物领域	代谢网络	无向	765	3686	9.64	2.56	2.2	0.67
	蛋白质网络	无向	2115	2240	2.12	6.8	2.4	0.07
	海洋食物网	有向	135	598	4.43	2.05	—	0.23
	淡水食物网	有向	92	997	10.8	1.9	—	0.09
	神经网络	有向	307	2359	7.68	3.97	—	0.18

2.4.3 复杂网络的经典模型

基于复杂网络的基本理论，对实际网络进行实证分析，了解网络的结构特性与特征，是近年来研究复杂网络的一个重点。自从小世界网络和无标度网络概念被提出后，人们对于复杂网络的研究更加深入，开始研究现实世界中网络的特性以及网络的拓扑结构，同时对复杂网络的动力学机制等研究逐步深化，扩展到社会学、管理学、经济学、心理学等领域，突破了以前的研究定式，研究内容与角度不断创新，得出了较多创新性结论。本小节主要介绍几种复杂网络经典模型：规则网络、随机网络、小世界网络的无标度网络，以及这些网络的基本特性。

1. 规则网络

在小世界网络提出以前，我们主要研究的是规则网络，一般来说，规则网络可以分为三类：全局耦合网络、最近邻耦合网络和星形网络。具体见图 2-3。

全局耦合网络中的每一个节点都跟其他每一个节点都有连接，这种网络的平均最短路径长度为 $L=1$，聚类系数为 $C=1$。见图 2-3（a）。

最近邻耦合网络中的每个节点是邻近的 K 个节点都有连接，这 K 个节点离原节点的距离较近。它的平均路径长 $L\to\infty$，聚类系数为 C 约为 3/4。见图 2-3（b）。

在星形网络中，以一个节点为中心，其他节点只与这个中心连接，其他节点之间互不连接。这种网络的平均路径长度 L 约为 2，聚类系数为 C 约为 1。但是星形网络比较特殊，这里假设如果一个节点只有一个邻居节点，那么这个节点的聚类系数为 1，但是也有节点是认为一个节点的邻居节点只有一个时，该节点的聚类系数为 0，见图 2-3（c）。

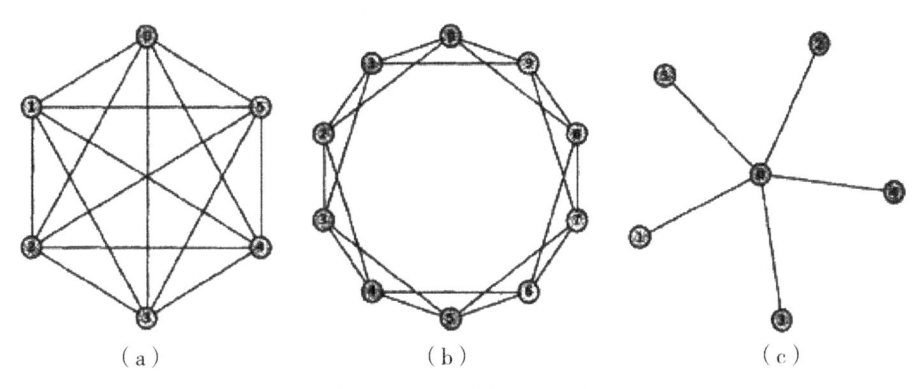

图 2-3 规则网络的图示

（a）全局耦合网络 （b）最后邻耦合网络 （c）星形网络

2. 随机网络

随机网络是与规则网络相对的，其中较为著名的是 Erdos 和 Renyi 提出的 ER 随机图模型。他们认为，一个网络中有 N 个节点，这些节点以相同概率 P 连接，那么会得到一个有 N 个节点、$PN(N-1)$ 条边的网络；而且在这个网络中，当 $N\to\infty$ 时，ER 随机网络图的性质与连接概率 P 之间有一

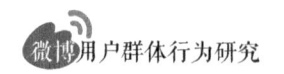

定的关系。

ER随机图的平均度是<k>=P（N-1）≈pN，平均路径长度为L μ lnN/ln<k>，这使得平均路径长度呈现小世界网络的特性，因为N增长时，lnN增长较慢，这就使得即使网络规模很大，但其平均路径长度仍然较小。另外，在ER随机图中，无论节点数量有多少，N有多大，不论两个节点是否有相同的邻接节点，它的连接概率都为P，而且聚类系数C为C=P=<k>/N。

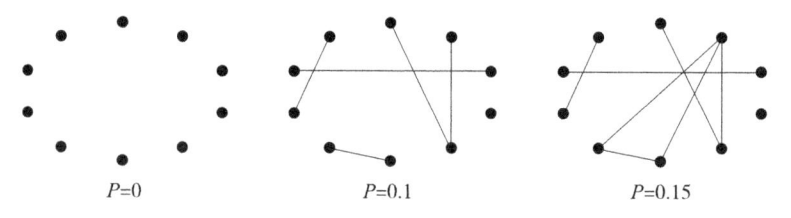

P=0　　　　　　　P=0.1　　　　　　　P=0.15

图2-4　随机图络的演化示意

ER随机网络有一个明显缺陷：在图中所有节点之间的连接概率都是P，这样使得其聚类系数为C=P=<k>/N，这个值是远远小于1的，说明这个网络密度较为稀疏，节点没有聚集性（见图2-4）。这一点与现实中许多复杂网络所具备的特性是不符的，因为，在现实网络中，无论节点密度多少，也有一定的聚集性，而且聚类系数也会比ER随机网络的系数高很多。

3.小世界网络

规则的全耦合网络具有较高的聚类系数，但并非小世界网络；随机网络的平均路径长度虽然具有小世界网络的特性，但是由于其聚类系数过小，也不是小世界网络，而且这两类网络与现实世界中网络的基本特性有一些差别。自从Watts和Strogatz提出小世界网络模型后，学者们更加倾向于利用小世界网络的基本理论研究现实世界中的网络。

WS小世界网络的构造算法如下：首先，在规则图中，有N个节点，它们形成一个环，每个节点都与它左右相邻的K/2节点相连（K为偶数）；然后，将其进行随机化重连，以概率P随机连接网络中的每个边，而且任意两个不同节点之间最多只能有一条边,每个节点不能与自身相连。

在了解小世界网络的形成和基本特性后,还必须了解小世界网络的聚类系数、平均路径长度和度分布等。小世界网络的聚类系数 $C(P)$ 为:

$$C(P) = \frac{3(K-2)}{4(K-1)}(1-P)3$$

网络的平均路径长度为:

$$L(P) = \frac{3(K-2)}{4(K-1)+4KP(P+2)}$$

从上面聚类系数和平均路径长度的计算公式可以看出,概率 P 对 $C(P)$ 和 $L(P)$ 具体值的大小都有影响,其具体影响见图 2-5 和图 2-6,从左至右分别是规则网络、小世界网络和随机网络。

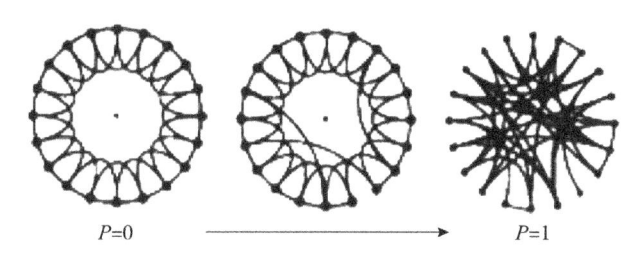

图 2-5 三种网络的呈现形式

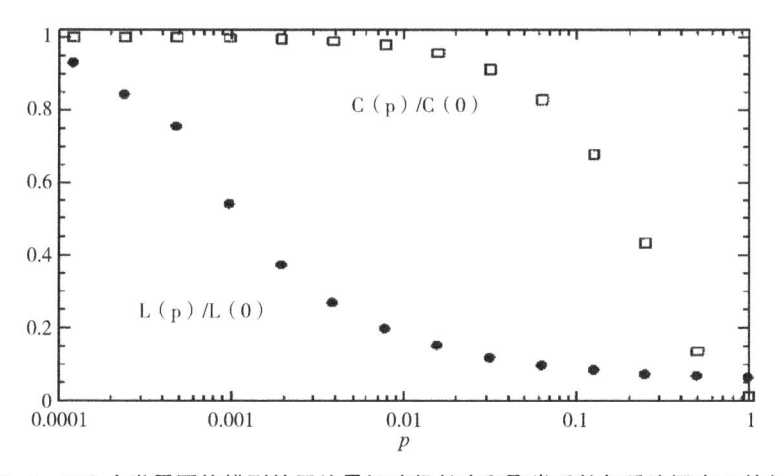

图 2-6 WS 小世界网络模型的平均最短路径长度和聚类系数与重连概率 P 的关系

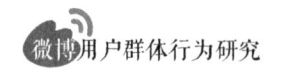

当P为0时，网络是规则网络，平均路径长度会随着N的增长而增长，同时聚类系数也会增长；当P为1时，网络是随机网络，平均路径长度会随着N的增长而增长，但聚类系数却是减小的。在0和1之间，网络是小世界网络，它具有较小的平均路径长度，同时聚类系数较大，有一定的聚集性。

在日常生活中，我们所接触到的许多网络都具有小世界特性，无论是人际关系网络还是信息传播网络，都能通过较短的距离达到传播目的，而且网络中往往还存在较多的子群，部分成员之间的关系比较密切。比如，在人际关系网络中，以A为原点到B，根据六度分隔理论，中间最多需要经过6个人就能够认识，它的传播速度在人际交往过程中是非常快的。除了人际交往网络，上文提到的信息传播网络、航空网、交通网等都具有小世界特性，毫不夸张地说，根据世界航空网络图，我们从北京出发，通过飞机中转，到世界上任何一个地方，最多经过6个地方，这就是小世界网络基本特性的体现。

4. 无标度网络

ER随机网络和小世界网络的节点度分布近似泊松分布，在一定时间段内会达到一个峰值，之后便会较快下降。所以当$k><k>$时，度为k的节点接近不存在。但是近年来研究关于互联网和社交网络的度分布与平均路径长度时发现，有时度分布并非呈现指数分布，其分布更像是幂律分布。这类网络节点的连接由于没有明显的特征长度，所以被称为无标度网络（见图2-7）。

Barabási和Albert认为无标度网络有两个重要特性：增长和择优连接。增长是指网络并非固定不变的，而是处于不断变化中，新节点会不断进入网络，网络节点数量也是处于不断增长过程中。择优连接是指当一个新的节点进入网络时，它会优先选择那些连接度较大的节点，或有较大影响力的节点，即具有较多人关注的节点会更成为新进入者的优先选择。

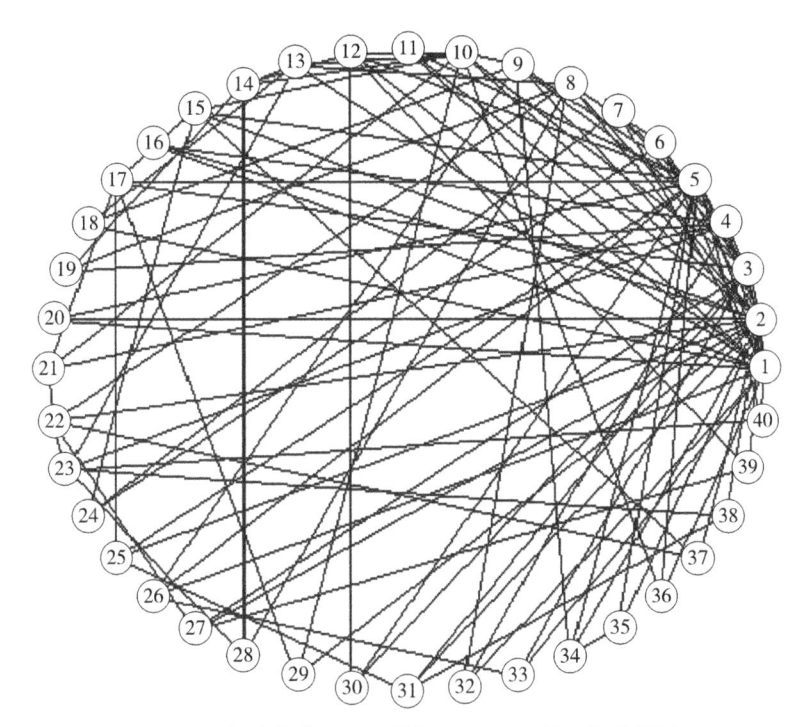

图 2-7 初始节点为 3，最终结点为 50 的无标度网络

无标度网络的平均路径长度为 $L \mu \log N/\log\log N$；

聚类系数为 $C = \dfrac{m^2(m+1)^2}{4(m-1)}[\ln(\dfrac{m+1}{m}) - \dfrac{m}{m+1}]\dfrac{[\ln(t)]^2}{t}$

无标度网络的构造算法：假设有 N 个初始节点，每个时间段增加一个节点和 M 条边，新节点连接到原有节点 i 的概率为 Π_i，即

$$\Pi_i = \dfrac{k_i}{\Sigma_j k_j}$$

无标度网络的择优选择会导致网络发展出现"马太效应"，节点呈现"富者更富"的状况，拥有更多关注者的节点会得到更多的关注者，相反，没有人关注的节点则更少有人关注，容易造成网络分布的不均匀。同时，BA 无标度网络也具有鲁棒性和脆弱性，由于部分节点是网络的中心和核心节点，在网络中占据核心或重要位置，一旦遭到攻击或无法正常工作可

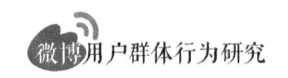

能会使得全部网络瘫痪。所以这对无标度网络提出了一些挑战，如何减少存在的问题，使其更好地发挥作用是一个非常重要的问题。

2.4.4 元胞自动机模型

元胞自动机理论是由计算机之父冯·诺依曼率先提出的，它将一个方形的平面分成若干个小格，每个小格表示一个细胞或系统，再对每个方格的状态进行赋值，不同的值表示细胞或系统的状态不同，然后按照设定好的规则让细胞或系统进行活动，观察并研究其演化规律。一开始，这个理论在提出后并没有得到较多的关注，相关研究没有深入进行，也没有在计算机上得以实现。直至1970年，剑桥大学数学家John Horton Conway提出一个叫作"生命游戏"的游戏程序后，关于元胞自动机的相关研究才不断深化，学者们开始利用其研究系统涌现和生命系统的相关问题。人工生命是生命系统领域里研究最为普遍和最为成熟的内容，它利用计算机的相关知识，研究人工智能相关问题，作为专门的新兴学科，至今仍是学术界关注的热点与重点问题。Wolfram认为，元胞自动机可以分为四个等级：平稳型、周期型、混沌型、复杂型，其中第四类复杂型即是复杂性科学的开始，Langton将复杂型称作"混沌边缘"，在这个层面的系统，不但有稳定性，同时也有流动性，它既可以确保信息的存储，同时也能确保信息传递与沟通。本研究讨论的微博用户群体行为的形成是基于复杂型层面的。

元胞自动机很大程度上是属于微观层面的研究，从生物角度来看，它是研究各个细胞的运动变化状态以及集群状态，研究各个细胞之间是如何互动的，以及其运动轨迹和运动方向；在掌握这些微观数据的基础上，再进行宏观行为发展方向预测，这是元胞自动机理论的核心与重点。元胞自动机模型是一种离散模型，它将各个分散的个体或系统视作一个元胞，通过元胞的运动来预测个体和整体的发展方向，目前已广泛应用于森林火灾模型、细胞运动、生命游戏等研究中，尤其是在研究复杂网络或复杂性科学的相关问题时，其应用更加广泛。

美国数学家 L. P. Hurd 和 K.Culik 对元胞自动机的数学集合定义，可以认为元胞自动机是由元胞、元胞的状态空间、元胞邻居以及局部规则四个方面的内容组成，即

$$A=(L_d, S, N, f)$$

其中，A 表示一个元胞自动机，相当于一个系统或网络；L_d 表示元胞空间，d 表示元胞空间的维数，S 表示元胞的有限状态集，N 表示一个元胞所有邻居元胞的组合，为包含 n 个不同元胞的空间矢量，表示为 $N=(S_1, S_2, \cdots, S_n)$，$n$ 是邻居元胞的个数，$S_i \in Z$，$i=1, 2, \cdots, n$；f 表示将 S^m 映射到 S 上的一个状态转换函数。

1. 元胞

元胞是元胞自动机最基本的组成部分，同时也是元胞自动机的基础。在研究过程中，我们可以将元胞视作一个个体或系统，它处于不断变化之中。一般在研究元胞自动机的过程中，可将元胞的状态设为{0, 1}的二进制形式，这种方式比较简单，也是常用方法；也可以将元胞状态设为{ S_1, S_2, $\cdots$, S_n }。每个元胞都是独立的，呈离散状态，但是它会受周围环境和其他元胞状态的影响。

2. 元胞空间

元胞空间是所有元胞分布的空间集合，见图2-8。所有方块就是元胞空间，它们是所有元胞可能的活动领域和所在的空间位置。它可以按照几何的原理划分成任意维数，一般来说将其划分为一维、二维和多维的元胞空间。一维的元胞空间较为简单，基本上是一条直线进行等分，每个划分节点代表一个元胞。二维的元胞空间有三角形、正方形和六边形三种形式，四边形的模拟方法和计算规则相对于三角形和六边形来说较为简单和

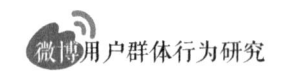

固定，一般在二维空间里进行模拟时选择正方形。多维的元胞空间是立体模拟，它能够更加形象地展示元胞的运动轨迹。

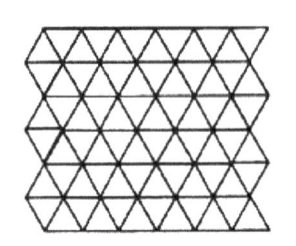

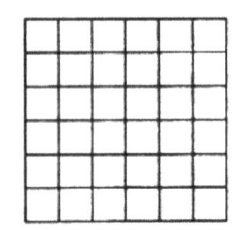

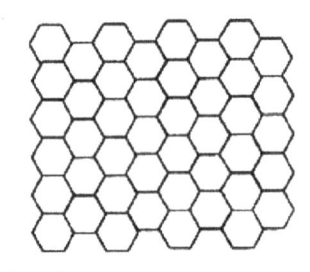

图 2-8 二维元胞自动机的几种网格形式

元胞自动机模型的各个维度并不是在无限空间里进行的，它受计算机运算数量与能力限制，一般来说，会对空间进行界定，确保在有限的空间里进行充分模拟。界定边界的方式有周期型、反射型和定值型，不同的方式对于元胞取值方式规则的确定都是不同的[①]。

3. 邻居元胞

邻居元胞是指一个中心元胞的所有邻域范围内的元胞。元胞自动机对于邻居元胞的界定方式也是不同的，不同的界定规定表明了元胞邻居范围与个数等都有较大区别。一般来说，元胞自动机的演化规则是确定的，邻居元胞会对中心元胞进行作用，所以需要确定邻居元胞的范围。在一维的元胞空间里，按照半径 r，在其范围里的元胞都可称为邻居元胞。在二维空间里，有三种方式定义的元胞范围：一是 Von Neuman 型，它以中心元胞为原点，定义其上、下、左、右 4 个方向的元胞为邻居元胞；二是 Moore 型，它以中心元胞为原点，定义上、下、左、右和左上、左下、右上、右下 8 个方向的 8 个元胞为邻居元胞；三是扩展 Moore 型，它将元胞邻居的半

---

① 元胞自动机边界的界定方式与规则比较复杂，有学者根据复杂网络的理论专门研究边界界定对模型仿真结果的影响。在运用元胞自动机建模过程中，使用最多的是周期型和固定型的两种方法，本研究采用固定型，即将设定的元胞空间的最外层和元胞空间外的第一层当作边界，同时元胞状态采用随机分布方法取固定值，然后进行模型仿真。

径扩大为2倍或更大，小于或等于这个半径的都为邻居元胞，对二维空间里邻居元胞范围的具体图示见图2-9。

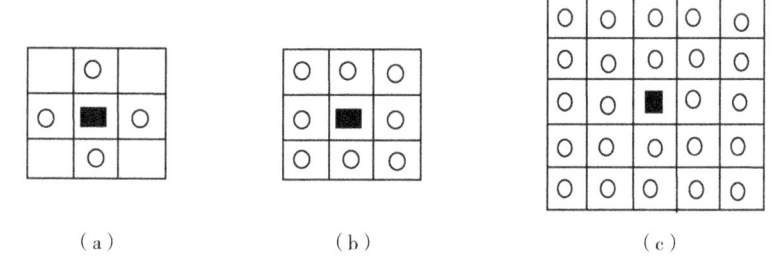

图 2-9 元胞自动机邻居的几种形式

（a）Von Neuman型　（b）Moore型　（c）扩展Moore型

（注：图中黑色方块表示中心元胞，白色圆圈表示界定的邻居元胞的范围）

4. 演化规则

演化规则也称状态转移函数，是指t时刻元胞的状态经过一定规则作用后，在t+1时刻所呈现的状态，这个作用的规则即为演化规则，可以表示为

$$S_i(t+1)=f(S_{i-r}, S_{i-r+1}, \cdots, S_i, \cdots, S_{i+r-1}, S_{i+r})$$

假设元胞空间为一维，元胞的状态集分布表示为 S^z，所有邻居元胞和元胞本身合表示为 S^{2r+1} 元胞自动机的状态更新规则和局部演化规则可记为

$$F: S_t^z \to S_{t+1}^z \quad F: S_t^{2r+1} \to S_{t+1}$$

从上面的公式可以看出，元胞在t+1时刻的状态与邻居元胞的状态和自身在t时刻的状态是相关的。演化规则是元胞自动机的核心，它直接决定了整个系统的走向与发展规则。

一个元胞自动机系统可以看作一个群体，每个元胞是一个个体或者一个成员，元胞之间互动与行为变化体现的是群体中个体行为与思想的变化。元胞自动机模型，可以较为形象、客观地反映群体中各个成员的变化过程以及成员行为与思想的变化规则。

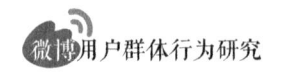

近年来，很多学者采用元胞自动机的相关理论或模型对动物界的群体行为进行研究，模拟动物行为的变化路径；将其运用到人们的群体行为研究中也是一种新兴的方法，相关研究成果在前文已有描述。本研究尝试将元胞自动机理论与微博用户群体行为相结合，将定性与定量相结合，在考虑社会环境、微博环境与周围成员影响的基础上，我们加入成员个体心理的变化，全面考虑微博用户群体行为的发生与发展过程，这也是本研究的一个创新点。

我们处于一个多样化的复杂网络，生活中各个方面都存在较多的复杂网络：我们吃的食物存在分子网络，交通工具存在交通网络，工作流程存在合作关系网络，与他人的交往存在人际关系网络，这些网络都是复杂的，多样化的。微博是一张巨大的网络，拥有数亿乃至更多用户，用户之间的关注关系、评论关系和转发关系等都是复杂的。关于微博用户行为的下一步研究，需要深化研究用户群体行为，从社会学、心理学和组织行为学的角度具体阐述微博用户群体形成的路径，了解群体行为形成的全过程；依据复杂网络的相关理论与知识，运用仿真建模的方法，从宏观到微观，建立微博用户群体行为形成的演化模型，对其进行仿真分析，探索环境、个人和群体对于微博用户群体行为形成的影响和作用程度等，为研究微博用户群体行为互动机制和行为选择的过程奠定基础。在定量研究方面，可以根据复杂网络的相关理论和模型，详细分析微博用户群体从众行为和微博用户群体极化行为形成的过程，并对其进行仿真，分析群体从众行为和群体极化行为可能存在的优势与劣势；探讨微博中群体决策的规则以及微博用户群体行为选择对于群体决策的作用。这对于降低群体性事件发生频率的促进微博用户及群体正确对待群体性事件都有着重要的作用。

第 3 章

微博用户的使用动机与结构研究

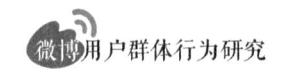

在Web 3.0时代，微博的出现改变了人们的生活方式和思维方式，打破了人们传统的信息接收习惯与信息认知方式，"自媒体"逐渐在互联网络的发展中占据了无可比拟的优势地位。"自媒体"的开放性、自由性、交互性等特质打破了传统媒体"内容用王"的信息服务理念，它以用户为中心，打破了传播主体与受众的界限，每个人可以成为信息的发布者与接收者，所以个人成为信息的载体，其信息接收习惯、认知方式等都会对他人，甚至社会，产生一定的影响。对于微博平台来说，各种认知方式与接收习惯是微博影响与作用的结果，它们的具体体现形式是微博用户行为，而行为又是用户动机的具体体现。

自微博出现以来，关于微博用户行为和微博对于用户的影响的研究不仅角度丰富，而且内容全面，认为微博用户的度分布与信息发布行为、评论行为和转发行为等基本符合幂律分布，整个网络是一个非均匀网络。这是微博网络的表象，更深层次的原因是不同用户对于微博的需求不同、使用微博的方法与内容不同，导致其参与的程度与层次都是有差异的；需求在用户心理层面的体现即动机。所以对于微博用户使用动机进行分析，可以更深入地了解用户对微博的需求和使用的深层原因，对于了解微博用户行为特性、对其行为进行预测都有一定的作用。

本研究在对相关理论进行分析的基础上，提出微博使用动机的概念，认为微博用户的使用动机受个人特质、环境因素和微博平台等的交互影响；并在此基础上建立微博用户使用动机的概念模型，将微博用户使用动机分为信息动机、休闲动机和社交动机等，并用实证数据进行验证分析，发现不同用户的使用动机是不同的。从整体上来看，信息动机和休闲动机占据主要地位，社交动机作用发挥欠缺，用户行为与用户使用意愿都受其使用动机影响，所以微博在发展过程中必须根据用户行为，发挥优势，满足用户个性化需求。这也为后文分析和解释微博用户行为的特性以及群体行为的形成奠定了基础。

3.1 微博用户使用动机的概念与理论

3.1.1 微博用户使用动机的概念

关于动机,在不同的学科,根据研究重点的不同,对其定义也不同,但本质上是相同的。在心理学中,人们常用动机来解释行为强度(identity)的差异,认为强度较大的行为是较高行为动机作用的结果,不同动机所产生的行为的强度也是不同的;行为学家Vroom(1964)认为

$$动机 = 效价 \times 期望 \times 手段$$

动机的强度与个人期待、满足需求所采取的手段以及行为结果的价值有密切的关系,作为一个理性人,个人越是对结果有期待,动机强度可能越大。

关于微博用户使用动机的概念,是将一般化的动机理论运用于具体的学科研究,根据Robert A. Pongsajapan(2009)的调查,用户使用Twitter主要是出于社会联系和交往、学习新知、了解新闻时事、寻求意见、交流互动等动机。微博在用户社会联系中的作用可见一斑,用户的行为表现被明显的需求所驱动。所以,本研究将微博用户使用动机定义为驱动个人使用微博的动力或因素,它是个体需求的体现,在环境和个人心理作用的影响下,促使个人将其微博使用需求与意向付诸实践的一种特殊的心理状态。

3.1.2 微博用户使用动机的相关理论

使用满足理论(Katz, Blumer & Gureviteh, 1974)认为,受众在使用某一媒体的过程,是主动性的,有明确的目的,其目的主要是实现个人的需求;在此过程中,受众自己也能够感觉到自己的动机,并能够准确地描述其使用行为。所以,Nardi等通过对博客进行实证研究发现,博客是人们分享经验、观点和评价的工具,工具特性在很大程度上决定了用户对其依

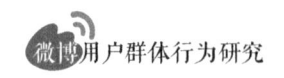

赖程度。Shin在研究微博用户的使用动机时，将其分为内部动机（intrinsic motivation，如娱乐）和外部动机（extrinsic motivations，如社交）。

王娟（2010）在定量分析和定性分析的基础上，将微博用户的使用动机分为社会性动机、记录表达动机、情感性动机、信息性动机等，每种动机都会影响用户使用微博的层次和深度；个人需求和个人对于微博的满意度与使用微博行为有显著相关，直接影响用户持续使用微博的行为。

Davis（1989）在理性行为理论的基础上提出了技术接受模型，研究人们接受并使用新技术的原因，并对其使用行为进行预测。该模型认为，用户对系统的认知会影响其态度，态度影响意图，进一步便产生用户使用行为。有研究表明，70%多的用户使用微博是因为对于微博的好奇心和求知欲，人们在微博中的关注、评论与转发行为更多的是受利己因素的驱动；赵茂磊（2005）将非交易类虚拟社区成员的参与行为按参与层次和参与水平两个维度进行分类，研究发现内在动机对参与层次的影响较大，外在动机对参与频率的影响较大。

由此可知，微博用户行为是受内因和外因共同驱动的。内因是用户自身对于信息的需求，包括用户对于微博和好奇、用户的求知欲和个人的兴趣等；外因是微博对用户的吸引力，包括微博信息获取的成本低、方便快捷等。它们的共同作用诱导用户对微博依赖程度的增加，同时也影响用户对于微博使用深度。

3.2 影响微博用户使用动机的因素分析

孙强等认为，人口统计变量、社会变量、人格与心理变量以及技术体验变量是影响手机微博用户的主要因素。这也说明，微博用户使用动机与用户的个人特质、社会环境和微博平台的发展状况等因素有着密切的需要。

3.2.1 个人特质

个人特质在心理学中运用较多，具有较强的稳定性，一般条件下不易受外界环境影响，它一般体现为思维方式、行为习惯等方面的不同，不同的个人特质对其行为表现有着重要的影响。个人特质可分为生理特质和心理特质。生理特质是一个人固有的特质，不易改变；心理特质有一定的灵活性，对人的行为等影响较大。

（1）个人生理特质，如性别、年龄、心理等会影响用户的行为表现和需求。有研究表明，在使用微博的用户中，男性用户稍多于女性用户，这说明，男性对于新技术类的工具有更强的敏感度，同时也较容易接受；20—30岁的用户较多，年轻人相对于年长者，好奇心强烈，更容易接受和使用新事物、新工具，有更强的社会适应能力。

（2）个人心理特质，如内向型与外向型，保守型与开放性型，个人对于外界环境的感知力和对新事物的态度有着较大的影响。外向型和开放性的用户对于新事物的接受能力强，更愿意尝试；保守型和内向型的用户对于社会的敏感度较低，外界环境对其影响慢而长，接受新事物所需时间长。他们面对新事物时，接受程度与行为需求等都有一定的差异。

微博作为新的信息发布平台和人际互动平台，人们使用与接受的程度有一定的层次性和时变性，它随着个人对于其感知心理与态度等而变化，保守型用户和开放型用户对于互联网络的关注度、热爱程度和好奇度等都有不同程度的差别。在访谈一位大学生时，他说，"用微博是因为大家都用，而且很好玩，又快又方便，所以就玩了"；在访谈一位大学教师时，她说，"微博是年轻人的东西，我对计算机用得不是很熟练，有时只是为了知道学生在玩什么，才会去看看，基本不玩"。所以个人特质在微博用户使用动机的形成过程中起到了决定性作用，它决定了用户的使用层次、使用频率和使用水平等各个方面。

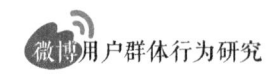

3.2.2 微博平台

微博是一个获取信息、与他人进行沟通交流的平台，它的主要作用是其吸引用户关注的最根本原因，平台的独特性也更好地促进了用户使用动机的形成。Papacharissi 和 Ruhin 认为，用户使用网站的动机主要有信息、娱乐、社交、打发时间等，这对于微博来说同样适用，同时也是影响微博用户使用动机的主要因素。

（1）从平台用户上来看，微博平台是一个集开放性、自由化、草根化于一体的平台，利用该平台，用户基本可以实现随时随地、随心所欲地发布信息，突破了身份的限制，任何一个人都可以成为信息的发布者，其信息也会受到他人的关注，促使用户表现自我。

（2）从平台内容上来看，丰富性、全面性、多样化是微博最受欢迎的原因之一，它为用户提供了海量的信息，最大限度地满足了用户的信息需求，无论是社会热点问题，还是好友动态，都可以从微博上找到，它打破了时间、地点、身份的限制，在微博中，每个人及其发布信息的地位是平等的。

（3）从平台使用上来看，微博平台的即时性、便捷性、交互性可以加强用户之间的沟通与联系，方便用户通过微博与好友保持沟通、加强联系，获取好友的信息与近况。这是微博吸引用户关注的一个重要因素，同时也影响了用户对微博的依赖度和关注度。

微博平台的独特性与完善性是吸引用户使用的重要原因之一，它集信息发布、社交互动和休闲娱乐于一体，使用户能够快捷便利的获取信息，与好友保持联系，同时也能关注名人，缩短用户的社会距离，加强社会的友好性，进而增强社会对于微博的关注度，增加用户的使用意向与需求，促进微博的社会化。

3.2.3 社会环境

用户的好奇心和探索心理和使用互联网的强烈欲望，还必须有一定的社会环境要素的作用与支持，即社会互联网的发展环境和社会对于微博的追捧，这是影响人们使用微博动机的又一重要因素。

（1）移动互联网技术发展的支撑。伴随着移动通信技术的发展，以移动互联网为代表的技术发展不断趋于成熟，对于人们的生活、工作、学习等都产生了重要的影响，互联网产品不断崛起，为人们的生活提供了便利，这为微博技术的发展与完善提供了保障，也为用户提供了更多体验微博应用的可能与机会。

（2）国家的关注与重视。国家、社会支持互联网的发展，出台一系列规定，进一步规范网络社会秩序，将网络发展作为国民经济的一个重要部分，信息力也成为国家竞争力的一个重要组成部分；加强网络信息安全的维护，保护用户个人隐私，为互联网的发展营造了一个良好的环境，促使用户越来越多地尝试新的互联网应用。

（3）微博快速发展的吸引力。自2009年微博上线以来，用户规模及其信息发布数量快速增长，这是以往任何一种媒体都无法比拟的发展速度，社会公众逐渐将其关注度从传统的社交网站转入微博，有一半社交网站的用户拥有微博账号，并将微博作为其获取社会信息的主要来源之一，极大地吸引了社会的关注，成为互联网发展过程中的一个阶段性热点。

综上所述，微博用户使用动机受到个人特质、微博平台和社会环境等相关因素的影响，它们对不同用户的影响程度与影响方式都有不同，这也就使得不同的用户对于微博的定位与需求是不同的，因而使用微博的动机是有差异的，准确认知和分析这些动机，对于了解和定位用户具有重要的作用。

3.3 微博用户使用动机的结构与测量

3.3.1 模型建立

Dejin 等认为，用户使用微博的主要动机有发布个人生活信息、实时

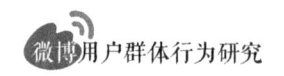

获取信息等。迟新丽通过问卷研究发现，大学生利用微博交往是基于工具性动机和社会性动机两个方面。根据前文对相关研究成果进行总结，本研究提出微博用户使用动机的概念模型，认为微博使用动机受到个人特质、环境因素和微博平台三个方面的影响，使其有获取信息、分享信息、社会互动、人际交往、娱乐消遣、跟随潮流等行为与需求，进而形成信息动机、社交动机和休闲动机，这些动机通过微博媒介相关特性提供的服务与功能而得到满足，这就是微博用户使用动机形成与发展的过程。具体见图3-1。本研究重点分析微博动机的结构和具体体现。

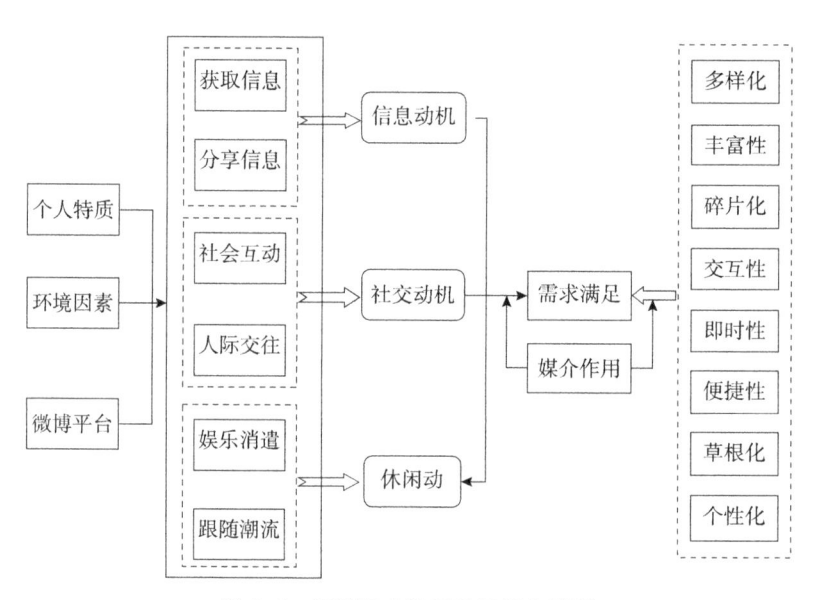

图 3-1　微博用户使用动机概念模型

（1）信息动机。用户以获取信息和分享信息为主要目的，其使用微博的主要目的是获取各种社会热点信息、好友信息等，并将自己认为有价值、有意义的信息通过转发与评论的形式进行分享，使其在更广泛的范围内传播；同时也积极主动地发布信息，包括个人信息和社会信息等。这是目前微博发展过程中最受用户关注的原因，它打破身份、领域、时间与空间等各种界限，满足了用户对于各类信息的需求。

（2）社交动机。用户以社会交往和人际关系建立与维持为目的，其使用微博的主要目的是与好友保持联系、认识更多的人、与感兴趣的人进行沟通交流等。它相较于社交网站的范围更广、更全面，用户也有机会成为社会关注的焦点。

（3）休闲动机。用户以娱乐消遣为主要目的，它没有明确的目的导向性，由于微博使用的简单性、草根性与便利性，用户可以随意发布各种信息，比如近况、八卦等，也可以宣泄情绪，或者跟随他人行为表达言论等。在社会压力日渐增加的社会中，微博平台为人们提供了一个较好的发泄平台，可以对社会、好友等随意发泄，与他人进行无意义的交流等，只要在法律许可的范围内，都不会受到约束。这种开放性、自由性与草根性在极大程度上受到了用户追捧与欢迎，成为用户接纳并使用微博的主要动力之一。

3.3.2 测量指标

假设以上三种动机是目前微博用户使用动机的主要组成部分，并在微博发展过程中起一定的作用。根据图3-1，本研究认为，获取信息、分享信息、社会互动、人际交往、娱乐消遣、跟随潮流等是微博用户具体的行为表现与需求，它在深层次所反映用户的使用动机，所以本研究以此将其作为主要变量进行分析，设计问卷，全面了解用户使用微博的动机的具体结构，并将其进行量化分析，见表3-1。

表3-1 用户动机类型具体指标

用户动机	用户需求/行为表现	指标
信息动机	获取信息	获得最新的话题与热点（X_1）
		获取最新信息（X_2）
		找到我想关注的话题（X_3）

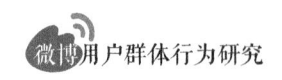

续表

用户动机	用户需求/行为表现	指标
信息动机	分享信息	分享我的近况(X_4)
		分享学习资料和有意义的素材(X_5)
		分享我的照片(X_6)
		分享时事热点和新资讯(X_7)
社交动机	社交互动	结识微博上有相同兴趣爱好的人(X_8)
		关注微博的公开的一些群和活动(X_9)
		与微博的其他参与者互动(X_{10})
	人际关系建立与维持	通过微博搜索功能加关注(X_{18})
		与难见到面的朋友保持联系(X_{19})
		和周边的人交流认识(X_{20})
休闲动机	娱乐消遣	在微博上消磨时间(X_{11})
		微博给我带来了很多乐趣(X_{12})
		了解朋友们的近况和八卦(X_{13})
		在微博上宣泄情绪(X_{14})
	跟随潮流	身边的每个人都有微博(X_{15})
		微博已成为我们日常生活的焦点(X_{16})
		微博有高于其他社交网络的人气(X_{17})

用户获取信息行为是指用户通过微博获取各种社会信息和热点信息等，通过指标X_1、X_2和X_3体现；分享信息是指用户通过微博进行个人信息和公共信息的分享，通过X_4、X_5、X_6、X_7体现；社交互动是指用户通过加微博活动与他人进行互动，通过X_8、X_9、X_{10}体现；人际关系建立与维持是指用户通过微博与朋友、同学等保持联系，建立并维护人际关系，通过X_{18}、X_{19}、X_{20}体现；娱乐消遣是指用户通过微博打发时间、玩乐、休闲等，通过X_{11}、X_{12}、X_{13}、X_{14}体现；跟随潮流指微博用户跟随他人行为使用微博，通过X_{15}、X_{16}、X_{17}体现。

这些指标将微博用户的具体行动与需求进一步细化，反映了微博用户使用微博的主要目的和主要的行为表现，较为完善的呈现了微博用户使用动机。

3.3.3 微博用户使用动机的结构确立

本研究设计一份试卷，其中，关于用户动机的具体测度指标一共有20个，囊括了用户的信息动机、社交动机和需求动机三个方面。问卷一共发放300份，回收有效问卷261份，问卷有效率87%，调查对象基本信息见表3-2，其所在地包括华北、西北、东北、西部、中部等各个区域，分布广泛，样本较为分散，有一定的代表性。

表3-2 用户基本信息表

类别	性别（a）		年龄（b）					受教育程度（c）				单位性质（d）					
选项	1	2	1	2	3	4	5	1	2	3	4	1	2	3	4	5	6
频数	147	114	2	199	53	6	1	3	36	113	109	19	27	9	186	9	11
百分比（%）	56.3	43.7	0.8	76.2	20.3	2.3	0.4	1.1	13.8	43.3	41.8	7.3	10.3	3.4	71.3	3.4	4.2
标准差	0.497		0.524					0.733				1.093					
方差	0.247		0.274					0.538				1.195					

注：a. 选项：1. 男；2. 女。
　　b. 选项：1. 18岁以下；2. 18—24岁；3. 25岁—30岁；4. 31—40岁；5. 40岁以上。
　　c. 选项：1. 高中及以下 2. 大专；3. 本科；4. 硕士及以上。
　　d. 选项：1. 国家机关与事业单位；2. 国企；3. 外企及合资企业；4. 学生；5. 自由职业；6. 其他。

通过对问卷进行信度和效度分析可知，信度检验的结果为0.933，效度检验的值为0.915，都很高，说明样本的整体信度和效度很高，对其进行统计分析是有一定的意义。具体见表3-3、表3-4。

表3-3 可靠性统计（信度检验）

克隆巴赫·Alpha	基于标准化项的克隆巴赫·Alpha	项数
0.933	0.933	20

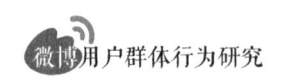

表 3-4　KMO 和巴特利特检验（效度检验）

KMO取样适切性量数		0.915
巴特利特球形度检验	近似卡方	2830.840
	自由度	190
	显著性	0.000

运用主成分分析的方法对变量进行因子分析，得出旋转后的因子载荷矩阵，对其进行分析可知，旋转后形成6个主要因子，将其进行归类，并与上节的指标进行对应分析，将因子命名：分享信息（F_1）、获取信息（F_2）、娱乐消遣（F_3）、跟随潮流（F_4）、社交互动（F_5）、人际交往（F_6）。具体包括的指标见表3-5。

表 3-5　旋转后的因子载荷矩阵

因子		1	2	3	4	5	6
F_1	分享我的近况（X_4）	0.770					
	分享学习资料和有意义的素材（X_5）	0.677					
	分享我的照片（X_6）	0.663					
	分享时事热点和新资讯（X_7）	0.570					
	在微博上宣泄情绪（X_{14}）	0.452					
F_2	获取最新信息（X_2）		0.819				
	找到我想关注的话题（X_3）		0.730				
	获得最新的话题与热点（X_1）		0.730				
F_3	了解朋友们的近况和八卦（X_{13}）			0.750			
	微博给我带来了很多乐趣（X_{12}）			0.700			
	在微博上消磨时间（X_{11}）			0.623			
F_4	身边的每个人都有微博（X_{15}）				0.794		
	微博已成为我们日常生活的焦点（X_{16}）				0.737		
	微博有高于其他社交网络的人气（X_{17}）				0.650		

续表

因子		1	2	3	4	5	6
F_5	关注微博的公开的一些群和活动(X_9)					0.794	
	结识微博上有相同兴趣爱好的人(X_8)					0.738	
	与微博的其他参与者互动(X_{10})					0.682	
F_6	与难见到面的朋友保持联系(X_{19})						0.778
	和周边的人交流认识(X_{20})						0.717
	通过微博搜索功能加关注(X_{18})						0.587

由表3-5可知，用户在使用微博的过程中，最重要的是对于信息的需求，其次是娱乐消遣的驱动，但微博的社交作用还没有得到发挥，人们使用微博最主要的目的是获取信息，这也是微博吸引用户最大的优势。表3-6中各个因子的贡献率再次证明了该观点，$F1$和$F2$的贡献率分别为13.95%和13.66%，都不太高，说明微博的力量较为分散，多样性使其没有一个特别优势的驱动力，这也是微博在发展中必须完善的。

表3-6 说明的总方差

成分	初始特征值			旋转平方和载入		
	合计	方差的(%)	累积的(%)	合计	方差的(%)	累积的(%)
1	8.884	44.420	44.420	2.790	13.950	13.950
2	1.419	7.094	51.514	2.732	13.660	27.610
3	1.225	6.125	57.639	2.396	11.979	39.589
4	1.060	5.300	62.940	2.316	11.582	51.170
5	0.953	4.763	67.703	2.305	11.527	62.697
6	0.836	4.182	71.885	1.838	9.188	71.885

将以上因子进行整合，F_1和F_2整合形成微博用户信息动机，表示用户使

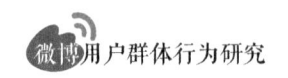

用微博是以获取信息和分享信息为基本诉求；F_3和F_4整合形成用户休闲动机，表示用户使用微博是以娱乐为目的，打发时间、相互玩乐，或者跟随他人的行为，没有明确的目的；F_5和F_6整合形成社交动机，表示用户使用微博是以拓宽人际交往范围、建立与维持人际关系为目的，其在微博中与他人的互动较多。这6个因子可以解释71.885%样本，能够较好地体现微博用户的行为表现，也能反映用户使用动机的主要部分，这与前文的假设是相吻合的，说明目前用户使用微博主要是受信息、休闲和社交三种需求驱动的。

3.3.4 数据分析与模型验证

1. 微博用户持续使用意愿与使用动机的关系

微博用户持续使用意愿（W）反映了微博对用户的吸引程度以及用户对于微博的依赖与接受程度。通过分析对微博使用意愿和微博用户行为表现的各个因素之间的关系进行分析可知，$R=0.703$，$R_2=0.495$，$P=0.000<0.05$，说明两者之间有显著关系，能够解释50%的样本，说明模型的拟合度较高，见表3-7、表3-8。

表 3-7 模型概述

R	R_2	调整后的R_2	估计的标准误差	调整后的统计结果				
				R	F值	自由度1	自由度2	调整后的显著性
0.703	0.495	0.483	0.657	0.495	41.433	6	254	0.000

表3-8 系数表

模型	非标准化的系数		标准化的系数	T值	显著性
	系数	标准误差	Beta系数		
常数	3.410	0.041	—	83.814	0.000
F_1	0.142	0.048	0.134	2.969	0.003
F_2	0.260	0.045	0.261	5.811	0.000

续表

模型	非标准化的系数		标准化的系数	T值	显著性
	系数	标准误差	Beta系数		
F_3	0.290	0.047	0.275	6.117	0.000
F_4	0.150	0.048	0.140	3.096	0.002
F_5	0.510	0.051	0.448	9.904	0.000
F_6	0.125	0.049	0.114	2.541	0.012

通过对变量之间进行回归分析可知，微博用户持续使用意愿意与用户使用微博的行为有显著关系，P（常数）$=0.000<0.05$，$P(F_1)=0.000<0.05$，说明各个变量之间是有显著关系的，所以用户持续使用意愿可以用下式表示：

$W=3.41+0.142\times F_1+0.26\times F_2+0.29\times F_3+0.15\times F_4+0.51\times F_5+0.125\times F_6$

从上式可出，微博用户的使用意愿受社交互动、娱乐消遣和获取信息三个因子的影响较大，说明微博在吸引用户方面，发挥更多的是其交互性、便利性和开放性的平台特质，保持用户的关注度，提升用户的注意力。所以，微博在发展过程中，通过增强这三方面的作用，更提升用户对于微博的持续使用意向。

2.微博用户行为与使用动机的关系

微博用户的使用动机是对其需求的体现，同时也直接决定了用户的行为取向。微博用户的行为可以用用户微博更新频率和用户使用微博的时间来表示。通过对调查数据进行分析可知，用户更新微博的频率（A）和使用微博的时间与用户动机之间有着明确的关系。具体见表3-9和表3-10。

表3-9 模型概述

R	R_2	调整后的R_2	估计的标准误差	调整后的统计结果				
				R	F值	自由度1	自由度2	调整后的显著性
0.378	0.143	0.123	0.851	0.143	7.051	6	254	0.000

表 3-10　系数表

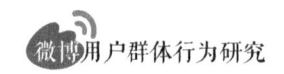

模型	非标准化的系数 B系数	非标准化的系数 标准误差	标准化的系数 Beta系数	T值	显著性
常数	1.602	0.053	—	30.406	0.000
F_1	0.199	0.062	0.189	3.218	0.001
F_2	0.139	0.058	0.141	2.403	0.017
F_3	0.118	0.061	0.112	1.916	0.056
F_4	−0.093	0.063	−0.087	−1.481	0.140
F_5	0.264	0.067	0.234	3.965	0.000
F_6	−0.018	0.064	−0.017	−0.286	0.775

通过表3-9、表3-10可知，用户行为与使用动机之间有显著关系，其关系公式表示为

$$A=1.602+0.199 \times F_1+0.139 \times F_2+0.264 \times F_6$$

娱乐消遣（F_3）、跟随潮流（F_4）、人际交往（F_6）与用户更新频率的关系不显著，用户的微博更新频率主要与其信息需求和社交互动的需求有关，说明信息与社交是吸引用户使用微博的主要原因。

3. 微博用户满意度与使用动机的关系

如果说持续使用意向反映的是用户的使用态度，用户行为间接反映了用户需求，那么微博用户满意度（S）反映了用户对于微博用户使用微博的满足程度，是其行为体验的直接感受。微博用户的满意度与使用动机的关系，体现的是微博用户行为的具体需求的满足程度对于用户满意度的影响。通过各个影响因子和微博用户满意度的关系进行回归分析发现，$P=0.000<0.05$，$R=0.662$，$R_2=0.438$，说明用户满意度与使用动机之间是显著相关的，而且模型拟合度较好（见表3-11和表3-12）。

表 3-11　模型概述

R	R_2	调整后的 R_2	估计的标准误差	Change Statistics				
				R	F值	自由度1	自由度2	调整后的显著性
0.662	0.438	0.425	0.584	0.438	33.002	6	254	0.000

表 3-12　系数表

模型	非标准化的系数		标准化的系数	T值	显著性
	B系数	标准误差	Beta系数		
常数	3.429	0.036	—	94.930	0.000
F_1	0.133	0.042	0.149	3.129	0.002
F_2	0.263	0.040	0.314	6.634	0.000
F_3	0.293	0.042	0.330	6.958	0.000
F_4	0.163	0.043	0.180	3.785	0.000
F_5	0.259	0.046	0.270	5.659	0.000
F_6	0.100	0.044	0.109	2.294	0.023

通过对变量进行分析可知，各个动机与用户满意度之间是显著相关的，P（常数）=0.000<0.05，P（F1）=0.000<0.05，说明该模型是有意义。用户满意度与各个动机之间的关系可以用如下公式表示：

$$S=3.429+0.133 \times F_1+0.263 \times F_2+0.293 \times F_3+0.163 \times F_4+0.259 \times F_5+0.1 \times F_6$$

从上式中可以看出，娱乐消遣和获取信息对于微博用户满意度的影响大于其他变量，人际交往对于用户的满意度的影响较小，不太显著。这表明，对于微博用户来说，最为重要的是，微博的休闲功能；其次是获取信息的功能。在微博中，用户更多关注的是一些娱乐八卦、个人生活信息等，同时也将微博作为其获取社会信息、热点信息的一个重要平台与手段；相比之下，社交功能发挥的作用欠缺，没有强烈需求。

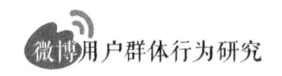

3.4 本章小结

通过对用户使用微博的需求与具体行为进行分析可知,目前微博用户的使用动机主要由信息动机、社交动机和休闲动机三个方面组成,这也体现了用户对于微博的主要需求,也表明了微博在发展过程中的优势与不足等。

信息动机占据主要地位,社交动机发展欠佳。信息动机、社交动机和休闲动机是微博用户使用动机的重要组成部分,其中信息动机是最主要的动机,其次是休闲动机和社交动机。这表明,目前信息是吸引微博用户最主要的动力,用户使用微博看重的是微博的便捷性和内容的丰富性,可以让人们在信息碎片化时代,有效地零散数据和信息进行整合,拓宽信息范围,并对部分信息深入了解;微博的开放性与自由化打破了身份、地位与地域等各种界限,用户将其作为娱乐、情绪发泄的场所,自由表达自我,突破社会限制,满足个人排泄压力的需求。但是相比较之下,社交动机的作用发挥的不足,微博的人际交往功能和社会参与互动功能并没有得到完全发挥,它的影响相对于传统社交网站来说欠缺。所以微博在发展的过程中,必须充分利用自身平台的整合优势,利用用户的信息动机吸引关注,进而扩大影响。

微博用户的使用动机与用户行为、用户持续使用意愿有关。娱乐消遣和获取信息是用户使用微博主要的动机来源,通过实证研究发现,用户使用微博的具体行为与意愿也与获取信息和娱乐消遣有一定的相关性,其行为与意愿明显受动机的影响,动机越是强烈,尤其是信息动机和休闲动机,那么对于微博的使用意愿越强烈,依赖度越高。所以强化用户使用微博的行为,最正确的做法是明确用户需求与使用动机,对症下药,给予用户个性化定制与推送服务,强化微博黏度。

第 4 章
微博用户群体行为的复杂网络结构

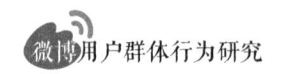

基于复杂网络和社会网络的理论研究微博是近年来的一个热点，它能够较好地解释微博用户的信息发布、评论、转发等行为所呈现的网络关系，也可以从中挖掘关键用户，较好地反映用户之间的关系，并对用户行为进行预测。李林红和李荣荣认为，新浪微博社会网络是一个自组织系统，从整体网络、个体网络、小团体、小世界效应构建模型，通过实证研究考虑用户在信息"发布、转发、评论、@、回复"之间的关系，认为微博中存在自组织行为，通常整体的自组织现象弱，局部明显，而且这种关系的形成往往依据用户角度的不同，形成的自组织网的凝聚力也是不同的。易兰丽（2012）利用人类动力学和复杂网络的相关理论，从网络互动的角度出发，对用户的信息发布、转发和评论行为进行统计分析，了解三者之间的关系，并建立用户信息评论模型和兴趣驱动模型，对微博用户行为做了较详细的分析。从复杂网络和社会网络的特性来看，微博本身就是复杂网络，也是社会网络，所以利用复杂网络的数学模型来研究微博用户的行为特征可以较为客观、形象地反映出其交往模式与信息传播模式，对于深入研究用户行为发展有重要意义。

目前获取微博中的数据有两大主流方式：一是通过微博开放端口API获取。这种方式获取较为简洁、方便、高效，但数据数量和成员范围有一定的限制；二是网络爬虫和编程方法。通过设定的URL地址，按照一定的爬行策略抓取信息，这种方式获取的信息数量大且全，但花费时间较长，且后期数据处理难度较大。综合考虑微博的特点，本研究利用网络爬虫和Java编程的方法获取新浪微博平台中相关数据。

在用户数据挖掘和获取过程中采用滚雪球抽样的方法，选中其中一个节点，对其粉丝信息进行抓取，再对粉丝的粉丝信息抓取，持续若干轮，共获取节点信息65536个、100万余条用户关系信息、10万条微博信息等。

抓取的用户信息内容主要包括用户ID、昵称、姓名、省、市、地区、个人描述、URL、图像URL、性别、粉丝数、关注数、收藏数、创建时间、是否加V、是否允许定位等用户的基本信息，用户评论信息主要包括评论ID、评论内容、来源URL、发布方式、发布时间、发布者ID、评论者ID等基本信息。微博内容信息主要包括内容ID、创建时间、具体内容、来源URL、发布方式、收藏数、发布时间、发布者ID等基本信息。以这种方式获取的微博数据使一些孤立的节点和"僵尸粉"也被囊括其中，使得网络密度可能较稀疏；但在很大程度上反映了微博的整体特性，无论是活跃用户，还是"僵尸粉"，都是分析数据的组成部分。

在进行实际分析的过程中，为了确保分析的准确性和真实性，剔除无效信息后，对获取的64961条信息进行基本分析。在数据库中，选取1021个关注信息，组成关注矩阵，对其关注行为进行分析；提取1123×386的微博评论矩阵和1122×537的微博转发矩阵，对微博用户的评论转发行为进行分析。

4.1 微博用户行为的系统分析

用户行为分析是研究微博用户最基本的方式，它需要了解用户使用微博的基本状况。本研究从用户信息发布行为、用户发布信息内容、关注关系和转发评论关系四个方面来全面分析微博用户行为。

4.1.1 用户信息发布行为分析

1. 发布方式

目前用户利用微博发布信息的方式主要有三种：计算机、手机和移动智能设备（比如：Ipad等）。通过对相关数据进行分析可知，新浪微博对于信息的发布来源分得较细，本研究数据共统计出442种信息来源，大多是源于网站、论坛、应用平台等，较为分散。图4-1只选取频数超过100

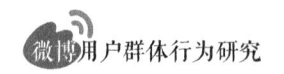

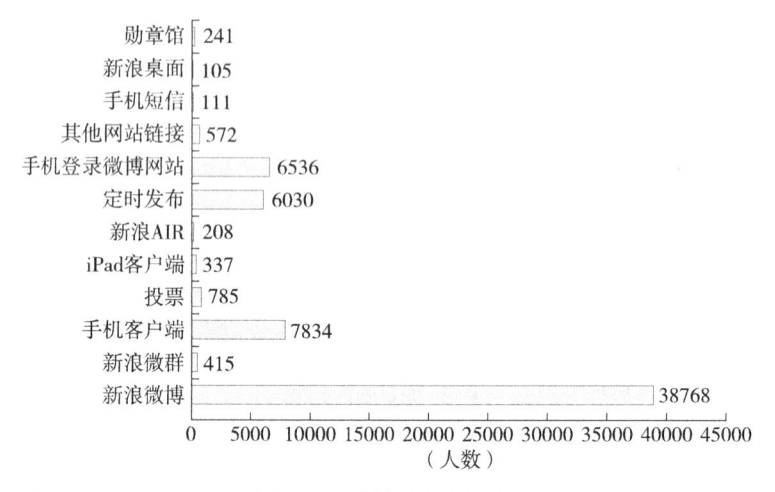

的方式，并将其进行分类归纳整理，得出微博用户信息发布的来源图。

```
勋章馆        241
新浪桌面      105
手机短信      111
其他网站链接   572
手机登录微博网站 6536
定时发布      6030
新浪AIR      208
iPad客户端   337
投票         785
手机客户端   7834
新浪微群     415
新浪微博           38768
         0  5000 10000 15000 20000 25000 30000 35000 40000 45000
                              （人数）
```

图4-1　微博信息来源图

对图4-1进行分析可知，目前使用新浪微博的用户中，有超过60%的用户是通过新浪微博的主页登录的，有22%的用户是通过手机方式登录的，20%的微博是定时发布的。所以，在移动互联网快速发展的过程中，新浪微博在人们获取信息中的作用越来越大，手机客户端在微博信息发布中扮演的角色越来越重要，它成为人们获取信息、发布状态、利用碎片时间的最有效工具之一。

2.地域分布

微博用户的地域分布虽说只是一个较为次要的因素，但是它在一定程度上也反映了用户的行为特性。不同地域的用户关注的重点和热门话题不同，参与程度不同，都会对用户群体聚集和其行为表现产生一定的影响。目前新浪微博用户分布数量最多的三个地区是广东、北京和上海。所以，微博的推广程度与地区经济发展水平有一定关系。

地域分布的特征与地区经济发展水平有密切关系，同时也与地区所拥有的教育、科技、信息等资源数量、社会公众的需求等密切相关。首先，经济发达地区能够为社会公众提供较多的信息资源和教育资源，提升公民的受教育水平，使用微博的人数可能较多；其次，经济发达地区的外来人口和流动人口聚集较多，在一定程度上增加了微博的使用数量；最后，按照马斯洛的需求层次理论，用户在满足较低等级的需求后，会选择较高层次的需求满足，微博平台的使用，应该属于一种自我实现的需求。所以在经济发达地区的用户在满足其他需求后，会追求自我实现，希望能够展示自我、获取更多的社会信息、更好地参政议政，所以使用微博平台的人数也较多。

3. 信息发布时间分布

通过对用户的博文发布时间进行统计分析可知，无论是计算机客户端，还是手机客户端，都呈现一定的周期性，它与人们的生活习惯密切相关。见图4-2，一天中，7:00—11:00微博数量是处于较快上升的状态，并在11:00达到最高点；在12:00—17:00达到基本稳定的状态，没有太大变化；17:00—19:00处于下降状态，19:00—23:00处于缓慢上升状态，23:00之后，发布数量开始直线下降，在4:00到达最低，之后缓慢增加。

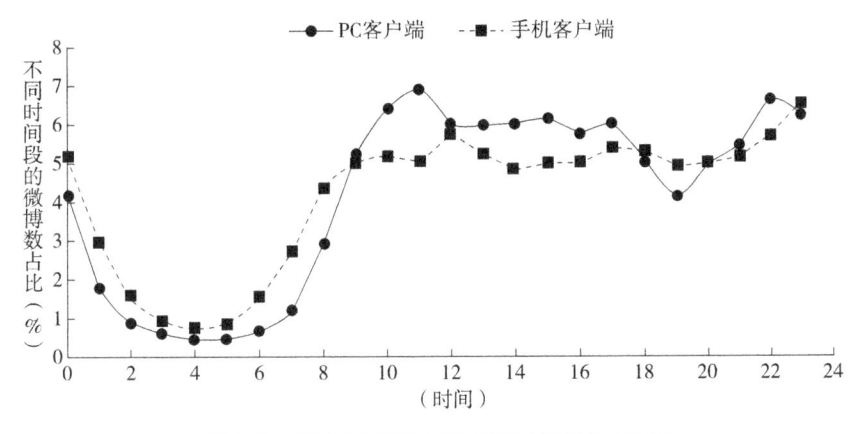

图4-2 用户在不同时间发布微博的情况分析

微博用户的信息发布时间与用户的生活、工作时间规律密切相关，从一天的信息发布数量来看，大部分是处于平衡状态，也就是说用户在工

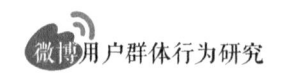

作时间对于微博信息是实时关注的,这对于掌握舆论有效传播有着重要作用。

4.1.2 用户发布信息内容分析

通过对收集的65536条微博的270余万个字节进行分词,形成4万个词组,删除一些类似于"了""的"等助词、副词及语气词,并从中挑选前100个词组的词频数进行分析,见表4-1。

表4-1 词频位于前100的分词结果表(部分)

词	频数	词	频数	词	频数	词	频数	词	频数
我	27311	因为	1318	不能	910	感动	564	同学	438
你	21842	生活	1318	全球	830	一切	563	最近	437
想	4995	看到	1300	最后	824	妈妈	561	地方	429
他	4431	删除	1264	发现	821	精彩	555	活动	428
自己	4274	世界	1253	关注	809	推荐	534	现场	427
我们	3949	他们	1249	开心	792	事情	523	少女	426
喜欢	3164	幸福	1241	感觉	780	排行榜	520	美国	424
她	2804	可爱	1201	东西	700	睡觉	519	真正	423
没有	2644	希望	1165	音乐	698	照片	495	地址	421
知道	1988	时间	1072	经典	690	支持	494	健康	415
大家	1982	爱情	1058	时尚	685	记得	488	时代	414
今天	1934	投票	1053	人生	673	老师	473	生命	409
时候	1888	电影	1037	回复	672	心情	454	漂亮	408
你们	1682	星座	1032	搞笑	636	投稿	453	新浪	405
不要	1634	开始	960	为什么	630	城市	448	故事	403
美	1614	图片	955	明天	608	可怜	447	身边	401

续表

词	频数	词	频数	词	频数	词	频数	词	频数
朋友	1518	别人	953	手机	600	兔子	446	过去	400
现在	1486	参与	943	相信	584	结婚	444	语录	398
转发	1350	孩子	932	工作	582	害羞	444	回家	397
快乐	1344	中国	911	期待	577	简单	440	粉丝	393

通过对分词结果进行整理分析发现，微博用户发布的信息内容主要呈现以下四个方面的特征：

第一，用户信息与自身密切相关。从表4-1可以看出，"我们""自己""大家"等这些有明确指向性的人称代词处于前列，这表明用户发布的微博内容大多是从自身的角度在考虑问题，从自己的实际出发；用户发布的内容是与自身密切相关的内容，比如个人状态、朋友状态等。

第二，用户信息沟通实时性特征明显。在词频表中，"今天""现在""昨天"（379次）"明天"等有着明显时间特性的词出现频率较高，说明用户关注或者发布的信息实时性较高，基本上可以做到直播、随时随地发布和分享信息。

第三，用户信息发表个性化、随意化。用户草根性是微博的主要特征，它使用户在信息发布方面没有过多限制，能够自由表达意见，这也是微博能够快速发展的重要原因之一。从微博发布的内容的相关信息可以看出，"时间""爱情""投票""星座""照片""结婚""睡觉"等各种与生活、工作、学习相关的信息参差不齐，都能出现在微博中，这也说明微博用户在信息发布方面的随意化，富有个性，用非正式语言表达正式场合的内容，是非常普遍的现象。

第四，用户信息关注热门话题内容。"时代"（414次）、"美国"（424次）、"中国"（911次）、"日本"（457次）等与社会热点问题和时事政治等

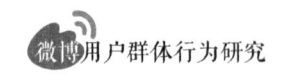

相关的话题出现在微博中的频次也很高，凸显了用户关注内容的广泛性和微博信息的全面性，无论是个人话题还是社会事件都包括在微博之中；微博用户在发布个人信息时，也实时关注各种热门话题，了解或者参与讨论，体现了微博的实时性，也更加体现了微博作为信息发布与获取平台的特质。

4.1.3　用户关注行为分析

1.用户关注关系

（1）用户关注网络分析

微博用户关注关系反映的是整个微博网络的拓扑结构和网络的密度。对于微博网络来说，拥有上亿用户，用户不可能全部关注，其粉丝数量同样也是有限的，比如，某公众人物在新浪微博中人气最高，粉丝数量超过一亿，其关注数不到400人[①]。这个数据与六度分隔理论和邓巴数字的理论分析结果也基本一致。所以，从整体上来看微博网络必定是一个稀疏的网络，网络密度较小，部分用户甚至会是孤立节点。

图4-3是从6万多节点中随机抓取的1021个节点组成的微博用户关注关系网络。由图4-3可以看出，关注网络整体稀疏，局部密集，存在一些子群体，基本上能够反映出微博网络的整体特性。通过UCINET对关注网络进行分析，详细研究了网络密度，对于了解微博网络的整体状态有了较为清晰的认知。

在图4-4中，a是1021×1021的用户关注网络初始有向网络密度图；b是255×255的用户关注网络初始有向网络密度图。通过分析可以看出，随着网络规模的增大，微博网络密度在变小，这也证明了前文提到了微博网络密度稀疏的结论。这个结论对于微博网络的平均路径长度来说也同样适用。见图4-5。

---

① 数据获取时间截至2023年1月1日。

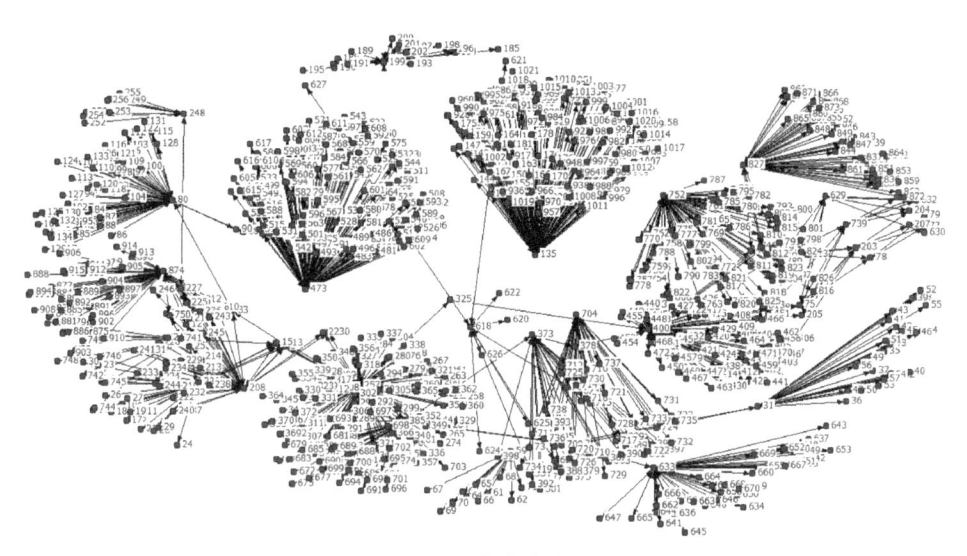

图 4-3　用户关注关系图

	Density	No. of Ties		Density	No. of
guanzhu—long	0.0010	1055.0000	Sheet1	0.0040	257.0000

图 4-4　用户关注网络密度图

```
a   Average distance (among reachable pairs)   = 3.382
    Distance-based cohesion ("Compactness")    = 0.120
      (range 0 to 1; larger values indicate greater cohesiveness)
    Distance-weighted fragmentation ("Breadth") = 0.880

b   Average distance (among reachable pairs)   = 4.868
    Distance-based cohesion ("Compactness")    = 0.095
      (range 0 to 1; larger values indicate greater cohesiveness)
    Distance-weighted fragmentation ("Breadth") = 0.905
```

图 4-5　用户关注网络平均路径长度和凝聚力指数图

图 4-5 中，a 是 255×255 的用户关注矩阵的平均路径长度和网络凝聚力指数，b 是 1021×1021 的平均路径长度和网络凝聚力指数。由于选取的网络规模不同，相关参数也是有区别的，随着网络规模的增大，平均路径长度和网络凝聚力都在逐渐变小。即使是小规模的网络样本，平均路径长度也达到 3，凝聚力指数也有 0.12，这说明微博网络密度较为稀

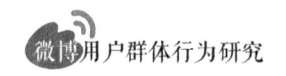

疏，整体网络凝聚力较小。所以，从整体上来看，微博网络是符合小世界网络的特性。

（2）用户关注数与粉丝数的度分布

度分布是研究微博复杂网络的一个重要衡量标准，它反映的是微博用户在关注数、粉丝数方面的变化，可以间接地了解整个微博网络用户的关注行为。

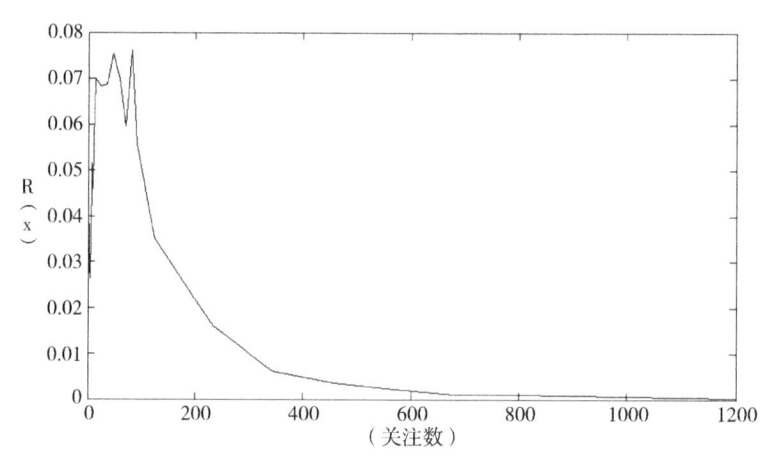

图4-6　用户关注数概率分布图

由图4-6中的用户关注概率分布状况可以看出，网络整体呈现幂律分布的特性，大部分微博用户的关注数都在200以下，用户关注数大于800的很少。本研究选取6万余名用户作为研究对象，发现有近60%的用户的关注数是少于200人的，这与罗宾·邓巴提出的"150定律"[①]的结论也相吻合。虽说微博为用户提供了较多的信息资源和更多地与他人进行沟通交

---

① 英国牛津大学的人类学家罗宾·邓巴通过研究猿猴的智力与其社交网络范围之间关系后得出结论：在人类智力允许的条件下，人类最大的人际交往范围为148个人，进行四舍五入，即为150人。这就是"150定律"。它也说明，无论社会为人们提供多大的社交范围与空间，但由于人们自身能力与智力的局限性，人们只能与150人保持较为密切的人际交往关系。

流的机会，但从整体上来说，由于用户个人能力与精力的有限性，只能选择与自身最相关的资源加以利用，其关注的人、信息和资源等，从本质上来说都是比较有限的。

从用户粉丝的角度看，粉丝数的分布也有较大差异，见图4-7，在随机选取的数据中，大部分用户的粉丝数在100左右，粉丝数大于600的用户较少。

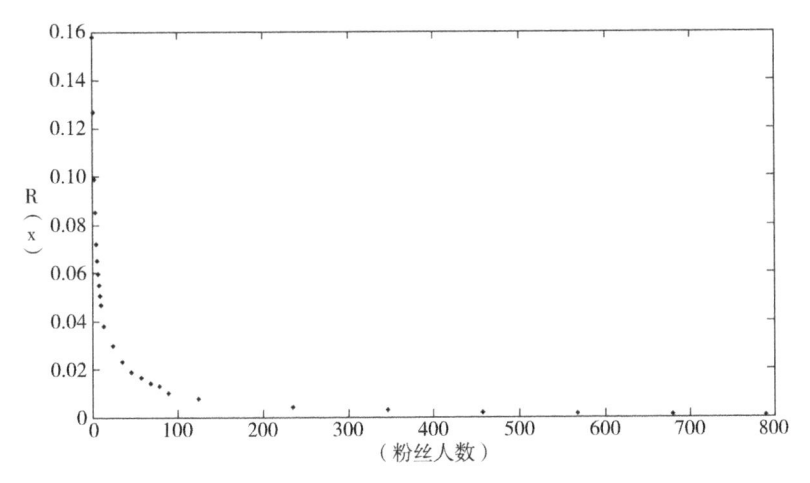

图4-7　用户粉丝数概率分布图

由图4-8可以看出，用户粉丝数也基本上呈幂律分布，将分布结果在Matlab里进行仿真分析，得出图4-8，$R^2 = 0.9373$，说明拟合效果较好。

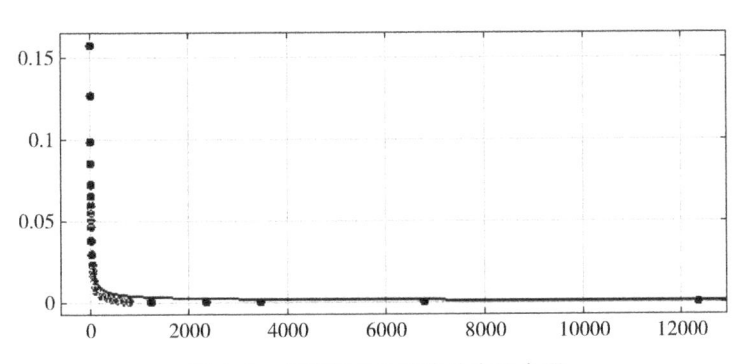

图4-8　用户粉丝数概率分布拟合图

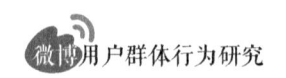

在微博中，只有少数用户的粉丝数量较大，在网络中产生的影响较大；较多的微博用户处于不活跃状态，影响力较小，有很多用户提供的有价值的信息或发起的事件在多数情况下没有社会关注度或者网络影响力；而且微博中的信息量丰富，大部分信息的价值很容易被削减。

2. 用户关注数、粉丝数与博文数相关分析

对用户的关注数、粉丝数和博文数的相关关系进行分析，可以研究三个变量之间的关系，间接反映微博用户行为的动机，为政府和企业的信息发布提供一定依据，对于舆论发展也有一定的引导作用。本部分将相关数据导入SPSS中进行相关分析，结果见表4-2。

表 4-2 粉丝数、关注数和微博数的Spearman相关系数

相关系数类别	变量	参数类别	粉丝数	关注数	微博数
Spearman's rho	粉丝数	相关系数	1.000	0.557**	0.760**
		伴随概率	—	0.000	0.000
		数量	64698	64698	64698
	关注数	相关系数	0.557**	1.000	0.468**
		伴随概率	0.000	—	0.000
		数量	64698	64698	64698
	微博数	相关系数	0.760**	0.468**	1.000
		伴随概率	0.000	0.000	—
		数量	64698	64698	64698

**.在0.01的水平上显著相关（双尾检验）

由表4-2可以看出，用户粉丝数与博文数和关注数之间存在较为显著的关系，也就是说，用户发布的微博越多，可能受到更多人的关注，其粉丝数也就越多；同样，粉丝数越多，会激发用户发表微博的积极性，

其微博更新速度也会更快。有研究指出，"随着追随者人数越来越多，Twitter 用户发 Tweet 的次数也更加频繁"。微博中草根名人的崛起也就印证了这个道理，草根用户在使用微博初期，既没有广大的用户支持群体，也没有较大的影响力，其粉丝数量上升速度与其微博的内容、数量等都有着直接的关系；当草根成为名人，会肩负起一定的社会信息责任，积极主动发布信息，满足粉丝的需求与期许。所以用户的粉丝数与微博数是相互影响的。用户的微博影响力或者粉丝数可以通过可控因素，即用户的关注数和微博数去提升，通过积极发布有价值的微博，增加微博影响力，提高他人对自身的关注，增加粉丝数量，这是对个人利用微博进行营销最直接的方法。

4.1.4 用户评论转发行为分析

对用户评论转发行为进行分析的方法主要有两种：一是 1-模网络的方法，用于分析用户之间的关系；二是 2-模网络的方法，用于分析用户与微博之间的关系。2-模网络分析以用户对微博的评论转发为基础，能够详细全面了解微博用户对博文的关注情况，也可根据博文关注情况找出网络中存在的群体。本部分主要分析用户与微博之间的关系。

1. 用户评论行为分析

本研究选取 1124×386 的用户——微博评论矩阵作为分析基础，通过分析得到，评论网络的密度 0.0026，从整体上的看评论网络较为稀疏，所以，虽说新浪微博每天会发布上亿条微博，但是能够被人们关注和评论的数量是有限的，会有很多有价值的微博会被忽略；而人们所评论的微博也是很少，很多微博在网络中的评论关系是孤立的。见图 4-9 是微博用户评论行为的可视化分析。

在图 4-9 中，较大的节点说明微博被评论的次数多，大多数微博处于少数评论或者无人评论的状态，只有少数微博才能得到较多的评论与关

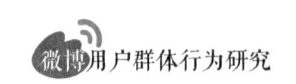

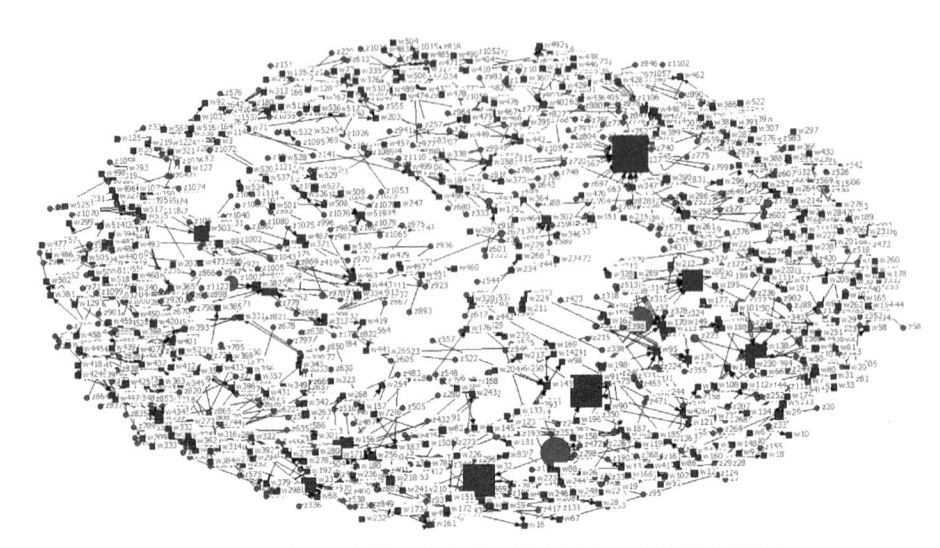

图 4-9 评论——微博网络图（圈代表用户，方块代表微博）

注。用户的评论行为针对陌生人的情况是较少的，一般主要针对三种微博：用户认识的人的微博、用户感兴趣的微博、用户关注的名人发布的微博等。所以，评论行为的广度是受用户心理限制，其网络的稀疏也有一定的主观原因。

2. 用户转发行为分析

根据DCCI发布的微博分析报告可知，通过分析移动终端上微博用户的使用行为发现，用户进行最多的操作是转发（69.46%）。相对于评论行为，转发行为还是较为频繁的。本研究选取1122×537的用户——微博转发矩阵作为分析基础，通过分析得到，评论网络的密度0.002，对网络进行可视化分析的结果见图4-10，整个网络虽说稀疏，但存在一些小群体，部分用户的转发行为较频繁，也有一些微博得到了较多用户的转发与分享。

综上所述，微博用户的评论转发行为与关注行为有一定的相似性，基本上是极少数的微博能够得到较大的评论转发量，大多数微博被人们忽略，出现这种情况的主要原因是海量微博超越了用户的信息容纳能力。比

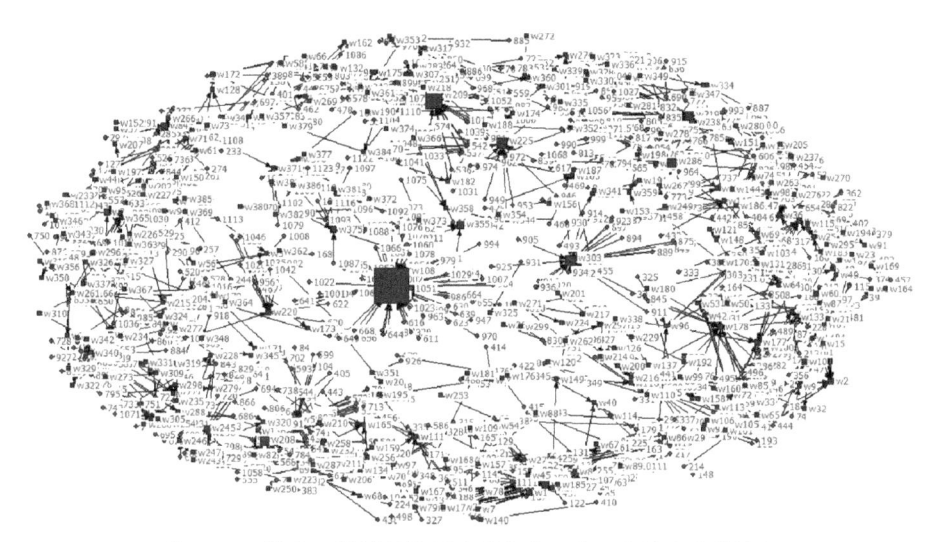

图 4-10 转发—微博网络图（圈代表用户，方块代表微博）

如，新浪微博每天会产生上亿条微博，一方面，用户关注的人数有限，能够接收到的微博数量是有限的；另一方面，用户的认知能力与信息容纳能力是有限的，在关注的所有用户发表的微博中，能够看到并接收的微博数量更少。同时微博中的信息冗余度过大，很多信息多次重复发布或者转发，对于用户来说，也会产生信息接收疲劳。所以，从整体上来看，用户的评论转发网络是稀疏的，用户对微博的评论转发力度有限，不是无条件增大的。

4.2 微博用户群体行为的复杂性分析

4.2.1 微博用户群体行为的宏观复杂性

从动力学和复杂网络的理论来看，群体是一个复杂的系统，组成系统的所有个体在其中通过非线性的方式出现，并通过自组织演化的方式相互作用，在相互作用的过程中，群体的结构、状态以及其面临的环境使得群体行为呈现多样化和复杂性。微博用户群体是一个复杂的系统，也是不完

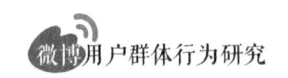

全规则的和不完全随机的，它允许微博用户群体参与一些普通话题的讨论与交流，允许一些突发行为的存在，微博用户群体行为以何种方式表现出来与群体结构和群体的开放性、动态性与自适应性有密切关系，它在一定程度上可能决定群体行为的具体表现方式。

1. 微博用户群体的结构

我们发现合作关系中的集体行为是受社会网络结构、最初的群体行为和参数的多样性影响的。微博用户群体的结构是指微博用户群体的聚集情况、群体连接的度分布以及群体成员的基本特征。

（1）群体集聚分析

微博用户群体的集聚特性反映了用户群体之间的联系紧密程度，集聚性越高，成员联系越紧密，其沟通与交流的程度越高，对个体的思想、判断和行为方式可能会有较大影响；反之，集聚程度小，群体成员相对分散或交流少，可能个体受其他成员影响较小，群体行为的表现方式也不同。通过上文对微博用户的关注关系进行分析可知，虽说微博用户群体的聚集系数不大，但从整体上来看，微博用户群体的结构较为复杂，群体成员的平均路径长度和聚集情况影响成员之间的互动与交流，同时也影响成员个体的融入程度，这对成员个人的思想和行为方式会产生直接影响。聚集程度大，微博用户群体成员交流多，群体行为表现可能毫无"个人思想"；聚集程度小，成员交流少，那么个体成员的特征表现明显，微博用户群体行为的稳定性不高，可能会带有一定的"个人色彩"。

除了群体的路径长度和聚类系数等量化指标能够反映群体聚集程度外，群体成员的性别、年龄、职业、兴趣爱好、价值观等指标也会影响微博用户群体行为。比如，微博中以"留几手"为中心形成的群体，有学生、白领、自由职业者，有年轻人和中年人，其中有人积极参与，有人"潜水"，这种多样化的结构使得群体行为也呈现多样化，可能会因为群体成员态度与行为的变化对群体行为产生影响，也就是这种复杂性造就了群体行为的复杂性，使得微博用户群体行为具有一定的不可预测性。

（2）群体连接的度分布

复杂网络中重要的模型是小世界网络模型和无标度网络模型，从上节的分析可知，微博用户群体实际上是一个小世界网络，它有较短的平均路径长度和较大聚类系数。无标度网络重要的两个特征是网络节点的增长性和部分节点的优先连接。一般来说，无标度网络并非固定不变，在不同的环境下，群体成员是不断增加的，新增成员在与其他成员建立连接的过程中，会按照"富者更富"的优先连接准则进行，即网络中拥有大量边的少量节点会优先吸引新进入节点与其进行连接。

在微博用户群体中，这种情况较为常见，一般新进入微博成员会关注自己认识的人和有一定知名度的人，前者可以增加成员对群体的归属感，满足用户的情感需求；后者拥有大量的粉丝，在社会中有一定的影响力，也就是所谓的"富节点"，关注他们可以在第一时间获得较权威的一手信息，满足用户的信息需求。所以这样会使微博用户群体在分布中存在较大的不均匀性，一小部分成员可能拥有较多的关注者，他们的行为与思想可能对他人产生影响，但这并不意味着与他人的交流频率与强度大，或者对他人的行为产生较大的影响，这使得群体行为具有不可预测性，其表现方式可能会随某些个体的变化而变化，且具有一定的复杂性。

2.微博用户群体的开放性与动态性

微博用户群体是一个开性系统，同时也是动态变化的，其成员、结构、行为模式、群体规则等会随着微博环境和社会环境的变化而变化，同时也受群体成员思想变化、个性变化和群体成员的进入与退出的影响，所以微博用户群体及群体成员动态与群体行为的形成有密切关系，它决定群体行为的呈现形态与呈现方式。

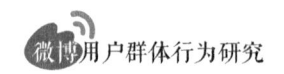

从组织行为学的角度来看，群体是一个开放系统，因为群体属于组织，它必须与组织中的其他部分保持沟通与联系，只有这样才能明确群体存在的价值与意义。"一个封闭系统的熵值会越来越大，最后会把一个系统从有序变成无序；只有开放的系统才可以从外界进行能量交换，从而保持系统的稳定"。毋庸置疑，微博用户群体也必然是一个开放性系统，因为微博平台是一个自由、开放的平台，它基本没有进入壁垒，只要申请一个微博账号，就可以在微博中进行信息分享与信息获取，或者通过微博平台关注好友、维护人际关系等。所以以微博平台为基础形成的群体是开放的，群体成员的进入、退出没有严格限制，群体成员的行为规则也是自发形成的，没有严格的约束机制，这使得群体成员可以随意与其他个人或群体等保持自由沟通与交流，增加了群体行为的复杂性。

开放性使得群体能够与其他群体和个人进行任意的交流，同时对群体成员的行为规范也未设置约束条件，这就造就了微博用户群体的动态性。混沌理论认为，"一个开放的具有 Agent 个体的系统对环境的初值有很强的依赖性，即使环境的一个小变动也可能引起系统很大的变化，甚至是系统的崩溃，这就是'蝴蝶效应'"。所以，随着微博用户群体所面临的客观环境的变化，成员在群体中行为方式会对群体行为产生影响，同时群体成员进入与退出的任意性以及在群体内互动和相互作用的自由性也在一定程度上增加了群体行为的复杂性。

微博用户群体的开放性和动态性是对微博用户群体所面临的客观环境的分析，群体在形成过程中，群体行为的表现方式等都与客观环境有较大关系，环境的开放性和动态性能够成就微博用户群体成员沟通与交流的自由性与随机性，能够更好地丰富群体中思想和行为要素，同时也增加了群体行为的复杂性，使其在形成过程中受更多不稳定因子的影响，从而增加了其不可预测性。

3. 微博用户群体的自适应性

Parrish 等认为，动物之间之所以要形成集群或群体，是为了要在个体和群体之间寻求一个平衡点，因为只有聚集才有可能增加生存的机会，增加繁殖成功的可能性，才有机会使种族更加壮大，不断增加新成员；但个体的聚集形成群体也有可能吸引捕食者，对群体生存形成一定的挑战。Helbing 等人（2001）在研究行人运动轨迹时发现，行为的运动过程是通过自组织的集体运动实现的；行人的运动是自发的，并没有经过事先的设计与安排，但是经过一段时间的运动，人们会自发地按照一定的方向和道路运动，形成行人流。这就是群体规范形成的自适应过程，整个过程中群体成员是主动的，事先并没有设置一定的规则或限制条件约束个体的运动轨迹，而是在运动过程中，个体通过观察他人行动，与他人进行互动，形成"隐性的心理默契"，这种默契能够促使群体规则或规范的形成。

"适应性造就复杂性"，这是复杂适应系统的核心思想，同时也是微博用户群体形成的基本理论。如前所述，微博用户群体是一个复杂系统，群体中的每个成员都是一个 Agent，是独立的，有自己思想、价值观、态度和行为方式；在进入微博群体之后，他们会在其中扮演一定的角色，承担自己的职责和功能，并在这个过程中与他人进行沟通和交流，这就要求个人要打破传统观念，在群体中不能只在意自己的思想与行为，同时也要考虑其他人的想法与态度，在思想和行为表达时，也要体现他人的意见等，这就是个人行为模式不断消失、群体行为形成、个体成员适应群体的过程；另外，除了成员的相互适应，微博用户群体所面临的环境也是不断变化的，比如，微博中其他成员或群体对本群体的关注度，这就要求微博用户群体行为不能一成不变，必须根据客观环境、成员需求和

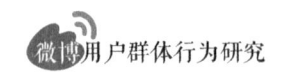

时间变化而变化，以满足成员的发展要求，确保微博用户群体的活力与创新性。

4.2.2 微博用户群体行为的微观复杂性

Blue 和 Adler（2000）利用元胞自动机在对群体行为进行仿真时，将每个行人视作一个元胞，它们根据其周围的邻居或其他个体决定下一步行动；系统中每个元胞之间会相互作用，形成一定的互动规则和群体，不同群体的行为表现均有一定差异。这就是微观层面的群体行为。每个人是一个粒子，都有一定的特性，它需要考虑每个人的心理、动机、思想等因素对自身和其他成员行为的影响，同时也要对群体成员之间的互动方式和互动过程进行研究，其中每个因子的变化都会对群体行为产生影响，造成群体行为的差异。

1.微博用户群体成员之间的互动

Huth 和 Wissel（1992）认为，在一定区域里，个体之间有避免作用的斥力，同时也有相互吸引的引力，也就是说，群体中的成员并不是独立的，而是相互依赖、相互影响的。根据社会心理学的理论，个人在群体中的行为是相互模仿的，而且行为方式也具有传染性，所以 Le Bon 也认为，"个体是群体的一部分时，个体不可能在群体中处于独立状态，群体中一些潜在机制与行为等都对个体有一定的影响"。

微博是一个开放的动态系统，群体成员不是独立的，而是相互依存的，成员之间的行为与观念等也会相互影响，这使成员行为之间也具有相关性。比如，微博群体中开展关于"恢复五一长假"的讨论中，如果一个群体中的成员 A 持强烈反对的态度，那么群体中其好友也可能会持反对态度。我们认为这种行为的相关性即是同质性。它是由群体成员在相互作用过程中形成的，"人们倾向于移动到一个群体，听取他们的判断和意见，并汲取他人的判断与意见，与他人的观点与态度保持一致"。

因为在群体中，个人自我评价的高低有一部分来自群体认同，另一部分来自他人观点的影响，所以个人与他们沟通、联系和交往，趋于倾向群体，他们的观点也更加倾向于那些容易得到他人认同的观点，这就会使得成员之间存在行为和意见的模仿，造成群体成员的相类似性或从众性。

另外，人们需要适应他人的行为，"在一个群体中意见和能力差异的存在会导致部分成员会采取行动以减少差异的存在"，这就是群体中成员行为相互"传染"的过程。"传染"是说一种行为可以从有限的个人或组织中扩散到整个社会，可以达到快速有效地传播而不受约束。所以，当传染病发生时，人与人之间的互动与沟通会使病情以指数方式不断传播，进而蔓延整个群体。而微博的快捷性和碎片化特征无疑会增加群体成员行为传染的速度以及群体成员之间的交互速度与频率，使群体成员之间的行为差距不断缩小，进而形成群体行为。

所以，在任何一个群体中，个体不是静止不动的，他们会通过沟通与交流等多样化方式相互作用，使得个体行为不再是个人思想和态度的体现，而是群体行为的一种反应。从图4-11可以看出，微博用户群体中每个成员都是独立的个体，他们的思想、价值观与行为方式都有很大的不同，每个人的思想和行为都可能对群体中的其他成员产生影响；在与成员进行互动的过程中，其思想和行为方式也会发生一定的变化，这对群体行为的形成也会产生影响。另外，基于微博用户群体的开放性与动态性，群体成员之间互动的方式是非线性和随机的，没有特定的规则或制定约束其行为表现方式；而且其交互作用也受宏观和微观环境变化而变化，具有不稳定性，所以微博用户群体成员之间交互也是复杂的，其交互程度与交互方式也直接影响群体行为的形成。

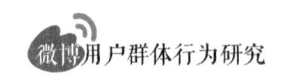

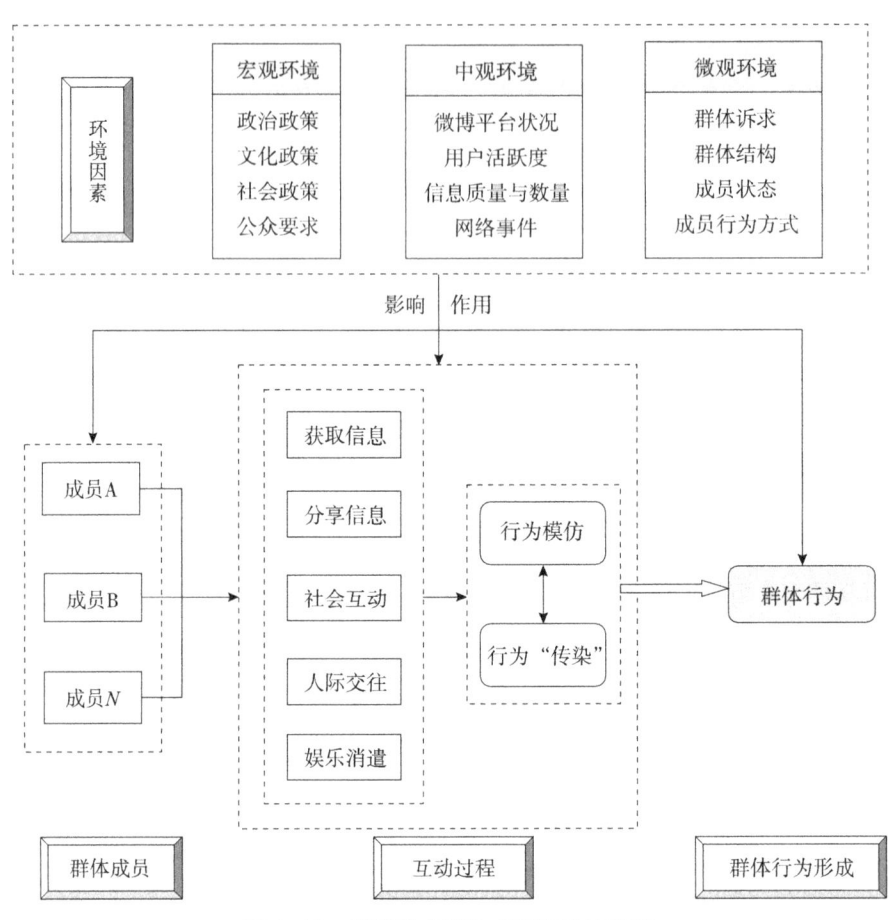

图 4-11　微博用户群体成员互动过程图

2.微博用户群体成员的心理与动机

希曼认为,"每一个体都可以从属于若干个不同的团体,这些团体会在个体的心目中形成一个特殊的次序表;排在首位的团体就是该个体所要尽力使自己的言行与其规范相一致的团体,是个体行为处事的一种内在的中心和参照标准。他们会用这种团体的规范来对照自己的言行,并纠正自己的言行"。作为群体中的个人,他们有不同的需求与行为动机,这也决定了他们行为方式的不同。比如,在一个群体中,有的成员是为了能够交到更多的朋友，那么这种交往动机会促使其更多地参与群体活动和群体讨论，在群体中的活跃度较高，其行为方式受互动影响可能会产生变化；有的成员是为了获得信息，那么他在群体中可能更多地关注别人发布和分享的信息，一般处于"潜水"状态，较少参与群体活动和群体讨论，其行为受他人信息和行为的影响也会发生一些改变。

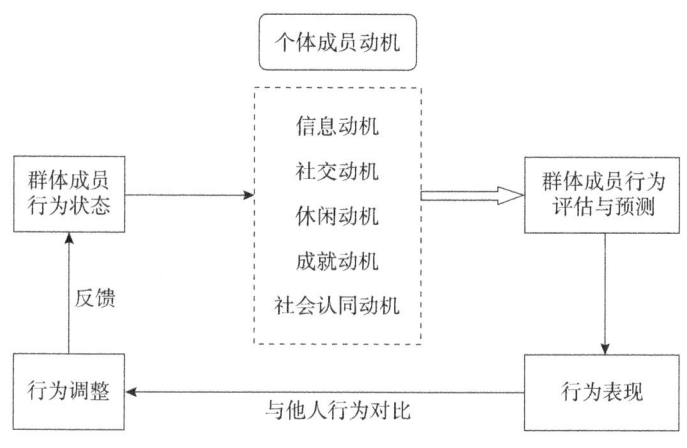

图 4-12 微博用户群体成员行为状态图

塞缪尔的西洋跳棋模型利用博弈论的理论，根据个人的需求与动机对个人行为的形成进行了详细分析；微博用户群体行为的形成也同样是一个博弈的过程，群体行为的形成受成员心理与动机影响，群体行为状态与动机和需求是一种循环博弈的状态，见图 4-12。群体成员的行为状态受个人动机和需求变化及他人行为的影响，会产生一些变化，然后个人会将其行为与群体行为和他人行为进行对比，再进行调整，以使自己的行为更好地符合群体行为的规范与要求。这就是群体成员受心理和动机影响的行为自我引导过程。在微博中，群体环境是开放动态的，它给予群体成员较大自由，对成员没有过于严苛的要求，但是人们的行为方式并不是随意的，而是按照其需求和动机、群体中其他成员的行为以及群体环境等进行的，会在群体互动过程中随时进行自我调整，以使个人利益更好地得以体现。所

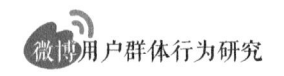

以，以个人行为为基础的微博用户群体行为会随个人意志、思想、价值观、动机和行为的变化而不断变化，具有不稳定性和复杂性。

另外，微博用户群体成员是理性和非理性的结合体，他们的任何活动都含有理性和非理性成分，群体中的沟通与行为表现也是理性和非理性的综合体，在讨论一些社会问题时，当人们的认知与态度不同时，言论的导向性也是不同的，这就是微博用户群体行为理性化与非理性化的博弈。微博是一个开放性的自由空间，用户或参与者可以以各种方式发表言论而不用理会他人的看法与态度，匿名和自由并行的空间使得参与者在言论方面无所顾忌，理性与非理性并存，好与坏并存，各种言论的表达可能使微博舆论环境呈现一片混浊的景象。

4.3 本章小结

从以上的研究可以看出，作为信息发布、传播与共享平台的微博，本身就是一个复杂的网络，但也有一定的规律可循。它具有复杂网络的度与度分布、平均路径长度与聚集系数、小世界网络等基本特性。微博用户在关注、评论与转发等方面的行为表现和特性与微博网络的客观性有一定的联系，同时也与用户信息获取心理有密切的关系。微博内容的广泛性与丰富性、信息发布方式的实时性与便捷性在为用户提供便利的同时也会产生的一些矛盾，其中最主要的问题是微博网络的不均匀和微博信息的不对称。

1.微博网络不均匀

从前文分析可知，微博网络的密度较为稀疏，局部存在密集的子群体；用户的粉丝数和关注数的概率分布服从幂律分布，分布范围较大，而且是非均匀的，这说明微博网络是一个不均匀网络，整体与个体、不同位置的用户都存在较大区别。

网络不均匀表现最明显的是信息分享的不均匀和用户关注程度的不均

匀。微博网络中的节点数量庞大，用户发布的信息呈几何级数倍增，但每个人能够认知的信息受其知名度、影响力、关注的人群范围等因素影响，所能够了解到的信息范围与内容分布是不均匀的。另外，不同的用户在网络中的关注数与粉丝数也是不同的，使其在网络中的地位与角色也不同，比如名人用户拥有上万粉丝数是很容易的事，但是一般用户拥有几百名粉丝仍须花费较长时间；名人分享的信息无论是否有价值，都会得到较大的评论量和转发量，但是对于普通用户而言，即使信息价值高，也可能被忽略。所以从整体上来看，微博网络是一个不均匀的网络，无论是资源分布还是用户关注的分布等都呈现"长尾效应"，只有极少数用户的微博和信息能够得到最大限度的关注。

2. 微博信息不对称

信息不对称是信息传播过程中出现的最普遍的一种现象，社会中不同节点，由于角色和地位的不同，所拥有的信息资源是不对称的，信息数量与质量有一定的差别。虽说微博的产生加快了信息传播速度，使更多的信息能够被更广范围的用户知晓，在一定程度上减少了信息不对称的现象，但这种现象仍然存在。

从上文对微博用户的关注、评论与转发行为进行可视化分析可以看出，在微博网络中，节点在整体上是处于分散状态，只有少数节点处于网络中心位置，与其他用户有较多互动，大多数用户与他人的关系是较为疏远的，沟通较少，而处于中心位置的节点，其所拥有的信息资源较一般用户多，对其他用户的信息获取有一定的控制作用。因此，中心节点与一般节点在信息资源拥有量上呈不对称比例，这在一定程度上影响了其在网络中的地位与角色，比如，名人或者社会权威人士由于所处环境和所拥有社会资源较群体外用户多，那么他们发布的信息数量都较其他用户高，而且精准度高，这样其影响力会随着信息影响力的增加而增加，处于中心节

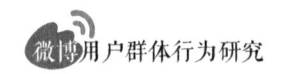

点，其所拥有的信息资源也较多。同时，微博中的信息资源数量过多，用户不可能拥有大多数的信息或资源，其所获取的资源只是"冰山一角"，相对于微博中的信息总量来说，完全可以忽略不计。所以，从整体上来看，微博网络中的信息是不对称的，不同用户在信息资源的拥有量上是有绝对差别的。

第5章
微博用户群体行为影响因素的解释结构模型

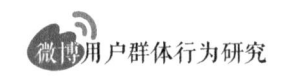

微博作为一个重要的信息集散地,在网络群体性事件发生过程中起到一定的助燃与阻燃作用,它会促进微博用户群体行为的出现与发展,同时也能够有效地引导群体行为的发展,使其向有利于社会稳定的方向发展。本章在分析影响微博用户群体行为因素的基础上,结合理论与实践,总结了28个影响因素,构建解释结构模型,探讨各个要素之间的关系及其对微博用户群体行为的影响。

5.1 影响微博用户群体行为的因素

斯梅尔塞的价值累加理论认为,群体行为的产生是由六个主要因素(结构性助因、结构性紧张、一般化信念、促发性因素、行动动员、社会控制)促成的。在不同的阶段,各个因素的作用力度也是不同的。钱晓蓉在研究网络群体行为的发生与发展过程时认为,网络群体行为的产生是由社会环境、网络信息、社会心理、法制控制四个方面的要素影响。本研究通过对相关理论进行总结,认为影响微博用户群体行为的因素主要集中在四个方面:社会环境因素、微博因素、群体因素和个人因素。

5.1.1 社会环境因素

社会环境因素是指社会政治环境、经济环境、文化环境等,开放民主的社会环境会造就人民较高的民主与权利意识,为微博用户群体行为的形成确立了良好的基础。亨廷顿认为,现代化过程中政治体制发展的滞后会导致社会中的骚乱、暴力等动荡不安局势的出现是引发许多社会运动和群体行为的最初动因。民主政治的推进、市场经济的开放以及多元文化的发展都极大地扩展社会公众的视野,使人们更多的选择机会,在言论与行为选择上更具多样化,这种开放、自由、民主的环境在一定程度上加速了人们民主意识的提升,也为群体行为的形成与发展提供了思想和群众基础。

第5章 微博用户群体行为影响因素的解释结构模型

第一，社会矛盾累加是群体行为爆发的根本原因。斯梅尔塞认为，当社会存在结构性压抑，即任何使人感到压抑的社会状态，如弱势群体中受到不公平的待遇等，这些都会让人们借助集群行为来解决问题。集群行为的产生是由一定的社会因素和个人因素共同诱发，社会的结构性压力和个人需求等共同作用时，可能会引发人们的对抗心理，群体行为便有可能发生，影响社会稳定。当前社会处于转型发展时期，传统工业社会向现代信息社会转型，国家在政治制度和经济体制方面都有较大的变革，这些变革的发生会导致政府与社会公众之间的利益博弈。

第二，政府执政方式有待优化与完善。群体行为的产生与社会发展、政府执政等各个方面密切相关，"现代性产生稳定性，现代化却产生不稳定"，亨廷顿的这一论断在中国得到了很好的印证。伴随着改革开放进程不断加快，国家在经济领域和社会领域都得到了较快的发展，但同时也伴随着与社会之间的矛盾的形成。这主要是由于随着社会的发展，公民的民主意识在觉醒，权利意识不断提高，对政府和社会的要求也越来越高，但是多多少少存在部分社会公众的诉求没有得到满足，进而产生了一些矛盾与冲突。这些矛盾和冲突容易成为制造话题的"工具"，所以政府与公民的关系也容易成为微博用户群体行为产生的因素之一。

第三，社会政策与制度有待完善。社会政策与制度不完善是网络群体性事件不断出现的主要原因，同时也是影响微博用户群体行为的重要原因。《吕氏春秋·审分览第五》中记载，"不知乘物，而自怙恃，夺其智能，多其教诏，而好自以，若此则百官恫扰，少长相越，万邪并起。权威分移，不可以卒，不可以教，此亡国之风也"。也就是说，任何一个国家，如果官员以自己的意志为准则，强调个人利益，那么各种邪恶的事件会一起出现，这个国家离亡国也就不远了。所以，规范社会制度与政策是确保社会稳定必不可少的要素。完善制度与政策，可以有效地保障公民的合法

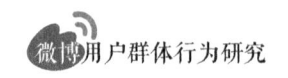

权利，维护社会稳定。在微博中也是如此，必须确保微博用户行为有约束有制约，才能促进微博环境的和谐。

亨廷顿曾提出一个重要理论：假设挫折导致动乱，社会挫折感是"需求形成"与"需求满足"之间的差距所形成的，人们群体行为的形成在很大程度上是由利益无法得到满足引起的。在社会转型时期，社会公众、政府之间存在博弈，涉及利益分配的政策往往无法得到有效推行，因为它涉及公众与利益主体之间利益分配的复杂性与多样化，不可避免地会产生矛盾，而利益主体借助其所拥有的社会地位、权利和财富等方面的优势，竭力影响政策的有效实行，并对社会公众进行打击，这就增加了社会冲突出现的可能性，影响社会公众的利益，促使社会公众聚集，形成群体行为。

5.1.2 微博因素

勒温认为，个体的一切行为是在同一时间空间下受内外两种因素相互作用的结果，个体行为的变化包括心理活动随其本身与所处环境条件的变化而改变，并提出了著名的场论公式：$B=f(P, E)$，其中B是个体行为，P是个体，E是环境。环境因素是影响微博用户群体行为出现、形成与发展最为重要的因素之一，它直接关系群体行为的走向和群体成员的态度，同时也会在一定程度上促进群体行为的变化。

第一，微博环境开放化。社会燃烧理论（朱力，2009）认为，在目前的社会状态中，网络是最重要的社会助燃剂，借助便捷的传播方式，可以不受限制地将信息在最广泛的范围里进行扩散，扩大其影响力。虚拟社会强调具象行为模式的灌输，忽视角色固有的社会规范的培养，造成行为方式社会化与角色规范社会化脱节，产生网络失范行为。在信息时代，微博的出现给人们提供了便利，但微博环境的开放和自由使人们的行为缺乏一定的规范约束和应有的监督，群体成员容易产生认知偏差，行为随意化，影响群体行为的发展趋势。

第二，多样化和碎片化的信息传播方式。微博相较于其他信息传递方式，最有利之处在于其多样化与碎片化的信息传播方式，使得微博更加受社会公众的追捧与喜爱，同时也为群体行为的产生与发展提供了便利。在微博中，人们能够更方便地获取各种信息、获得帮助，使个人的利益诉求在更广范围里传播，得到社会关注，所以这种特性也加剧了微博用户群体聚集的速度，促使微博用户群体行为的产生，并为群体信息、群体态度与群体行为的传播提供了便利。

第三，微博的匿名性与集体无责任意识。在现实社会中，人们参与群体行为需要切实投入其中，是实名的，往往需要承担一定的责任和风险，比如参加游行活动或者志愿活动，一旦出现问题，参与群体活动的成员都会被追究责任，所以这种责任使得现实社会中群体行为相对比较规范、理性，能够较客观地反映事实真相。微博的匿名性让成员不必公布自己的姓名、性别、年龄与职业等各种信息，每个人可以根据自己的需求发布各种信息，有的人甚至忽略法律与道德伦理的规范，发布各种不良信息和虚假信息。因为在微博中，只要不是故意伤害他人利益与权利的，基本没有必要承担任何责任。所以，微博言论的无责任性使得人们更容易聚集到一起，就一些事情或行为发表观点与言论，有的人是非常有责任、理性的表达，有的人是单纯追求刺激、围观看热闹，这就会使得微博群体行为在形成与发展过程中，理性客观的言论会使微博群体发挥正能量作用，促进各种问题的解决；非理性的暴力言论往往会破坏微博环境，引起不必要的争端。

微博环境的开放性、自由性以及微博用户的活跃度等都会对群体行为的产生与发展有一定影响。哈贝马斯曾经认为传统大众传媒所建构的舆论实际上是一种精心策划的公共舆论，是公共领域被伪私人化的过程，网络可以被视为建设、重建"公共领域"的曙光。微博带给人们更多参与各种社会事务的机会，信息、观点与行为态度等也更加集中，为社会公众的集中

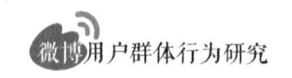

提供了机会和思想基础，同时微博平台的广泛性与自由性也将许多群体性事件由线下转至线上，这在一定程度上也促使了微博用户群体行为的形成。

5.1.3　群体因素

通过对相关研究成果进行分析发现，群体行为形成受群体中个体特性、群体结构与环境以及群体互动和相互作用等因素的影响。

第一，群体互动的影响。帕克（1921）认为，"群体行为是在公共和集体冲动的影响下发生的个人行为，它是社会互动的结果"。根据奥尔波特的说法，"在人群中的个体的行为就像他会独自一人，群体成员的思想经过长时间的相互作用和磨合，有较大的相似性"。群体行为的形成不是单一个体行为的体现，也不是一成不变的，它会根据其成员相互作用程度的不同而不断变化。

第二，群体模仿与传染。人们的情绪状态是由认知过程、生理状态、环境因素在大脑皮层中整合的结果，而非简单的表现，其中包含复杂的整合过程，所以，群体行为是一种从行为出现、叠加，到相互传染和互动而形成的集合行为；Aveni在研究群体成员参加橄榄球赛的情况发现，只有四分之一的人在群体中表现的是它们自己，大多数不是孤立的个人；个人受群体中其他成员和群体环境的影响，个体行为有一定的趋同性。群体成员在互动过程中，成员之间不断相互作用，模仿他人行为，并对其他成员进行感染，以达到群体行为形成的目的。对于微博用户群体成员来说，受群体结构、群体成员个人能力与知识结构、群体互动方式与深度等的影响，成员行为之间存在相互模仿、传染，进而影响群体行为的形成和表现方式。

第三，社会浮躁心理加剧群体行为的社会认同。在经济快速发展的过程中，社会公众的民主意识不断增强，要求更多地参与权力，但是公众心理往往有一定的情绪化和浮躁现象，对各种不公平的现象缺乏耐心，尤其是官民矛盾问题，出于社会同情心和心理认同，会以自己的方式对事件信息进行扩散，无形之中也促进了事件的传播，加剧了群体行为的形成。

第四，群体的影响。自然界中存在许多群体行为，如蚁群、昆虫群、鱼群等，都有其自己形成与存在的意义；对于动物来说，个体的保护能力与捕食能力相较于群体较弱，而且所拥有的资源也较少，所以群体的形成在一定程度上可以确保种族的延续和力量的增强。这个道理同样适用于微博用户群体行为的研究。无论是动物，还是人，都愿意生活在一个群体或集体中，因为大多数群体能达到1+1大于2的效果，能通过集体的力量达到事半功倍的效果。所以基于群体的影响力，人们也倾向于选择聚集，借助群体的影响力完成个人利益诉求的表达和利益的实现。

另外，Goodman等人在研究群体行为理论时认为，组织中群体的绩效水平和群体行为受群体外部环境、群体成员的能力、群体规模、冲突水平、群体结构以及成员为了遵从群体规范而承受的压力等主要因素影响。由此可知，从宏观上来看，环境、政策、政府与社会要素都是促进群体行为形成的原因，是群体行为形成的土壤；从微观上来看，群体结构、群体成员个性、群体成员互动等加快了群体行为的形成。

5.1.4 个人因素

勒温关于群体行为的公式里，除了环境因素，个人因素也是影响群体行为的重要原因。群体是由单独的个体组成的，群体行为的形成、表现方式等各种因素都会受到其成员的影响，由不同成员的心理与行为会直接导致群体行为的不同。

第一，个人合法利益诉求无法实现。在面对任何一个事件，人都有一定的利益导向性，人们会根据自我主观的理解与认识对客观事物做出符合自身需要的评价，因为任何不理性的言论都会影响网络事件处理的客观性与公平性。伴随着信息时代通信技术和计算机技术的不断发展，传播媒介也逐渐打破了精英阶层的束缚与限制，能够更加开放、自由地表达一些普通社会

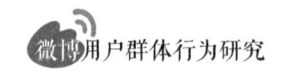

公众的意志，打破原有的社会状态。因为社会变迁会打破原有的社会平衡，在新的社会规范尚未建立之前，人们面对各种社会变化容易产生不满和怨恨情绪，这种怨恨和剥夺感的产生是群体行为发生的一个必要条件。在开放化的社会中，人们更倾向于表达意见，维护基本的权利，但是在现实中，政府在信息公开、信息安全、隐私保护等方面缺乏相关机制与政策，对社会公众的基本权益也缺少保护，使得公众权利无法得到有效的实现，由此，使得公民寻求网络的力量解决个人问题，促使微博用户群体行为的出现。

第二，个人心理因素。心理因素是学者们研究群体行为十分关注的主观要素之一，一般来说，个人心理与其行为有直接关系，会直接反映到群体行为中。拉扎勒斯提出的"认知—评价"理论认为，心理情绪是人与环境相互作用的产物。在情绪产生过程中，人们会不断评价外界环境对自身的影响，同时也会不断调节自己对于刺激事件的态度与反应。前文提到微博平台的开放与自由，为人们提供了较大的言论发表空间与便利，使人们在微博群体中的行为表现基本上是无压力与顾虑的，所以个人心理的展现会更加全面。微博的便利性也伴随着非理性与无知性，过多的信息使得人们无法对信息进行准确的辨别，可能也无法发表合理的言论，使得微博用户群体行为可能表现出非理性或非法，影响正常的网络秩序。

第三，个人与他人的交流。用户除了通过微博获得信息，最主要功能是与他人进行人际交流与互动，所以微博中个人与他人进行交流是一种常见行为，这在一定程度上也会影响其心理与行为。通过对群体互动和人际互动的基本理论进行分析可知，个人与他人的交流一方面可以促进信息分享，另一方面是为了在交流中获得认同，希望自己的信息、观点能够获得他人或群体的认可，能够体现自己的价值，所以，这种交流中必然会存在思想与态度的互动，当人们的观点高度一致时，便可能聚集，形成群体；当个人观点与他人观点存在差距时，个人可能会改变自己的态度，与他人保持一致，以期得到他人认同，这就促使群体及群体行为的形成。

综上所述，在微博用户群体行为的形成与发展过程中，社会环境因素、微博因素、群体因素和个人因素等都会成为重要的影响因素，而且在每个要素中都包括众多的分要素对其微博用户群体行为产生重要的影响，如何能够更好地了解各个要素之间的关系，哪些是影响微博用户群体行为的直接要素，哪些是间接要素，哪些是关键和根本要素，还需要进一步分析与研究。

5.2 解释结构模型的确立

解释结构模型（ISM）是复杂网络中的一种建模分析方法，它主要是对要素之间的静态关系结构进行分析，了解各个要素之间的逻辑关系，将复杂的要素系统分为若干子系统，构造一个多级递阶的结构模型。解释结构模型在确立问题的基础上，将一些无序的、离散的、静态的系统，通过讨论和经验分析等多种方式尽可能全面地确立，并选择构成系统的要素，根据要素明细表构思模型，建立邻接矩阵和可达矩阵，对可达矩阵进行分解后，达到确立结构模型的目的，并对结构模型进行解释。

5.2.1 系统要素的界定

贾举认为，内外环境、传播结构、集群心理和公众意见等是影响网络集群行为的四个主要因素。所以在考虑微博用户群体行为的影响因素的过程中，必须对宏观因素和微观因素进行全面分析，微博用户群体行为不仅发生在微博平台，更为重要的是它与现实社会中各种机制、政策以及事件都有密切联系。结合上文对影响微博用户群体行为的因素进行分析，我们将整个影响因素看作一个大系统，将每种主要因素视作子系统，所以整个因素大系统可以分作社会环境子系统、微博子系统、群体子系统和个人子系统。在每个子系统里又会包括许多不同的要素，见图5-1。

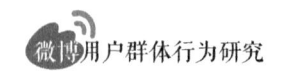

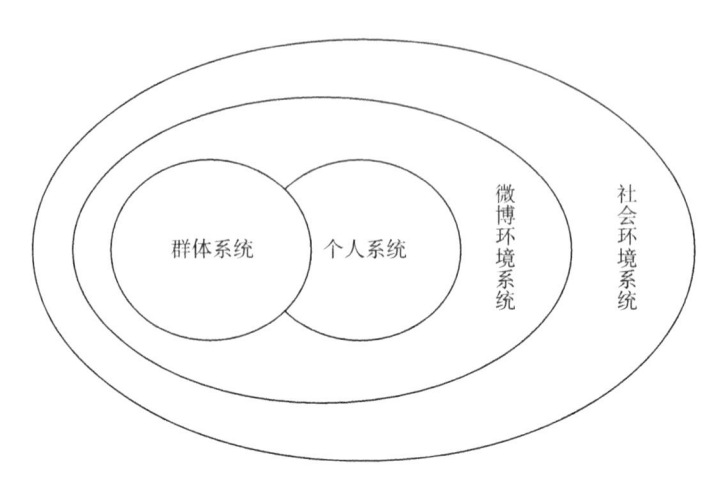

图 5-1 影响微博用户群体行为要素系统的关系

在理论分析的基础上,为了能够获得全面、详细地影响微博用户群体行为系统的各个要素,我们以微博中的群体行为案例为基础进行要素的挖掘与发现,这些案例主要包括微博话题、微博群组、微博群体性事件等,通过对案例分析,力求能够挖掘所有可能会影响微博用户群体行为的要素。

通过理论分析收集影响微博用户群体行为的要素,并分析微博中群体性事件的起因及其扩散的原因,全面了解引发微博用户群体行为的因素,并进行总结分析,最终确定62个影响因素。通过这两种方法,我们发掘的系统要素见表5-1。

表 5-1 微博用户群体行为影响因素系统要素表

系统类型	序号	具体要素	系统类型	序号	具体要素	系统类型	序号	具体要素
社会环境系统	1	社会问题频发	社会环境系统	22	政府权力使用情况	群体系统	43	群体自发性
	2	社会不满情绪		23	社会公众对政府工作的满意度	微博系统	44	微博平台开放自由

续表

系统类型	序号	具体要素	系统类型	序号	具体要素	系统类型	序号	具体要素
社会环境系统	3	人们民主意识提升	社会环境系统	24	社会中介调解组织能力弱	微博系统	45	微博监管不足
	4	多元文化结构		25	非正式信息传递渠道增多		46	微博门槛低
	5	社会伦理道德问题		26	制度化利益诉求平台有待完善		47	微博匿名无责性
	6	社会诚信缺失		27	传统媒体责任未落到实处	个人系统	48	个人从众心理
	7	社会配套机制缺失		28	政策不科学		49	个人围观心理
	8	社会压力大		29	政策与制度有待完善		50	个人心理不完善
	9	社会矛盾的积累		30	法律体系不完善		51	个人价值观念
	10	政府公信力		31	社会控制机制有待提升		52	个人对群体的依赖
	11	政府工作机制有待完善		32	公民法律知识缺乏		53	个人追求刺激心理
	12	政府信息公开		33	利益分配不均匀		54	个人对群体价值的认同
	13	政府对公众合法利益诉求		34	合法利益诉求无法表达		55	个体之间的交流与互动
	14	政府内部工作方式	群体系统	35	群体成员失范行为		56	网民的忍耐点低
	15	政府官员个人行为约束		36	群体成员认知偏差		57	网民理性缺失

续表

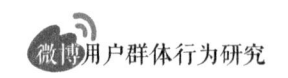

系统类型	序号	具体要素	系统类型	序号	具体要素	系统类型	序号	具体要素
社会环境系统	16	政府执法行为与方式	社会环境系统	37	群体从众心理	个人系统	58	缺少真实客观信息
	17	政府为民服务情况		38	群体成员的互动与相互作用		59	个人的表现欲与英雄情结
	18	政企关系		39	群体结构	社会环境系统	60	个人自我实现的需要
	19	与社会公众有矛盾		40	群体成员的行为模仿		61	个人知识水平
	20	政府行政行为存在不足		41	群体成员的行为传染		62	个人阅历与经验
	21	政府执行力有待提高		42	群体广泛性			

表 5-1 比较全面地列出了影响微博用户群体行为的各种因素，有宏观因素，也有微观因素。作为定性分析，这种方法比较全面，但在定量分析过程中，一些要素会存在比较难界定和重复界定的情况，会影响下面的分析与运算结果。所以在分析这些要素的特点后，在确保全面与精简的基础上，将部分要素合并归纳，得到的影响微博用户群体行为因素表见表 5-2。

表 5-2　微博用户群体行为影响因素

序号	要素类型	序号	要素类型	序号	要素类型
1	社会问题频发	11	社会利益分配不均	21	群体成员行为模仿
2	社会矛盾突出	12	公民缺乏法律知识	22	群体成员行为传染
3	公众民主意识提升	13	社会控制机制弱	23	个人心理不成熟

续表

序号	要素类型	序号	要素类型	序号	要素类型
4	社会不满情绪增加	14	合法利益诉求无法表达	24	个人价值观念与态度
5	政府公信力	15	微博平台开放自由	25	缺少真实权威信息
6	政府行为能力	16	微博缺乏应有的监管	26	个人知识结构有限
7	政府工作机制不健全	17	微博门槛低	27	个人对群体的依赖
8	法律法规与制度的缺失	18	微博匿名无责性	28	个人对群体价值的认同
9	制度化利益诉求平台不畅通	19	群体从众心理		
10	非正式信息传递渠道增多	20	群体成员互动与相互作用		

通过对表5-2分析可知，影响微博用户群体行为的要素主要有四大类：社会环境要素、微博要素、群体要素和个人要素，其中社会环境要素共有14个子要素，微博要素分为4个，群体要素分为4个，个人要素分为6个。

5.2.2 建立系统的邻接矩阵

本节基于对微博用户群体行为影响因素表的分析，主要从社会环境、微博环境、群体因素及个人因素等进行分析，通过研究各个要素之间的关系，建立邻接矩阵，为下面的模型构建确立基础。

我们认为，信息社会，微博用户群体行为必然会受社会大环境的影响，处于转型时期的政治体制和经济体制的不完善会使各类社会问题不断出现，社会公众的不满情绪不断飙升，客观上会导致人们的聚集，形成群体。作为解决问题主体的政府却由于工作机制不健全等问题，导致群体性事件发生；而充当调解员的中介组织机构，由于缺乏一定的法律

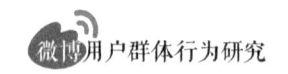

法规保障，能力有限。此时微博平台的出现为人们的利益表达和权利维护提供了一个开放化空间，人们利用微博的开放性、自由性与广泛性，不断扩大事件的影响力，以得到社会的关注，促使相关问题的解决，但过度的开放与自由会导致微博用户行为存在失范问题；同时，由于群体结构的多样化、群体成员的个性与知识和能力等存在一定差异，成员在互动过程中，通过模仿和"传染"的方式，其行为表现和思想观念也会受他人影响，使得群体成员的行为等有较大的相似性，影响微博用户群体行为的形成。

由此，根据各个要素之间的逻辑关系和因果关系，以及上述对影响因素的相关分析，从社会环境问题、政府工作机制与政策、微博环境和群体成员互动与心理等方面对其关系进行系统化分析。根据上述描述，我们可以先确立各个要素之间的关系。

根据上述系统要素关系表中描述的各个要素之间的关系，采用矩阵的方式来表达，得到基于各要素关系的邻接矩阵。所谓邻接矩阵，就是要回答要素S_i与要素S_j之间的关系，邻接矩阵中各个元素的值按如下方式界定：

$$S_{ij} \begin{cases} 1（从要素i到要素j有连线，i和j之间有关系）\\ 0（从要素i到要素j有连线，i和j之间无关系） \end{cases}$$

（其中，i，$j=1, 2, 3, \cdots, 28$）

也就是说，如果要素i与要素j之间有关系，那么取值为1；如果要素i与要素j之间无关系，那么取值为0。要素之间的具体关系形式如下几种：

$S_i \sim S_j$，即S_i与S_j之间互有关系，两者之间形成回路关系（相互作用关系）；

$S_i \times S_j$，即S_i与S_j之间没有关系，S_j与S_i之间也没有关系；

$S_i > S_j$，即S_i与S_j之间有关系，S_j与S_i之间没有关系；

$S_i < S_j$，即S_i与S_j之间没有关系，S_j与S_i之间有关系。

根据上述描述，通过对微博用户各要素之间关系的分析，确立影响微博用户群体行为要素的邻接矩阵。在确立邻接矩阵的过程中，由于各个要素之间的关系有相互交叉的部分，为了确保邻接矩阵和可达矩阵计算的方便性，在考虑要素之间的关系时，仅考虑直接关系，不考虑间接关系，关系影响有重复时，不重复计入。邻接矩阵见图5-2。

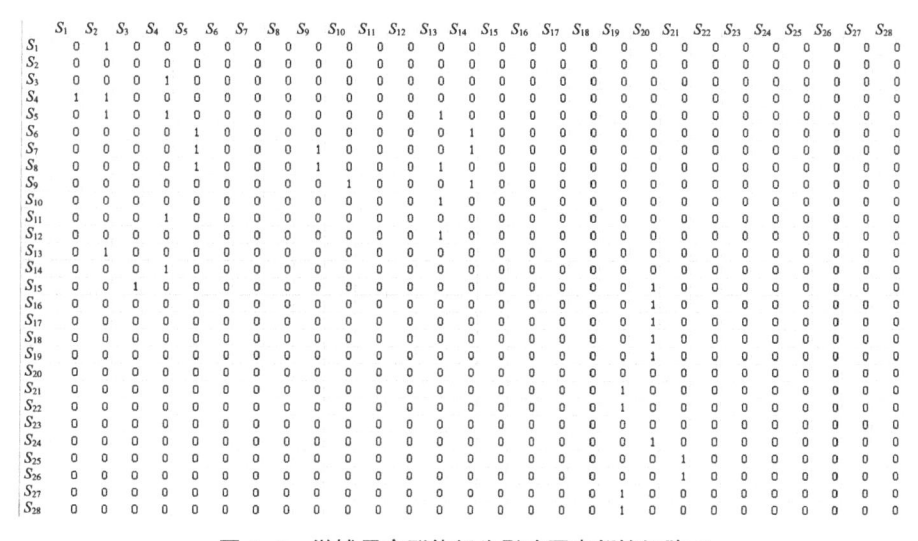

	S_1	S_2	S_3	S_4	S_5	S_6	S_7	S_8	S_9	S_{10}	S_{11}	S_{12}	S_{13}	S_{14}	S_{15}	S_{16}	S_{17}	S_{18}	S_{19}	S_{20}	S_{21}	S_{22}	S_{23}	S_{24}	S_{25}	S_{26}	S_{27}	S_{28}
S_1	0	1	0	0	0	0	0	0	0	0	0	0	0	0	0	0	0	0	0	0	0	0	0	0	0	0	0	0
S_2	0	0	0	0	0	0	0	0	0	0	0	0	0	0	0	0	0	0	0	0	0	0	0	0	0	0	0	0
S_3	0	0	0	1	0	0	0	0	0	0	0	0	0	0	0	0	0	0	0	0	0	0	0	0	0	0	0	0
S_4	1	1	0	0	0	0	0	0	0	0	0	0	0	0	0	0	0	0	0	0	0	0	0	0	0	0	0	0
S_5	0	1	0	1	0	0	0	0	0	1	0	0	0	0	0	0	0	0	0	0	0	0	0	0	0	0	0	0
S_6	0	0	0	0	1	0	0	0	0	0	0	0	0	1	0	0	0	0	0	0	0	0	0	0	0	0	0	0
S_7	0	0	0	0	1	0	0	0	0	1	0	0	0	1	0	0	0	0	0	0	0	0	0	0	0	0	0	0
S_8	0	0	0	0	1	0	0	0	0	1	0	0	0	0	0	0	0	0	0	0	0	0	0	0	0	0	0	0
S_9	0	0	0	0	0	0	0	0	0	0	0	0	0	0	0	0	0	0	0	0	0	0	0	0	0	0	0	0
S_{10}	0	0	0	0	0	0	0	0	0	0	1	0	0	0	0	0	0	0	0	0	0	0	0	0	0	0	0	0
S_{11}	0	0	0	1	0	0	0	0	0	0	0	0	0	0	0	0	0	0	0	0	0	0	0	0	0	0	0	0
S_{12}	0	0	0	0	0	0	0	0	0	0	0	0	0	0	0	0	0	0	0	0	0	0	0	0	0	0	0	0
S_{13}	0	1	0	0	0	0	0	0	0	0	0	0	0	0	0	0	0	0	0	0	0	0	0	0	0	0	0	0
S_{14}	0	0	0	1	0	0	0	0	0	0	0	0	0	0	0	0	0	0	0	0	0	0	0	0	0	0	0	0
S_{15}	0	0	1	0	0	0	0	0	0	0	0	0	0	0	0	0	0	0	0	0	0	0	0	0	0	0	0	0
S_{16}	0	0	0	0	0	0	0	0	0	0	0	0	0	0	0	0	0	0	0	0	0	0	0	1	0	0	0	0
S_{17}	0	0	0	0	0	0	0	0	0	0	0	0	0	0	0	0	0	0	0	0	0	0	0	0	0	0	0	0
S_{18}	0	0	0	0	0	0	0	0	0	0	0	0	0	0	0	0	0	0	0	0	0	0	1	0	0	0	0	0
S_{19}	0	0	0	0	0	0	0	0	0	0	0	0	0	0	0	0	0	0	0	0	0	0	0	0	0	0	0	0
S_{20}	0	0	0	0	0	0	0	0	0	0	0	0	0	0	0	0	0	0	0	0	0	0	0	0	0	0	0	0
S_{21}	0	0	0	0	0	0	0	0	0	0	0	0	0	0	0	0	0	0	0	0	0	0	0	0	0	0	0	0
S_{22}	0	0	0	0	0	0	0	0	0	0	0	0	0	0	0	0	0	0	0	0	0	0	0	0	0	0	0	0
S_{23}	0	0	0	0	0	0	0	0	0	0	0	0	0	0	0	0	0	0	0	0	0	1	0	0	0	0	0	0
S_{24}	0	0	0	0	0	0	0	0	0	0	0	0	0	0	0	0	0	0	0	0	0	0	0	0	0	0	0	0
S_{25}	0	0	0	0	0	0	0	0	0	0	0	0	0	0	0	0	0	0	0	0	0	0	0	0	0	0	0	0
S_{26}	0	0	0	0	0	0	0	0	0	0	0	0	0	0	0	0	0	0	0	0	0	0	0	1	0	0	0	0
S_{27}	0	0	0	0	0	0	0	0	0	0	0	0	0	0	0	0	0	0	0	0	0	0	0	0	0	0	0	0
S_{28}	0	0	0	0	0	0	0	0	0	0	0	0	0	0	0	1	0	0	0	0	0	0	0	0	0	0	0	0

图5-2 微博用户群体行为影响因素邻接矩阵 S

5.2.3 计算可达矩阵

从全体要素中选出一个能够承上启下的要素，即选择一个既有有向边输入，也有有向边输出的要素 S_i，那么 S_i 与余下其他要素的关系，必然存在关系——上位关系、下位关系和无关系，在此基础上便能够定义各个要素之间具体关系。

可达矩阵 R 是指用矩阵的形式来表示有向图中各个节点之间的关系，每个节点在经过若干步或路程之后是可以相互到达的。可达矩阵计算方法是通过加上单位矩阵 I 后，然后进行一定的推理和演算得出。在计算过程中，一般是通过布尔矩阵来计算的，其运算规则：0+0=0，0+1=1，1+0=1，1+1=1，0×0=0，0×1=0，1×1=1。先将邻接矩阵 S 加上单位

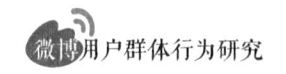

矩阵 I，得到 $A_1=S+I$，$A_2=(S+I)^2$，以此类推，可得到 $A_1 \neq A_2 \cdots \neq A_{r-1} \neq A_r$，且 $r \leq n-1$，其中 n 为矩阵阶数，通过一系列运算，会得到 $A_{r-1}=(A+I)^{r-1}=R$。它表示，可达矩阵 R 会经过不大于 $r-1$ 的长度就可以到达。在一个 $n \times n$ 的矩阵中，它最长的路径长度不会超过 $n-1$。

由于本研究涉及 28 个变量，计算过程比较麻烦，所以本研究利用 Matlab 计算上述邻接矩阵的可达矩阵 R，见图 5-3。

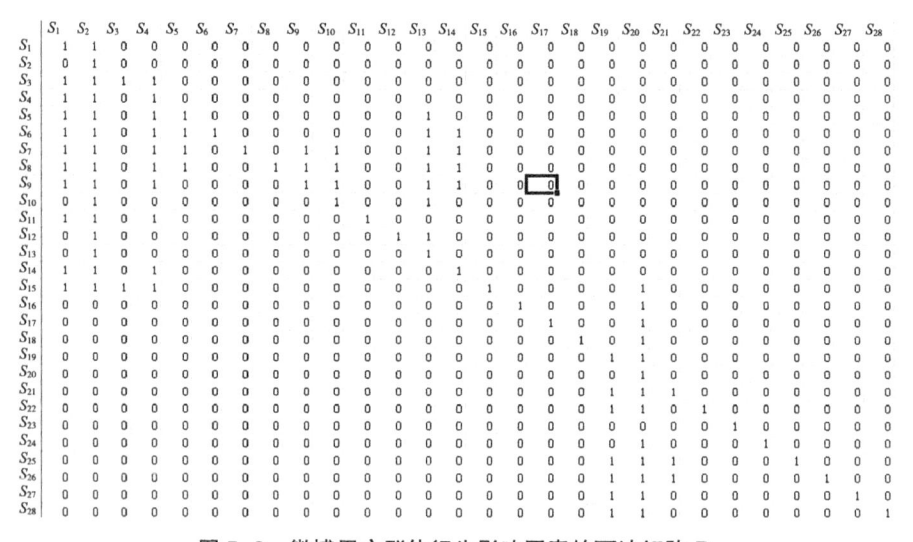

图 5-3 微博用户群体行为影响因素的可达矩阵 R

5.2.4 级间分解

求出可达矩阵后，需要对矩阵进行级间分解，这样可以更加清晰明确影响微博用户群体行为的各个要素之间的因果关系，确立结构模型。所谓级间分解，就是将系统中的所有要素，以可达矩阵为准则，划分成为不同层级，确立各个要素之间的关系，并建立解释结构模型。具体的做法：将与系统相关的所有要素集中起来，定义要素 S_i 的可达集，用 $R(S_i)$ 表示，$R(S_i)$ 是可达矩阵中第 S_i 行中所有矩阵元素为 1 的列所对应的要素的集合；同时定义要素 S_j 的前因集，用 $A(S_j)$ 表示，$A(S_j)$ 是可达矩阵中第 S_j 列中所有矩阵元素为1的行所对应的要素的集合，比如，$R(S_1)$={1, 2}, $A(S_1)$={1, 3, 4, 5, 6, 7, 8, 9, 11, 14, 15}。

根据可达集和前因集，就可以对整个矩阵的所有元素划分等级。一个递进的结构模型首先必须找到最高级的集合。最高级集合要素是指没有比它级别再高的能够到达。当$R(S_i)=R(S_i) \cap A(S_j)$时（这里$i=j$），可以得到一个交集，那个这个交集里的元素即为最高级要素，比如，对本研究可达矩阵S_1的可达集和前因素进行分析可得到最高级要素集为{2, 20, 33}。

在找出最高集的具体要素后，即可将其从可达矩阵相应的行和列中划去，接着再从剩下的可达矩阵的可达集和前因集里寻求新的最高级要素。以此类推，则可以找出所有层级包含的要素集合。若用$L_1, L_2, \cdots, L_k$表示从上到下的层次，则有k个级次的系统，其级间划分$\Pi_k(S)$可以用下式来表示：

$$\Pi_k(S)=[L_1, L_2 \cdots, L_k]$$

所以，若设$L_0=\varphi$，设$L_k(k=1, 2, \cdots, k)$为各级层元素的集合，那么$L_k=\{S_i \in S-L_0-L_1-\cdots-L_{k-1}|R_{k-1}(S_i)=R_{k-1}(S_i) \cap A_{k-1}(S_i)\}$，其中$R_{k-1}(S_i)$和$A_{k-1}(S_i)$分别表示$S-L_0-L_1-\cdots-L_{k-1}$中的要素组成的子图求得的可达集和前因集，比如，通过分析可以得出，L_1={2, 20, 23}。

表5-3 最高级的可达集和前因集

S_i	$R(S_i)$	$A(S_j)$	$R(S_i) \cap A(S_j)$
1	1, 2	1, 3, 4, 5, 6, 7, 8, 9, 11, 14, 15	1
2	2	1, 2, 3, 4, 5, 6, 7, 8, 9, 10, 11, 12, 13, 14, 15	2
3	1, 2, 3, 4	3, 15	3
4	1, 2, 4	3, 4, 5, 6, 7, 8, 9, 11, 14, 15	4

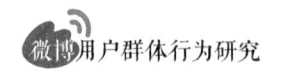

续表

S_i	$R(S_i)$	$A(S_j)$	$R(S_i) \cap A(S_j)$
5	1, 2, 4, 5, 13	5, 6, 7, 8	5
6	1, 2, 4, 5, 6, 13, 14	6	6
7	1, 2, 4, 5, 7, 9, 10, 13, 14	7	7
8	1, 2, 4, 5, 8, 9, 10, 13, 14	8	8
9	1, 2, 4, 9, 10, 13, 14	7, 8, 9	9
10	2, 10, 13	7, 8, 9, 10	10
11	1, 2, 4, 11	11	11
12	2, 12, 13	12	12
13	2, 13	5, 6, 7, 8, 9, 10, 12, 13	13
14	1, 2, 4, 14	6, 7, 8, 9, 14	14
15	1, 2, 3, 4, 15, 20	15	15
16	16, 20	16	16
17	17, 20	17	17
18	18, 20	18	18
19	19, 20	19, 21, 22, 25, 26, 27, 28	19
20	20	15, 16, 17, 18, 19, 20, 21, 22, 24, 25, 26, 27, 28	20
21	19, 20, 21	21, 25, 26	21
22	19, 20, 22	22	22
23	23	23	23
24	20, 24	24	24

续表

S_i	$R(S_i)$	$A(S_j)$	$R(S_i) \cap A(S_j)$
25	19，20，21，25	25	25
26	19，20，21，26	26	26
27	19，20，27	27	27
28	19，20，28	28	28

从表5-3可以看出，最高级可达集和前因集满足$R(S_i) \cap A(S_j)$的是{2，20，23}的集合，得到L_1={2, 20, 23}。这也说明，社会矛盾突出、微博成员互动与相互作用和群体成员的心理不成熟，是直接影响微博用户群体行为产生与发展的原因。接下来，将这三个因素抽出后，得到第二级的可达集和前因集，并在此基础上对其进行分析，找出影响这三个因素的深层原因见表5-4。

表 5-4 第二级的可达集和前因集

S_i	$R(S_i)$	$A(S_j)$	$R(S_i) \cap A(S_j)$
1	1	1，3，4，5，6，7，8，9，11，14，15	1
3	1，3，4	3，15	3
4	1，4	3，4，5，6，7，8，9，11，14，15	4
5	1，4，5，13	5，6，7，8	5
6	1，4，5，6，13，14	6	6
7	1，4，5，7，9，10，13，14	7	7
8	1，4，5，8，9，10，13，14	8	8
9	1，4，9，10，13，14	7，8，9	9
10	10，13	7，8，9，10	10

续表

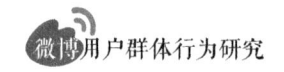

S_i	$R(S_i)$	$A(S_j)$	$R(S_i) \cap A(S_j)$
11	1, 4, 11	11	11
12	12, 13	12	12
13	13	5, 6, 7, 8, 9, 10, 12, 13	13
14	1, 4, 14	6, 7, 8, 9, 14	14
15	1, 3, 4, 15	15	15
16	16	16	16
17	17	17	17
18	18	18	18
19	19	19, 21, 22, 25, 26, 27, 28	19
21	19, 21	21, 25, 26	21
22	19, 22	22	22
24	24	24	24
25	19, 21, 25	25	25
26	19, 21, 26	26	26
27	19, 27	27	27
28	19, 28	28	28

经过对第二级的要素进行分析可知，第二层的要素集合为{1, 13, 16, 17, 18, 19, 24}，得到L_2={1, 13, 16, 17, 18, 19, 24}，它们组成结构模型的第二层级。将这七个要素抽掉后，得到第三级的可达集和前因集集合（见表5-5）。

表 5-5　第 3 级的可达集和前因集

S_i	$R(S_i)$	$A(S_j)$	$R(S_i) \cap A(S_j)$
3	3, 4	3, 15	3
4	4	3, 4, 5, 6, 7, 8, 9, 11, 14, 15	4
5	4, 5	5, 6, 7, 8	5
6	4, 5, 6, 14	6	6
7	4, 5, 7, 9, 10, 14	7	7
8	4, 5, 8, 9, 10, 14	8	8
9	4, 9, 10, 14	7, 8, 9	9
10	10	7, 8, 9, 10	10
11	4, 11	11	11
12	12	12	12
14	4, 14	6, 7, 8, 9, 14	14
15	3, 4, 15	15	15
21	21	21, 25, 26	21
22	22	22	22
25	21, 25	25	25
26	21, 26	26	26
27	27	27	27
28	28	28	28

经过对第三级的要素进行分析可知，第三层的要素集合为{4，10，12，21，22，27，28}，得到 L_3={4, 10, 12, 21, 22, 27, 28}，它们组成结构模型的第三层级。将这七个要素抽掉后，得到第四级的可达集和前因集集合（见表5-6）。

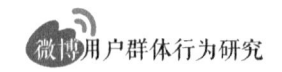

表5-6 第四级的可达集和前因集

S_i	$R(S_i)$	$A(S_j)$	$R(S_i) \cap A(S_j)$
3	3	3, 15	3
5	5	5, 6, 7, 8	5
6	5, 6, 14	6	6
7	5, 7, 9, 14	7	7
8	5, 8, 9, 14	8	8
9	9, 14	7, 8, 9	9
11	11	11	11
14	14	6, 7, 8, 9, 14	14
15	3, 15	15	15
25	25	25	25
26	26	26	26

经过对第四级的要素进行分析可知,第四层的要素集合为{3,5,11,14,25,26},得到L_4={3, 5, 11, 14, 25, 26},它们组成结构模型的第四层级。将这六个要素抽掉后,得到第五级的可达集和前因集集合(见表5-7)。

表5-7 第五级的可达集和前因集

S_i	$R(S_i)$	$A(S_j)$	$R(S_i) \cap A(S_j)$
6	6	6	6
7	7, 9	7	7
8	8, 9	8	8
9	9	7, 8, 9	9
15	15	15	15

经过对第五级的要素进行分析可知,第五层的要素集合为{6,9,15},得到L_5={6, 9, 15},它们组成结构模型的第五层级。将这三个要素抽掉后,得到第六级的可达集和前因集集合(见表5-8)。

表 5-8　第 6 级的可达集和前因集

S_i	$R(S_i)$	$A(S_j)$	$R(S_i) \cap A(S_j)$
7	7	7	7
8	8	8	8

按照此方法和步骤计算微博用户群体行为影响因素的可达矩阵 R，进行层级分解，微博用户群体行为影响因素的层级分解表（见表5-9）。

表 5-9　微博用户群体行为影响因素的层级分解表

层级	级层内要素
L_1	2，20，23
L_2	1，13，16，17，18，19，24
L_3	4，10，12，21，22，27，28
L_4	3，5，11，14，25，26
L_5	6，9，15
L_6	7，8

根据层级结构关系，构成最终的可达矩阵表，见图5-4。

在得到的层级分解结果的基础上，建立层级结构模型。先将系统中各个要素按层级间划分的关系依次排序，然后再依次找出各个要素之间的关系，如 L_1 和 L_2 之间的关系，由上图5-4可知，S_1、S_{13} 和 S_2 有关（即 S_1、S_{13} 行与 S_2 列的矩阵元素均为1），则可以画出 S_1、S_{13} 到 S_2 的有向边，S_4 与 S_1 的关系同理。各要素和层级的具体关系见图5-5。

5.3　模型结论解释与分析

表5-9和图5-4是利用解释结构模型分析的方法得出的直接结果，将结果利用结构模型的方法表示见图5-5。由图5-5中可以看出，影响微博用户

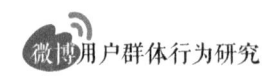

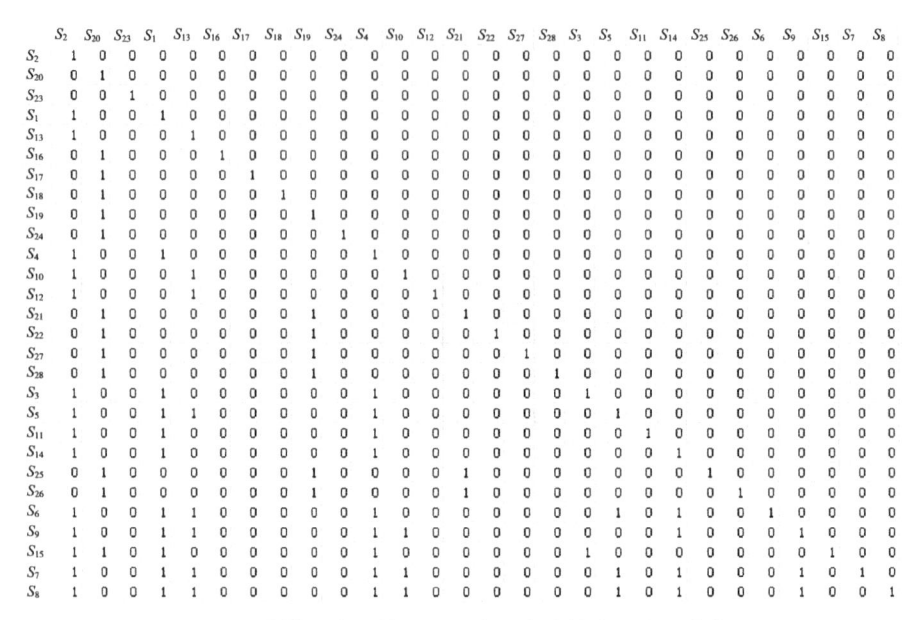

图 5-4 微博用户群体行为影响因素的最终可达矩阵表 R_0

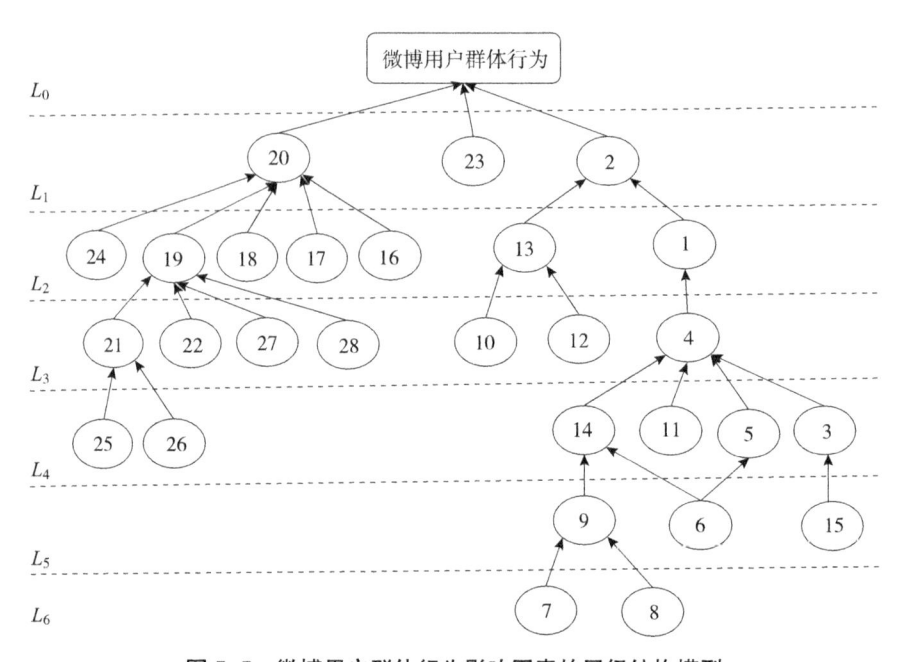

图 5-5 微博用户群体行为影响因素的层级结构模型

群体行为的因素有很多，通过对本研究列出的28个元素进行分析，一共分为六层，按照该模型的逻辑结构，根本的原因在于政府工作机制的不完善和相关法律政策与制度的缺失，而其他因素是一些具体层面或表层原因，影响微博用户群体行为直接的原因是社会矛盾的突发、群体成员互动与群体成员心理的完善程度。

微博用户群体行为无论是由成员共同决定的，还是由一些"领导者"引导的，都与群体成员的心理和群体成员的互动有密切的关系。"现代认知心理学认为，人们的行为并不是一个对外部刺激做出的纯粹被动的反应，主体的选择、加工在受众与大众传媒之间起着十分重要的作用，这种作用的发挥与受众个体的认知结构密切相关"。所以群体行为的形成表面上是成员互动博弈的结果，实际上是群体成员心理的真实体现，尤其在信息时代，微博给了人们开放自由的平台，但无法控制人们对信息思考和利用的程度，因为"网络带来的便利使人们很容易产生思维惰性，一定程度上影响个人的创新能力；同时网络上信息比较多，舆论复杂，使得人们很容易产生盲目从众的心理，缺乏个人的思考"。微博给予人们过多的资源，让人们获得海量信息，使得人们在认知信息的过程中态度较为犹豫，无法做出准确的判断，对于信息认知的"度"往往也无法较好地把握，所以这种过于依赖网络、他人等外界力量的思维方式必然会影响其行为表现；在匿名的微博群体中，人们在互动中基本没有规则约束，这样很容易使群体认知产生偏差，导致群体失范行为的产生。

第二层至第五层是较为表面或具体的影响因素，也是我们能够较容易感知或看到的。从外在环境来看，政府执法方式和政府机制不健全等都可能促进微博用户群体行为的产生与发展。微博用户群体行为最具代表性的行为是由群体性事件而形成的，比如2013年的"昆明PX事件"和"雷政富事件"、2012年四川"什邡反对兴建钼铜项目事件"和江苏"启东事件"等，这类群体性事件的发生大部分与政府执法方式、工作机制的完善度相

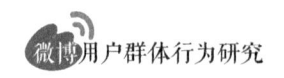

关，导致社会公众不满情绪产生，最后导致个体聚集组成群体，借助网络的力量，以达到解决问题的目的。另外，处于微博用户群体中的个人并非独立的，它们的行为表现与其他成员的行为有着密切关系，Le Bon 也认为，"个体是群体的一部分时，个体不可能在群体中是处于独立状态，群体中一些潜在机制与行为等都对个体有一定的影响"，所以，在关注微博用户群体行为时，不仅要关注外部环境的诱发作用，更为重要的是要关注群体成员的互动，这样才能更好地从根源上解决问题，使用户群体行为向着促进社会稳定和国家发展的方向发展。

5.4 本章小结

本章关于微博用户群体行为影响因素的分析，从静态的角度对微博用户群体行为进行了深入探讨，一方面使以前的相关研究更加深入，从个体角度切换到群体角度，这是以往关于微博用户行为的相关研究中缺少的；另一方面，这些研究更加系统地分析微博用户群体行为，作为后文动态分析的基础。

在微博中，个体通过与他人进行信息分享和人际交往，会形成一些非正式的群体或组织，群体以微博为平台，进行实时的互动与交流；群体中的成员相互作用、相互影响，并可能形成一定的群体行为，这些群体行为可能是正面的，宣扬时代主旋律，有利于社会稳定与发展，比如"微博打拐"；也有一些负面事件，比如地震过程中的谣言。

本章利用解释结构模型对微博用户群体行为的影响因素进行分析研究发现，社会矛盾、群体成员互动与群体成员心理是影响用户群体行为的主要因素，政府工作机制与相关制度的不完善是促使群体行为爆发的根本原因。基于此，需要从群体引导和心理教育、网络环境净化与信息资源有效利用以及加强政府相关机制与制度的建立和完善等方面来改革，以使微博用户群体行为向着促进微博环境优化和社会环境和谐的方向发展。

第6章

微博用户群体行为形成互动的机理与演化模型

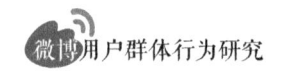

通过前文分析可知，微博用户群体行为的形成受个人、群体和环境等多方面的影响，在不同时期、不同环境和不同群体中，这些因素的表现形式与作用程度都是不同的，群体行为的具体表现是在这些因素的共同作用下形成的。本节在对影响微博用户群体行为的因素进行分析的基础上，对微博用户群体行为的形成路径和群体行为的互动进行分析，了解微博用户群体的形成过程、微博用户群体行为形成过程和演化机理与作用结构，同时结合相关理论，利用模型还原微博用户群体行为的形成互动过程，对其进行梳理，探讨微博用户群体行为的形成路径以及群体行为在发展过程中的互动机理。

6.1 微博用户群体的演化过程

根据无标度网络的基本特性可知，微博用户群体的形成不是一步完成的，而是逐步增长的，其成员数量没有上限，有的群体成员可能数以万计，有的群体可能只有几个成员，这与群体受社会关注程度、群体目标和群体成员的知名度等有一定的关系。本节根据无标度网络的特性，认为微博用户群体的形成也符合不断增长和成员优先连接两个特性，在此基础上，确立微博用户群体的演化过程模型，了解微博用户群体的形成过程。

1. 模型假设与构建

无标度网络具有幂律分布的特性，符合长尾原理，也就是说，在整个网络中，只有少部分节点会与其他大部分节点相连接，大部分节点是处于独立和封闭状态的，不与他人保持连接关系，这就是"富者更富"的现象。同时，由于一部分节点处于整个网络的关键位置，对他人能够产生一定影响，如果这个节点突然失灵或与同他相连的所有人失去联系，那么整个网络可能处于瘫痪状态，这即为无标度网络的鲁棒性与脆弱性[①]。

所以，在构建微博用户群体形成的模型中，根据微博用户群体和微博用户环境的特性，假设每一个时刻只有一个成员进入微博网络，成员会根据自己掌握的信息，优先选择那些比较知名、有较高关注度的人，成为其"粉丝"；每个新进入成员的决定都会受前面成员决定的影响，会按照相同的规则进行连接，不考虑个人需求；网络规模是没有上限的，可以一直循环反复进行下去。

根据这个原理可知，微博用户群体形成过程可以分为以下几个步骤：

（1）群体成员初始成员网络。设初始群体有 m_0 个成员，成员的连接是随机的。

（2）每隔一个时间段，进入1个成员，按照概率 P 与原有的结点产生 m 条不重复的边。

（3）重复上述过程若干次。

其中，$P = \Pi_i = \dfrac{k_i}{\sum_j k_j}$

2. 模型分析

根据上述步骤，确立微博用户群体形成过程的算法，并利用Matlab进行仿真分析，初始节点 $m_0=3$，每个时段进入1个节点，并按照相同的重连概率P进行节点的优先连接，得到地微博用户群体见图6-1。

[①] 鲁棒性与脆弱性会直接影响网络的连通性和网络的传播效率。一般来说，在重要的网络中，必须高度关注核心节点和关键节点的安全，以确保网络的安全性与连通性。

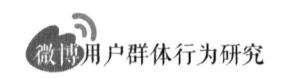

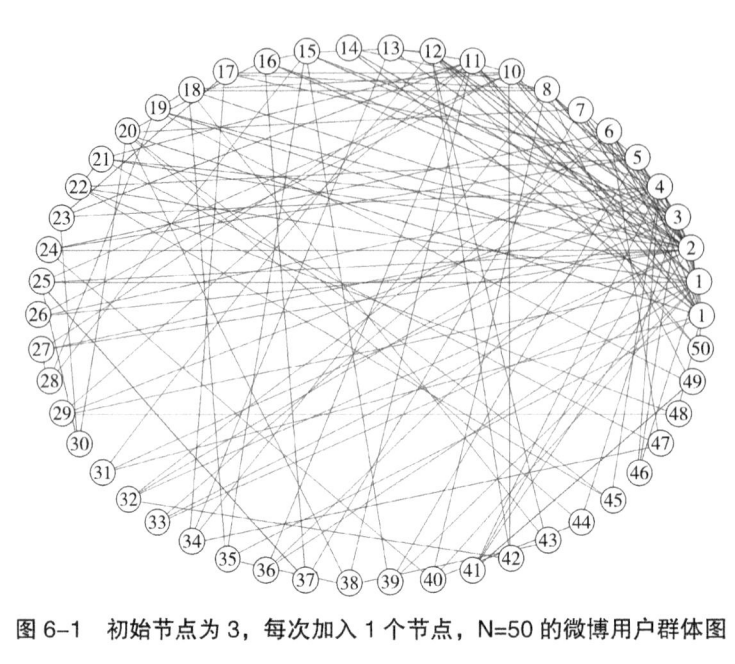

图 6-1 初始节点为 3，每次加入 1 个节点，N=50 的微博用户群体图

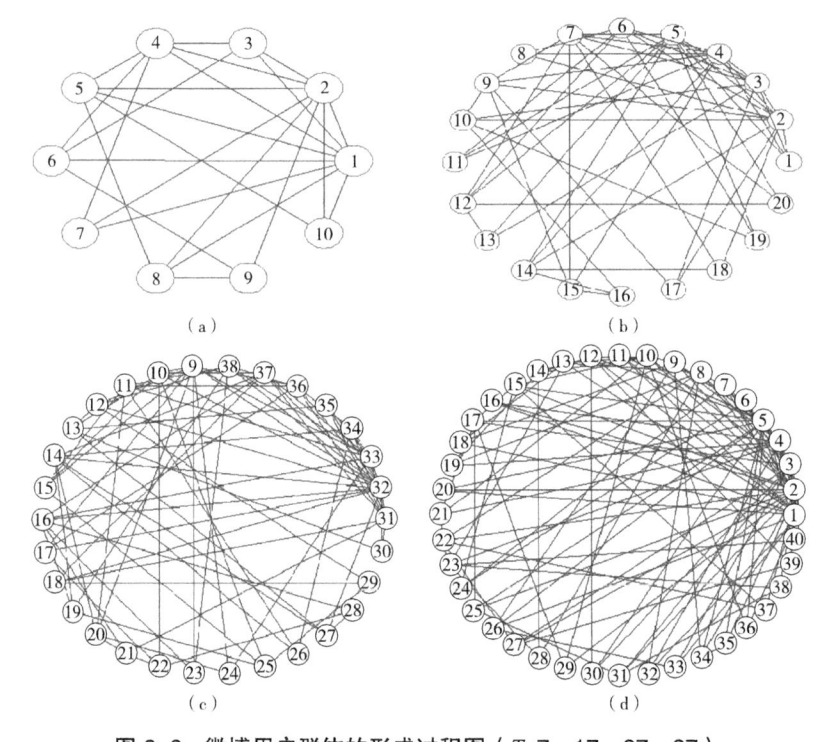

图 6-2 微博用户群体的形成过程图（T=7、17、27、37）

图6-2中，图（a）T=7；（b）T=17；（c）T=27；（d）T=37分别表示T=7、17、27、37时的群体状态，从图6-2中可以看出，随着群体成员数量的增加，群体成员之间的关系变得更加复杂。通过对微博用户群体形成过程图进行详细分析发现，微博用户群体在形成过程中主要表现出三个显著特征：

第一，部分成员在群体中拥有绝对优势，他们通常是初始节点和较早加入群体的成员。根据优先连接和优先选择权，在微博用户群体中，初始节点和较早进入微博群体的成员具有绝对的优势，一方面群体可能是由其发起的，成员对其有较高的关注度；另一方面这些人可能比较有权威，新成员对其信任程度高，所以在进入群体过程，会优先选择"元老级"人物进行关注，同时也会选择关注度较高的成员关注，使得自己获得的信息不仅权威，而且全面。

第二，群体分布不均匀，部分成员位置较边缘化。由于微博用户群体是一个虚拟群体，其成员范围没有明显的界线，成员在加入群体的过程，只会关注一些比较热门或关注度较高的成员，普通成员绝大多数被忽略，这使得微博用户群体分布不均匀，较少的成员得到较多的关注，大部分成员得到的关注较少，处于群体边缘位置，他们的行为、意见与思想等都容易被忽略；而后加入成员仍会遵照这样的规则，使得群体不均匀的趋势更加严重。

第三，群体中有大量子群存在。在微博用户群体中，虽说已经是一个大群体，但是在群体中仍然存在子群，子群中成员的沟通联系较为紧密，互动广泛且深入，这种子群在让成员相互了解的基础上，也能够让成员较容易达到一致的目标或行为，这为群体行为的形成奠定了基础。

综上所述，无论是现实社会群体，还是微博用户群体，其在形成过程中都会受群体发起人或最早进入群体成员的引导，或受权威人士与名人等

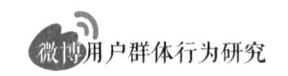

行为与思想的影响，而这种影响对大部分成员来说是成立的，后进入成员在行为表现或思想观念等方面都有可能受到他们的影响，进而影响个人在群体中的行为表现，甚至是群体行为的形成。所以根据群体的形成过程可以看出，要想真正掌握或了解一个群体和其行为的发展趋势，找准源头，了解群体发起者或"元老级"人物的思想与行为是至关重要的。

6.2 微博用户群体行为的形成机理

从群体的形成过程来看，发展比较成熟的群体在一定阶段会形成规范的、非正式的制度与约束规则。那么，群体成员行为的形成会受群体中形成的一些潜在规则与制度的约束，它们是群体发展过程中，成员之间相互约定俗成的，可能没有明文规定，但是成员们都会去遵守，群体行为的形成也在很大程度上受其影响，所以这一阶段群体行为的形成不再是"拍脑袋"或是盲目从众，而会有一定的理性思考，其行为有一定的依据。

本研究根据群体行为和复杂网络的相关理论，结合前文分析，认为微博用户群体行为的形成是受客观因素和主观因素共同作用而形成的，其形成过程不是固定的，而是一个循环反复的过程，见图6-3。

图 6-3 微博用户群体行为形成过程

微博用户群体行为的形成会受到外界环境的作用，环境影响会使成员个人收集与环境、群体、个体等相关的信息，并对其进行分析、判断和认知，在此基础上，成员在群体内部与他人进行沟通与互动，根据个人偏好和群体规范做出行为选择，形成群体的初始行为，可以根据初始行为确立群体行为的模型，这个模型在群体环境的作用下，会产生一定的变化，重复之前的感知、沟通与选择的过程，形成群体行为。所以微博用户群体行为形成的演化机理是由外界环境的感知、成员互动和成员行为选择等要素组成，在不同环节，成员关注焦点和成员行动方式等都有较大的区别。

1. 群体成员感知外界环境

由图6-3可知，微博用户群体行为的形成源头可以看作外界环境的变化，环境的变化会引起成员的关注和群体聚集。如前所述，微博对于人们来说是一个重要的信息发布、信息分享和信息获取工具，目前人们主要依靠微博来获取大多数信息，它已经成为人们获取信息的重要源头；同时微博的实时与快捷又加速了微博信息传递，对于人们来说，微博时代的环境是复杂多变的，环境的多样化、信息的复杂性，都会对人们的行为产生影响。

另外，微博用户群体成员对于环境感知是群体行为形成的一个重要环节。微博信息是多样、复杂、主观与客观等相互交织的，而人们的信息识别能力与信息分析能力是有限的，人们在面对这些信息时，会根据个人偏好和需求，选择自己认为重要的、有用的、有价值的信息去分析、吸收或与他人分享，这直接影响了成员对于事件的基本认知。对于同一信息，不同的人感知结果是不同的，它与个人对微博的认识程度、信息理解程度、环境认知以及个人能力和受教育程度等都有较大的关系，它间接影响微博用户群体行为的结果。

2. 群体成员之间的沟通与互动

群体行为形成最为重要的环节是群体成员的沟通和互动，在对微博用户群体行为的复杂性进行分析时提到，微博用户群体成员的互动和沟通是

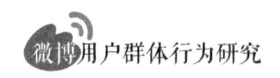

复杂的，它受各方面的影响，不同的互动方式和互动过程可能直接影响个人的行为选择，最后导致群体行为的不同。微博用户群体成员之间的沟通的主要内容是成员个人根据其掌握的信息与他人进行交换，或者通过与他人交流，从其他成员处获取信息，个人拥有信息的多少和个人对自身信息可信度的信任都会影响个人沟通和互动的结果。

微博用户群体成员的沟通与互动是非正式沟通，它对于成员的沟通方式、沟通内容等都没有限制，群体成员是自由的，一般不会受外界环境的约束与限制，但是从整体上来看，由于受成员个人特性、成员拥有信息量、成员在群体中的地位等各方面的影响，群体成员之间的沟通存在完全沟通、不完全沟通和完全不沟通三种情况。完全沟通是指微博用户群体成员能够以较为开放的姿态参与群体活动与事件，积极主动与群体成员进行讨论和分享信息，这类成员往往在群体中处于主导地位，可能对其他成员的行为产生影响。不完全沟通是指微博用户群体成员在沟通中，一方面可能较为被动，参与沟通不积极；另一方面在沟通与互动中，是积极的，但是与群体的目标和任务不相关，他们参与群体的目的性不强，可能更多限于娱乐和信息获取方面。完全不沟通是指微博用户群体成员不与他人沟通，处于完全封闭状态，这类成员一部分是"僵尸"用户，一部分是不活跃用户，他们不与其他人沟通和联系。不同的沟通方式会影响个人对于信息和事件的认知，它也在一定程度上决定了个人的行为选择和群体行为的表现。

3.群体成员进行行为选择

按照发展周期理论，群体成员在经过信息感知获取、成员沟通与互动后，成员会根据互动结果进行个人行为选择，确定个人是根据个人意志表达自己的看法与意见，还是根据群体中其他成员的意见来表达，这种选择会直接影响群体行为的选择方向和群体行为的形成。

目前学术界对群体行为选择研究较多的是蚁群等昆虫群体的行为，在研究过程中发现，它们极易产生一种突现行为，即蚂蚁为了找到群体，会一直兜圈子寻找，直至蚂蚁死去，见图6-4。这种突现行为与微博用户群体成员行为选择有一定的相似性，大部分的成员会聚集在一起，形成一个突现的大子群，只有少数成员在这个大子群外，是群体外的独立者。

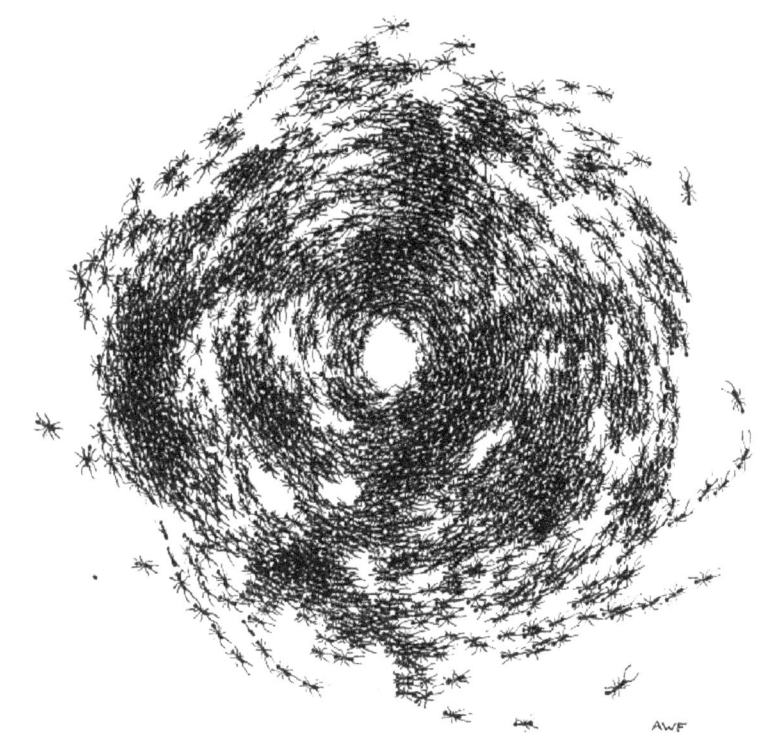

图6-4 生物界的突现行为，称作 Circular Mill

微博用户群体成员在行为选择过程中，根据自己拥有的信息和群体中其他成员的选择，会做出自己的行为选择，成为群体行为的一部分。群体成员在进行行为选择过程中，存在理性分析和非理性分析两种行为趋势。从理性方面看，个人会根据拥有的信息及与其他成员沟通的结果，对事件等进行详细分析，考虑主客观等各个方面要素，进行决策，形成个人

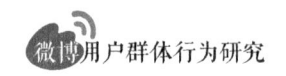

行为。从非理性角度来看，群体成员在进行行为选择时，可能会更多地受他人影响，参照他人的选择进行选择，导致从众行为的出现。所以微博用户群体行为选择也是一个复杂的过程，个人如何选择、为什么这么选择等都会直接对群体行为的表现产生影响。这一部分的内容将在后文做重点分析。

4.群体成员的行为调适

通过对微博用户群体行为的案例进行分析可知，微博用户群体行为在形成之后不是一成不变的，它会根据环境、信息、成员互动而改变，并逐步达到稳定的状态。在2013年12月，关于"中国大妈'碰瓷'外国小伙"的新闻在微博中得到了较大的关注，最初，群体舆论偏向外国小伙，认为大妈"碰瓷"，因为这是现实社会中人们普遍遇到的问题，老年人"碰瓷"年轻人的现象屡见不鲜，也很受社会谴责；但随着事件真相一层层展现，发现外国小伙真的把人撞倒了，大妈没有无理取闹，最后，群体舆论又偏向大妈，指责外国小伙。这就是微博用户群体行为在形成过程中行为调适最好的体现。

微博是一个开放自由的平台，个人的知识能力水平和拥有信息都是有限的，再加上外界环境的模糊，使得个人无法在第一时间认识事情全貌，对事情的判断可能存在较大的主观成分，无法确保行为的合理性与准确性；随着客观环境的明朗化和个人对相关信息掌握的全面性与准确性，个人对于事件的认识更加全面、客观和理性，也会随着环境和信息的变化而不断调适行为，使得个体行为更加理性化。

在群体中，个人行为除了会根据环境和外在信息进行调适，还会根据群体中其他成员和相关要素的变化而变化。一般来说，微博用户群体是以信息分享和人际交往为目的的，是解决问题或实现某种特定目标。通过对微博中的微群和一些话题进行分析发现，群体中的成员行为有较大的相似性，且呈两极分化趋势；个人为了获得群体的认可，在进行行为选择时，往往会向强势一方倾斜，这也是个人行为调适的体现，它促进了群体行为的形成。

6.3 微博用户群体行为的互动机理

微博用户群体行为并不是单纯的群体中个体行为的组合，它与用户个体行为有密切关系，但简单的个体行为相加并不能被视为群体行为。微博用户群体行为的形成，其中最为重要的部分是群体成员之间的互动，互动会将用户个人所拥有信息、资源等进行整合，在与他人进行分享和交流的基础上，用户个人依据自身的经验、能力和心理等对群体中的信息进行判断，并依据个人偏好和群体规范做出个人行为选择，然后形成群体行为。本节根据微博的特性以及微博用户群体的特性，对微博用户群体成员互动方式和互动机理进行详细的分析，从微观层面了解微博用户群体行为形成的具体过程。

6.3.1 微博用户群体成员互动的界定

群体动力学的相关研究起源于社会心理学，它以群体的内涵与性质、群体发展规律、群体与个人之间的关系、群体与群体之间的关系为研究对象，它认为，群体中的个体，只要他身边有其他人存在，那么他的行为表现就与他一个人独处时所呈现的状态是完全不同的，他或多或少地会受到其他人的影响，这是不可避免的，这也是群体动力学的核心思想。

群体动力学说明，无论是群体中个人行为的形成还是群体行为的形成，都不是孤立的，它们处于不断变化的社会环境中，必然会受到环境变化和周围其他成员等各个方面因素的影响。所以美国社会学家波普诺认为，社会互动是"人们以相互的或交换的方式对别人采取行动，或者对别人的行动做出回应"。英国当代著名社会学家吉登斯认为社会互动就是

"我们对周围的人做出行动和予以反应的过程"。本研究结合微博中个人特性与群体特性以及群体行为的形成过程，认为微博中群体成员互动是群体成员之间在共同分享信息、资源，交流情感等过程中产生的沟通和联系，这种联系会使个人重新审视个人态度与行为表现，它受微博环境、个人心理特征、个人的能力与受教育程度等多个因素的共同影响。不同的人在参与同一个群体互动时，或不同的人在不同时期参与同一个群体互动时，其产生的互动结果都有可能不同，微博用户群体成员的互动行为具有较强的时效性和个人特性。

微博的出现，"打破了传统社会的时空限制，将距离和时间压缩到零，并且通过脱域机制把社会关系从地方场景中抽离出来，在无限延伸的全球时空中再嵌入"。它扩大了人们活动的场域，更好地满足了人们在信息分析过程中的分享与互动的需求。微博用户群体成员的互动是在一个开放场域中进行的，这种互动方式不受客观环境的约束与限制，具有一定的自由性，群体能够不受约束地与其他成员进行沟通交流；再加上微博成员众多且分布广泛，沟通的实时性与快速性，使得微博用户成员在沟通互动过程中，能够较快地掌握他人的信息与资源以及他人的行为态度，使其能够快速根据与他人互动结果调整个人行为。

另外，微博用户群体成员在进行互动的过程中，其互动的内容一般分为两类：人际互动和话题互动。人际互动是群体中的成员以情感沟通和人际交往为目的，以微博为平台进行沟通联系，它可以增强微博群体成员之间的沟通与了解，增进成员之间感情，为完成群体目标与任务奠定基础；它主要会对个人对他人认同产生影响。话题互动是微博用户群体成员基于群体目标和任务或其他热门话题等进行的沟通与联系，沟通与信息交流的结果会直接影响对信息认知的态度以及对其他人行为和态度的判断，它是个人行为表现的基础，与个人行为和群体行为的形成有直接关系。所以，微博中用户群体成员沟通的方式与心理等因素会直接影响其沟通效果，对群体行为的形成产生间接影响。这就要求微博用户群体成员在沟通互动过程中，必须以理性、客观的态度对待群体中的所有信息与资源，准确认识他人的行为与态度，为个人行为决策提供丰富的、准确的资源和信息，不能受某些人干扰。

在传统社会互动中，互动方式可能是一对一、一对多、多对多或面对面；在微博，群体成员的沟通方式是多元、无向、多样的。多元化体现在微博用户群体成员在互动过程中，不受时间与空间等限制，可以根据自己的需求进行各种话题的讨论，群体成员也复杂多样，可以是草根用户，也可以是名人明星等；无向体现在微博用户群体成员互动可以以任何一个成员为中心，与其有连接关系的成员进行，此时互动的深度与广度受个人关注范围和被关注程度影响，受关注程度越大，与他人互动的程度越深，范围会更加广泛；多样性体现在微博群体成员之间的沟通方式多样化，可以采用线上与线下互动相结合，可以以图片、视频、音频等多种方式互动，根据用户的偏好与习惯，微博可以最大限度地满足用户互动沟通的需求。由此可知，微博中用户群体成员之间的互动是开放的、自由的、多样的，它能够确保互动的充分性，使用户个人更好地认知群体中其他信息与资源以及其他成员的行为与态度，为个人行为选择和群体行为形成奠定基础。

微博用户群体成员之间的互动是一个常规性过程，只要有群体，成员之间必然会相互联系、沟通，互动的结果是个人根据与他人的态度和所处情境的变化，会重新定义自己的行为与态度，会引起个人思想观念和行为态度的变化。这就是微博用户群体成员互动的过程和可能产生的结果。

6.3.2 微博用户群体成员互动的过程

群体互动是组织行为学、社会学和社会心理学研究的一个重要问题，有学者指出，在社会变迁过程中，社会互动是一个非常重要的因素。社会

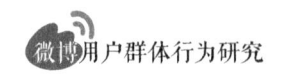

学家乔治·H.米德认为，心智发展、自我意识形成和制度形成是社会互动的主要过程，也是社会互动能够产生的主要条件。根据上文对微博用户群体成员互动的界定以及其内容与形式的分析可知，微博用户群体成员在互动过程中，会根据群体中的信息与资源以及其他人的行为和态度，不断完善和丰富个人的信息与资源，使个人认知更加成熟和全面，达到心智发展目的；在与他人互动中，会重新根据情况的变化和他人的态度形成自我意识，即个人行为与态度；在此基础上，群体成员会形成一些非正式的规范或规则，作为约束群体成员行为的制度和标准，规范群体秩序，使得群体更加有据可依。所以，根据社会群体互动的原理，本研究认为，微博用户群体成员的互动机理是在群体内部，成员之间通过暗示，模仿他人的行为，调适自己的行为，达到行为同化的结果，使自己的行为与群体保持一致，进而形成群体行为。

1.暗示与模仿

暗示与模仿是个人心智发展的过程。暗示是有意或无意给出某种刺激的过程，是间接诱导人们接受某种观念或行为方式的过程；模仿是有意或无意对某种刺激做出反应的过程。巴甫洛夫认为暗示是人类最简单、最典型的条件反射，它是人类心理和行为很正常的一个表现，可以是自我暗示，也可以是他人暗示，可以通过语言、文字、手势、图片等多种形式表现出来。

法国社会学者塔尔德认为，模仿是一个最基本的社会现象，社会中的任何一个成员都可能产生模仿行为，都可能模仿他人的行为，不管他是谁；而且这种模仿有一定的规律，社会地位低的人喜欢模仿社会地位高的人；模仿具有不可控性，一旦开始就会按几何级数快速增加而不受约束。模仿不仅限于举止方式的模仿，同时也包括思维方式、情感取向等方面，具有多样化和丰富性。

微博是一个开放性平台，群体成员在意思表达和思想交流方面没有限制，同时也不受约束，成员可以自由进行思想观念、行为态度的交互。在互动过程中，一些成员通过语言表达、文字表述或图片、视频等形式向他人传递信息与思想，这可能是无意识行为，其出发点是与他人分享思想与观点，但从社会心理学角度来看，它是一种潜在的暗示。对于接收到这些信息的成员来说，他们会有针对性地吸收一些自己需要的信息，或者与成员进行交流，直接或间接地接受他人的思想，遵循他人的行为或态度，这对于个人来说，是一种潜意识模仿他人的行为。比如，在微博群体中发表意见时，一些人会用"冒着怒火"的头像表示愤怒，这可以对其他人是一种暗示，其他成员在进行行为选择时也可能选择这种方式。

2. 调适

"个人明天的自我意志是否会觉得自己受到它昨天帮助制定的那些法律的约束，这就要看在这段时期里是否出现了新的情况，个人的利益是否已经改变"。随着客观环境的变化，约束人们行为的制度与规范会过时，人们的行为表现方式等也会过时，这就需要我们根据环境和社会需求的变化不断调适，而这种调适是一种自我意识和个人行为形成的过程。

在微博用户群体成员的互动过程中，人们也并非简单地接受他人的行为，在互动过程中，人们会接受新的思想观念和行为态度，人们会根据客观环境的变化和个人偏好需求，有针对性地汲取他人行为态度，接受环境变化，并对个人的行为态度和思想观念做出一定改变，这就是一个自我调适的过程。班杜拉认为，自我调适是个人的内在强化过程，是个体通过将自己对行为的计划和预期与行为的现实成果加以对比和评价，来调节自己行为的过程。对于微博中群体成员的自我调适而言，它是群体成员互动的结果，个人进行自我调适的目的是让个人行为能够更好地适应环境的变化，更好地达到群体目标，完成群体任务，这有利于自我意识和群体行为

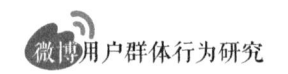

的形成。

3.同化

平衡状态不是绝对静止的，一个较低水平的平衡状态，通过机体和环境的相互作用，就过渡到一个较高水平的平衡状态。微博用户群体成员的互动是为了让个人与环境、个人与群体中其他成员能够更好地相互适应，以达到完成群体目标的目的。在互动过程中，与环境和群体其他成员的互动会使成员个人不断根据环境和其他人调适个人行为，可能会接纳他人的价值观念、生活习惯、行为态度和思维模式，形成与他人相同或类似的行为方式，这就是群体成员的同化。同化是群体中非正式的规范或约束形成的过程。

皮亚杰认为，一个刺激要引起某一特定反应，主体及其机体就必须有反映刺激的能力，同化是引起反应的根源。在微博用户群体中，群体成员会根据个人偏好与兴趣、热门话题或群体目标等进行交流与沟通，交换意见态度和行为方式等内容，由于微博中信息的多样化与复杂性，成员个人的辨别能力是有限的，不可能对所有信息进行全面的分析与判断，便会选择部分信息吸收、感知，并与他人进行交流，接纳他人的思想和行为方式，作为自己的行为表现方式，这样就使得微博用户群体中的成员不断失去个性化的行为方式，其行为表现具有较大的相似性，使得群体行为产生。这就是同化的过程。同化的过程有利于群体中非正式制度与规范的形成，对于群体成员的行为可能起到一定的约束作用，但是同化会造成个性的丧失，使群体的创新能力下降。

综上所述，微博用户群体同其他社会群体一样，会按照暗示和模仿、调适、同化的机理进行互动活动，其互动方式更为灵活、多样化，为群体成员的信息交流提供了一个较好的平台。群体成员互动是微博用户群体行为形成过程中一个非常重要的阶段，它直接影响个人行为的形成和群体规范与秩序的形成，对于群体行为有直接引导作用。

6.4　微博用户群体行为形成互动的演化模型

微博用户群体行为的形成互动是一个动态过程，它对于微博用户群体行为选择都有重要影响，互动的充分性和互动的主要内容直接影响成员个人和群体行为选择。所以本节在研究微博用户群体行为形成互动机理的基础上，对群体行为形成互动的过程进行建模仿真，从微观角度详细论证微博用户群体成员如何与他人进行交流互动和沟通联系，并得出结论，为下文行为选择研究奠定基础。

元胞自动机出现以后，借助计算机、数学的基本方法与手段，再加一些物理的知识，运用元胞自动机模拟细胞和分子的运动轨迹以及交通流、车辆流等已成为学术界一大重点。微博用户群体行为的形成互动与现实中群体行为的形成互动有一定的相似性，但也有其特殊性。本节根据元胞自动机的理论，结合微博用户成员与群体的特性，建立微博用户群体行为形成互动的演化模型，探讨群体行为形成互动的过程，与其他成员的沟通交流状况及其对群体行为形成影响，并分析群体成员行为的具体变化。

6.4.1　模型假设

根据组织行为学和管理学的基本理论可知，人的行为是复杂多样的，而网络环境的多元化与复杂性更是增加了微博用户群体成员行为的复杂性，其行为会随着周围环境、个人心态等各个方面的变化而不断变化，是处于实时变化的状态。基于这种背景，微博用户群体行为形成互动的演化模型提出以下假设：

假设1：微博用户群体成员行为是不断变化的，他们会根据外界环境和周围成员的变化，进行客观分析，适当调整自己的行为；假设外部环境，比如社会环境、政治环境、经济环境、微博环境等是不变的，但是成

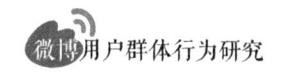

员个人所处的群体环境是变化的，即成员状态处于不断变化的过程中。这样可以较为详细地考察群体成员行为的变化对其他成员的影响以及微博用户群体行为的形成互动过程。

假设2：元胞的变化。每个元胞都是一个微博用户成员，元胞在每一时刻的状态即是成员个人的行为表现和状态，其运动轨迹即是成员个人的行为变化轨迹。假设元胞空间为30×30，选用$r=1$的Moore型邻居型的元胞自动机，即每个成员周围半径为1的好友会对成员个人的行为选择和状态产生直接影响，其他人对成员的影响都是通过周围成员间接影响，其受上、下、左、右、左上、右上、左下、右下8个方位的元胞状态的影响。

假设3：元胞的状态。每个元胞有两个状态，即$S=\{0, 1\}$，0表示群体成员在群体中是不活跃的，它在群体中不积极主动与他人互动或沟通联系，它的不主动对成员之间的沟通联系起到一定的阻碍作用，如果一个成员其周围都是不活跃成员，那么其与群体中其他成员的沟通强度也会有所影响；1表示群体成员在群体中是活跃的，它在群体中会积极主动与他人保持联系，对群体成员之间的互动沟通起促进作用，当一个人周围的人大部分是活跃用户时，也会增加成员的活跃度和群体的互动程度。当然，0和1除了可以表示成员不活跃状态和活跃状态，还可以表示成员的行为选择，0表示成员行为选择为反对，1表示成员选择为支持，两种状态的变化规则与其活跃性状态的变化规则有一定的相似性。

假设4：元胞的初始状态分布。在30×30的元胞空间里，初始状态，即$t=0$时，元胞状态0和1按照1∶1的比例随机分布，即各有450个活跃成员和不活跃成员，它们随机分布在元胞空间或群体中的任何一个位置。由于在模型分析与判断过程中，是采用随机分布方式进行的，状态为0和1的元胞的个数可能不会达到很精确的1∶1分布比例，所以，本研究认为其个数在450±10的范围都属于正常，本研究主要是通过增加仿真次数来减少仿真结果的误差，尽可能让状态为0和1的元胞的个数都接近450。

6.4.2 模型构建

1. 互动规则确立

在分析微博用户群体行为形成互动时，成员状态的变化主要受周围元胞状态的影响，并会随其变化而不断变化，所以，在 $t \geqslant 1$ 的时刻里，中心元胞的状态是否变化以及如何变化主要是由其周围元胞的状态决定的，它根据周围元胞状态的变化而不断变化，其具体变化规则如下：

$$S(t)=0 \text{时}, \quad s(t+1)=\begin{cases} 0 & s'<4 \\ 1 & s' \leqslant 4 \end{cases}$$

$$S(t)=1 \text{时}, \quad s(t+1)=\begin{cases} 0 & s'<4 \\ 1 & s' \geqslant 4 \end{cases}$$

上式中，s' 表示 t 时刻周围元胞状态为1的元胞的个数，上式的演化规则：在 t 时刻，当中心元胞状态为0时，周围元胞状态为1的元胞数量小于4个，即为0、1、2、3个时，中心元胞的状态在 $t+1$ 时刻仍为0；周围元胞状态为1的元胞数量大于等于4个，中心元胞的状态在 $t+1$ 时刻将变为1。同理，在 t 时刻，当中心元胞状态为1时，周围元胞状态为1的元胞数量小于4个，即为0、1、2、3个时，中心元胞的状态在 $t+1$ 时刻将变为0；周围元胞状态为1的元胞数量大于等于4个，中心元胞的状态在 $t+1$ 时刻仍为1。按照此规则不断循环反复，直到群体行为达到稳定状态停止模型运行，即有80%以上的元胞的状态趋于固定的状态。

由于该模型主要研究成员互动的影响，只考虑 s' 取值大小对中心元胞状态的影响，所以其影响较大，也比较容易达到一个稳定或固定的状态。本模型的中心元胞变化规则为从第一行第一列开始，从左至右、从上到下，在同一时刻按照上述规则依次变化，每个元胞状态的变化都会充分考虑周围元胞的状态，而且下一时刻的变化也会考虑到上一时刻元胞的状态。

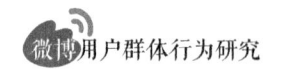

为了减少计算的复杂性，边界元胞的变化采用随机定值的方式进行处理，即按照概率$P=0.5$取0或1，然后进行运算，且在$t=0$时刻确定边界外一层元胞的状态后即保持不变，它不会随时间的变化而不断变化。在研究微博用户群体行为形成过程中，边界外元胞的状态在一定程度上相当于客观环境的变化或微博其他用户的影响，将其作为固定因素，也是将外界因素固定或忽略外界因素影响的方法，有利于模型的进一步计算与研究。

2.调节参数设置

除了考虑具体的演化规则和边界元胞的问题，关于演化规则中s'具体以哪个数字为界，也不是随意的，本研究选取4为界也有一定的原因。从上文的分析可知，s'表示的是中心元胞周围8个元胞中状态为1的元胞的个数，以4为界表示状态为1的周围元胞个数大于或等于4个时，状态为0的元胞会发生变化，当有小于4个元胞的状态为1时，状态为0的元胞会为1。这其实反映的是中心元胞的个性，也就是微博用户群体中成员的特性，所以根据成员特性，我们可以将中心元胞分为易变型、坚持型和固执型，它们分别以3、4、5为界。

易变型（M_1）元胞以3为界，即只要周围元胞有3个状态为1的元胞时，状态为0的元胞会变为1，有小于3个状态为1的元胞时，状态为1的元胞会变为0；坚持型（M_2）元胞以4为界，即只要周围元胞有4个状态为1的元胞时，状态为0的元胞会变为1，有小于4个状态为1的元胞时，状态为1的元胞会变为0；固执型（M_3）元胞以5为界，即只要周围元胞有5个状态为1的元胞时，状态为0的元胞会变为1，有小于5个状态为1的元胞时，状态为1的元胞会变为0。

固执型元胞与坚持型元胞相比，其变化难度较大，从一个状态变到另外一个状态，要求的条件相对较为严格，在微博用户群体中，要想改变其行为与态度必须花费较大的精力，需要有足够的理由与条件，才能促使其行为转化。本研究主要考虑以4为界的元胞变化规则，因为此时的元胞状态相对中立，基本符合微博用户群体成员的特性；同时也会研究另外两个变化规则，进行对比分析，探讨微博用户群体成员个性对微博用户群体行为形成与互动的影响。

6.4.3 模型分析

根据上节设定的微博用户群体行为形成的元胞自动机演化规则，本节利用Matlab，按照互动演化规则进行仿真分析；在研究过程中，将t作为时间变量，状态为1和0的元胞数量作为因变量，它们会随着时间的变化而不断变化，主要研究随着时间的变化，元胞空间内的元胞状态是如何进行演化最终形成群体，以及微博用户群体行为在形成过程中会出现哪些特性。

1. S' 以4为界

以4为界的微博用户群体成员是坚持型，成员在行为与态度选择过程中，一方面会有自己的独立思考；另一方面会参考他人行为与态度，进而调整自己的行为。

按照预先设定的1:1比例随机分布，允许误差存在，根据上节设定的规则，以4为界时，微博用户群体行为形成过程如下所示。以元胞自动机理论为基础，在30×30的元胞空间里，分别取t=0、1、2、3、4、30、50，共7个时刻的状态分布图，见图6-5。

图6-5中，当t=0时，整个微博用户群体成员的初始状态是随机的，有聚集成群的，也有许多孤立者；当时间t不断变化时，群体中成员状态也处于不断变化之中；当t=1时，群体成员状态相较于前一时刻变化较为明显，状态为1的成员数量不断增加，且分布较为分散，所有成员状态都发生了较大变化，群体成员分化的趋势越来越明显；当t=2、t=3时，微博用户群体成员的分化趋势越来越明显，成员行为基本趋向于一个方向集

微博用户群体行为研究

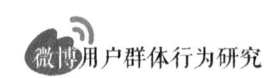

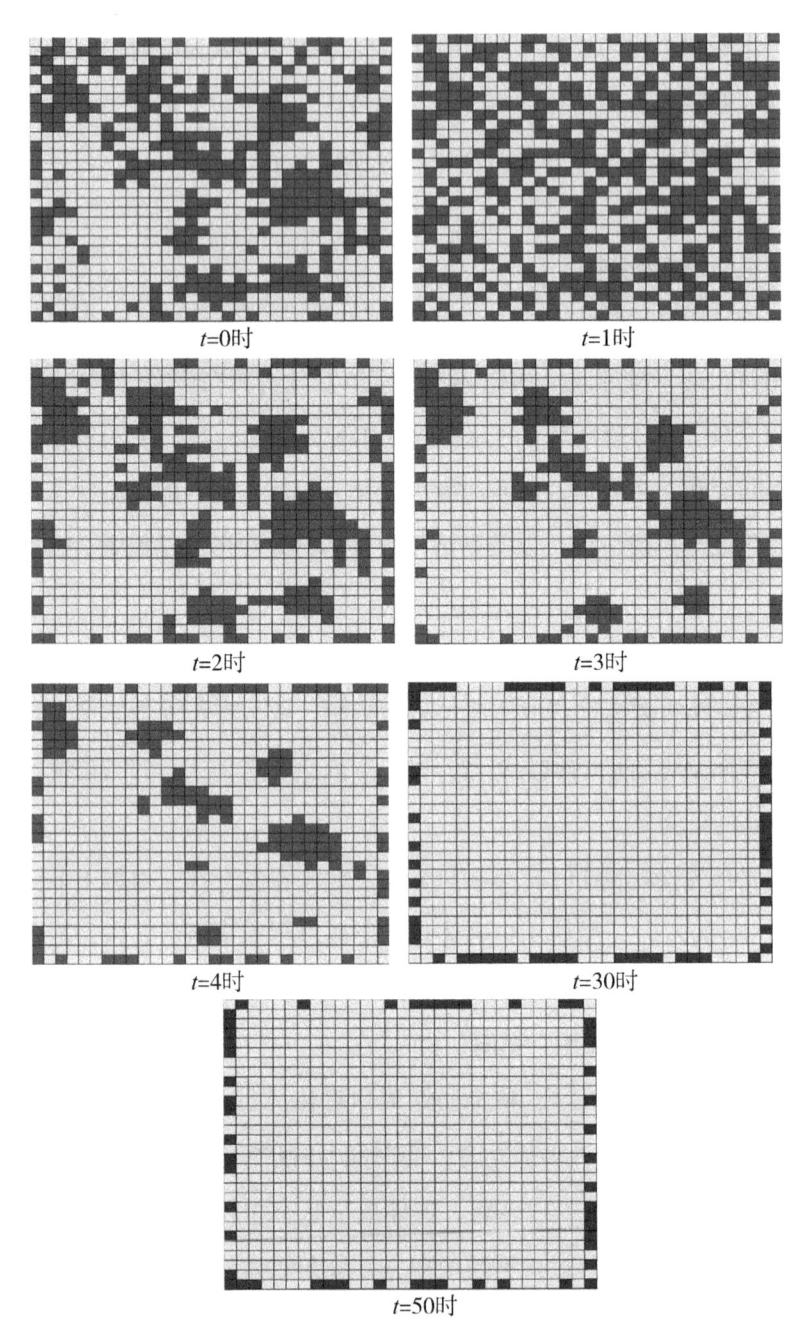

t=0时　　　　　　　　　　t=1时

t=2时　　　　　　　　　　t=3时

t=4时　　　　　　　　　　t=30时

t=50时

图6-5　微博用户群体成员行为形成互动过程图（S'以4为界）

（注：其中浅色方格表示状态为1的成员，深色方格表示状态为0的成员）

中，形成了较为明显的群体行为；当 $t=4$ 时，群体行为初步形成，趋向于稳定。当 t 达到足够大的程度时，群体成员的行为变化较小，群体行为趋向于稳定，不会有太大的变化，所以当 $t=30$ 和 $t=50$ 时，微博用户群体成员的整个分布基本没有差别，群体中以活跃成员为主，不活跃成员所占的比例非常少，即微博用户群体行为的取向达到的分化，这从不同状态微博用户群体成员所占比例图看得更加明显，见图6-6。

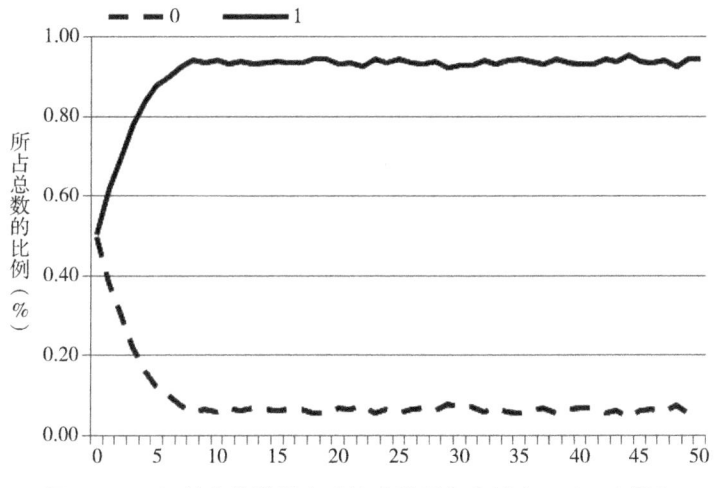

图 6-6 不同状态微博用户群体成员所占比例（S' 以 4 为界）

图6-6是微博用户群体成员整个过程具体状态的变化，图6-7是微博用户群体成员在 $t=0\sim15$ 范围里的具体变化过程。由图6-6和图6-7可以看出，微博用户群体成员的状态在 $t=0\sim5$ 时刻的变化较大，成员状态会急剧向分化状态发展，呈"两极分化"发展趋势；在 $t=5\sim10$ 时，虽说成员状态仍显现出分化的趋势，但是成员状态变化的幅度较小，微博用户群体行为的雏形形成；在 $t>10$ 时，群体成员状态分布基本稳定，群体行为基本形成。从整体上来看，微博用户群体行为在形成过程中，在初始时刻成员状态会有较大的变动与起伏，成员行为与选择发生变化的可能性较大；随着

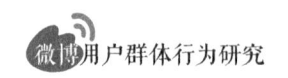

时间的推移，成员状态与行为选择会趋向于稳定，不会有太大的变化，会形成较为稳定的群体行为。

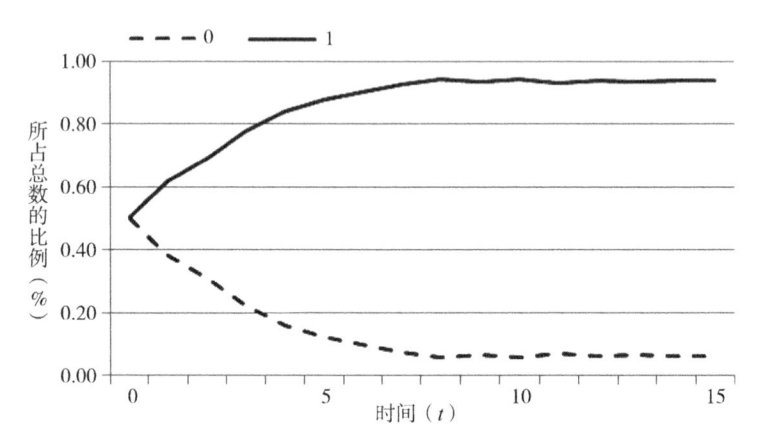

图 6-7　不同状态微博用户群体成员所占比例（S' 以 4 为界）（t=0~15）

2. S' 以 3 为界

当 S' 以 3 为界时，表示微博用户群体成员的特性是易变的，他们在群体互动过程中，往往缺少必要的个人独立思考，比较倾向于依照他人的行为与态度做出抉择，即所谓的"随大溜"，所以其行为的易变性较大，行为变化快且大。其具体的演化规则如下：

$S(t) = 0$ 时，$s(t+1) = \begin{cases} 0 & s' < 3 \\ 1 & s' \geqslant 3 \end{cases}$

$S(t) = 1$ 时，$s(t+1) = \begin{cases} 0 & s' < 3 \\ 1 & s' \geqslant 3 \end{cases}$

假设 S' 以 3 为界，参照元胞自动机的基本理论，根据以上的演化规则，其按照时间进行演化的具体过程见图 6-8。

由图 6-8 可知，在这次的演化过程中，s' 以 3 为界，认为微博群体中的成员状态变化较快，会比较容易根据他人的行为来决定自己的行为与态度，所以，以 t=0 时的微博用户群体成员状态的随机分布为基础，当按照

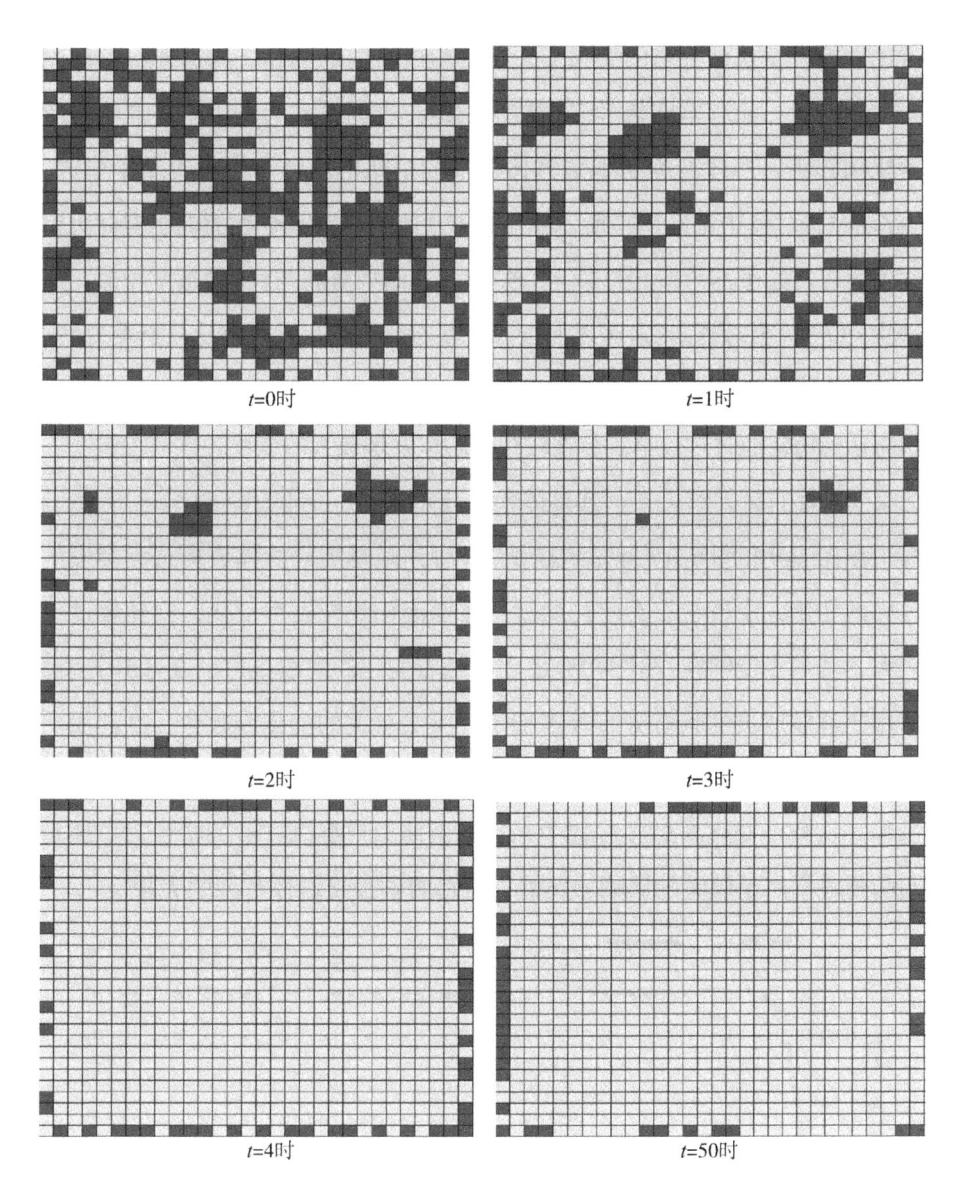

图 6-8 微博用户群体成员行为形成过程图（s' 以 3 为界）

（注：其中浅色方格表示状态为 1 的成员，深色方格表示状态为 0 的成员）

一定的规则进行演化时，$t=1$ 时，微博用户群体成员行为变化的结果非常明显，群体成员的行为已经开始有较大的倾向性，群体中活跃状态成员所

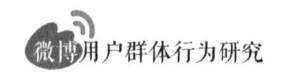

占比重较大，这种分布的结果会影响其他成员的态度和行为选择，使得当 $t=2$ 和 $t=3$ 时，元胞空间绝大多数被活跃用户占据，不活跃用户在群体中所占比例较小，群体行为初现，群体成员的空间格局分布状态也基本形成；当 $t=4$ 时，群体中活跃用户所占比重超过 90%，只有极少数的处于群体边界位置的成员处于不活跃状态；当 $t=50$ 时，其结果分布与 $t=4$ 时基本相似。通过将 s' 以 3 为界时与 s' 以 4 为界时的成员状态变化过程进行对比分析发现，s' 以 3 为界时成员状态变化速度比 s' 以 4 为界的成员的状态变化速度快，成员状态达到稳定的时刻较早，会在较短时间里发生较大的变化，这与成员个人的易变特性有较大的关系。其具体状态分布见图 6-9 和图 6-10。

由图 6-9 和图 6-10 可知，在 $t=0\sim3$ 时，微博用户群体成员行为会发生较大的变化，成员状态会由初始状态按照演化规则发生变化，变化幅度快且大，基本上能够在 $t=3$ 时初显稳定；随着变化的继续推进，在 $t=5$ 时，微博用户群体成员的状态分布基本稳定，不会有大的变化或起伏，微博用户群体行为基本形成。这就是 s' 以 3 为界时微博用户群体行为的形成与演化过程。从整个变化与形成过程中来看，微博用户群体成员的特性对群体行为的形成会产生较大的影响，可能会直接影响最终群体行为的表现。

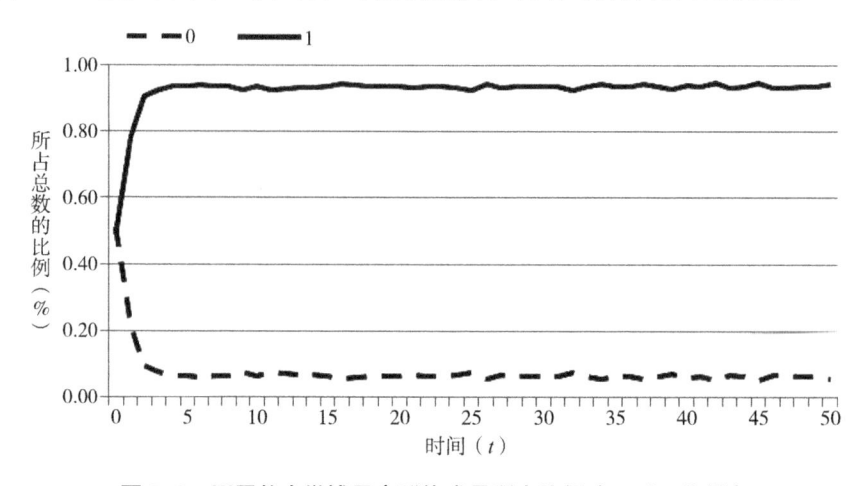

图 6-9 不同状态微博用户群体成员所占比例（s' 以 3 为界）

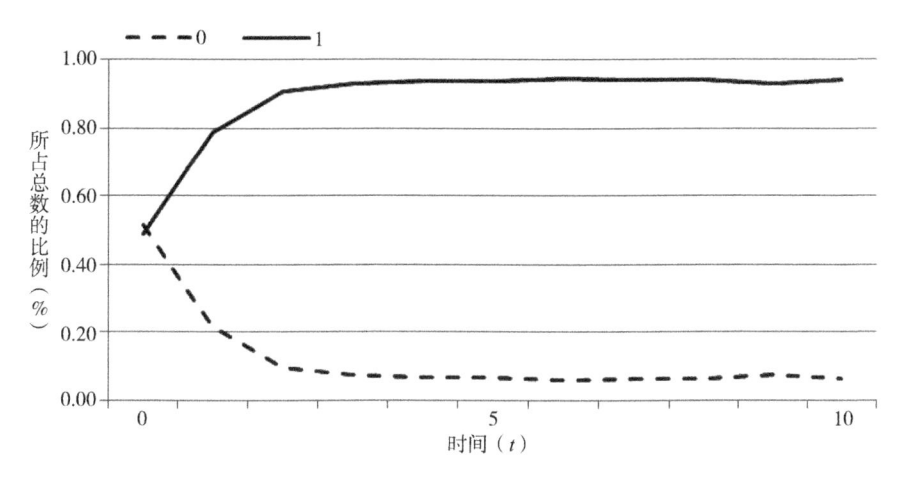

图 6-10　不同状态微博用户群体成员所占比例（s' 以 3 为界）（t=0~10）

3. S' 以 5 为界

S' 以 3 为界考虑的是成员处于比较易变的情形，容易受周围元胞影响，即个体较容易受群体中其他成员意见或行为影响；S' 以 5 为界考虑的是与其恰恰相反的一面的情形，此时微博用户群体成员比较固执和执着，他们比较相信自己所持的观点，比较不容易受他人态度与行为的影响，在群体中表现不活跃，整个群体的氛围也比较不积极，这种"低气压"的态度会直接导致周围活跃用户积极性的降低，影响其行为表现。S' 以 5 为界的群体成员行为具体演化规则如下所示。

$$S(t)=0时，s(t+1)=\begin{cases}0 & s'<5\\1 & s'\geqslant 5\end{cases}$$

$$S(t)=1时，s(t+1)=\begin{cases}0 & s'<5\\1 & s'\geqslant 5\end{cases}$$

在这种规则作用下，微博用户群体成员行为随时间的具体变化见图 6-11。

图 6-11 中，对 t=0、1、2、3、4、30 和 50 时，微博用户群体中群体成员的状态分布进行了详细的描述，t=0 时的成员状态是根据演化规则随机

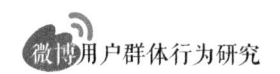

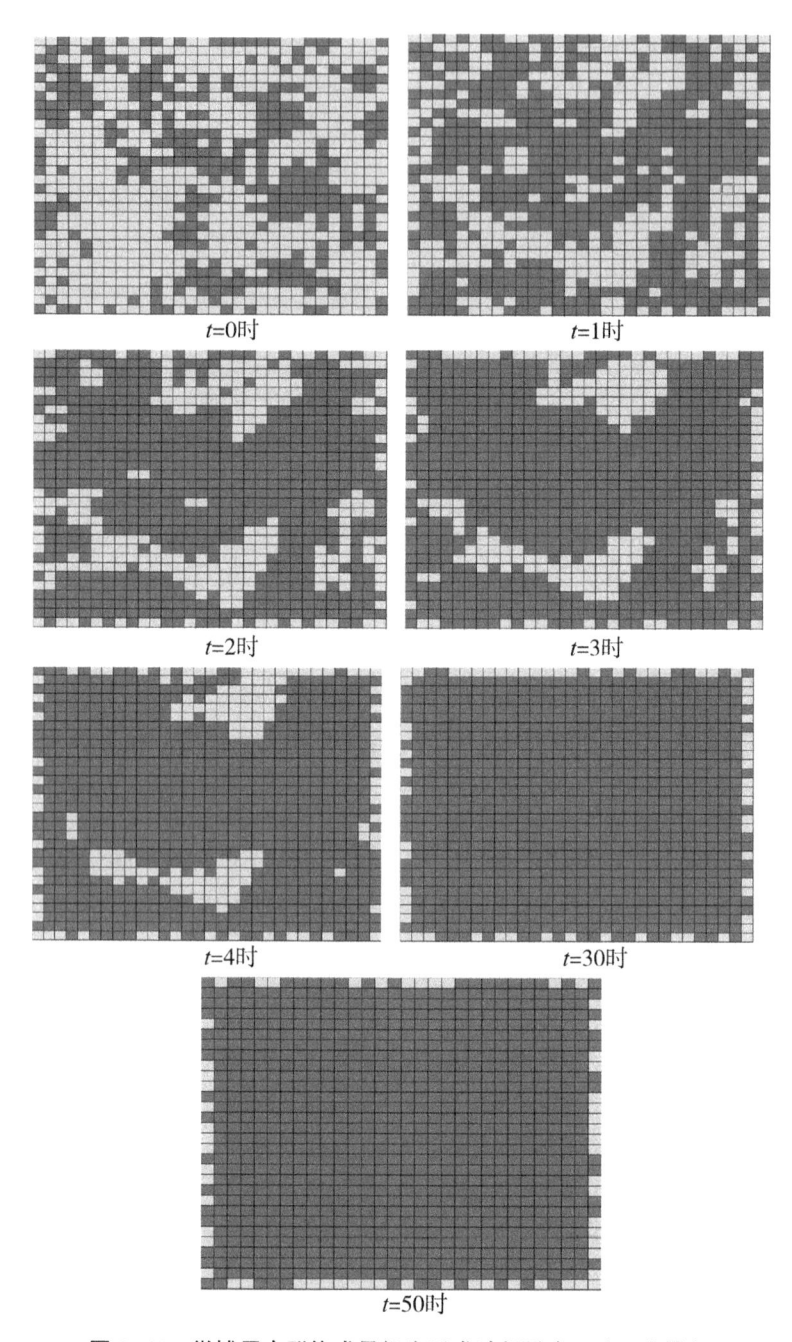

图 6-11 微博用户群体成员行为形成过程图（S' 以 5 为界）

（注：其中浅色方格表示状态为 1 的成员，深色方格表示状态为 0 的成员）

分布的，在 $t=1$ 时，群体成员的状态分布发生了较大变化，不活跃成员所占比例较大，不同状态成员在元胞空间的分布也极不均匀；在 $t=2$，相同状态成员进一步集结，在一定范围里"抱团"形成大群体，并在群体中占据一定主导地位；当 $t=3$ 和 $t=4$ 时，不活跃成员已在群体中占据绝对的主导地位，群体成员的态度与行为分化更为明显，群体行为初步形成；随着时间的推移，不同状态群体成员在数量上的变化较小；当 $t>4$ 时，群体成员状态分布的大格局基本形成，在微观上个别成员的状态会进一步调整，但是不会有太大的变化，群体行为形成。所以，从整体上来看，它的形成规律与 S' 以 3 为界和 S' 以 4 为界的基本规则是相似的，形成过程也有一定的相似性，本质上的不同是结果的不同。其具体的发展变化趋势见图 6-12 和图 6-13。

由图 6-12 和图 6-13 中可以看出，在 $t=0\sim5$ 时，微博用户群体成员状态会发生较大的变化，这一时间段的变化在一定程度上会直接决定微博用户群体行为的最终结果和群体行为的呈现形态。在这一时间段，群体成员的状态和行为变化较大，且变化速度快，在较短时间里就可以使群体趋于稳定状态；在 $t=5\sim10$ 时，成员状态仍会有一些变化，但这一时段的变化相

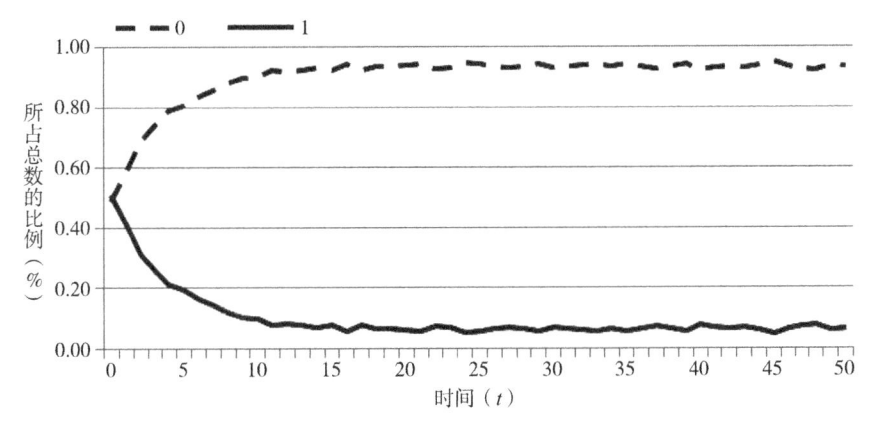

图 6-12 不同状态微博用户群体成员所占比例（S' 以 5 为界）

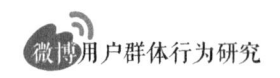

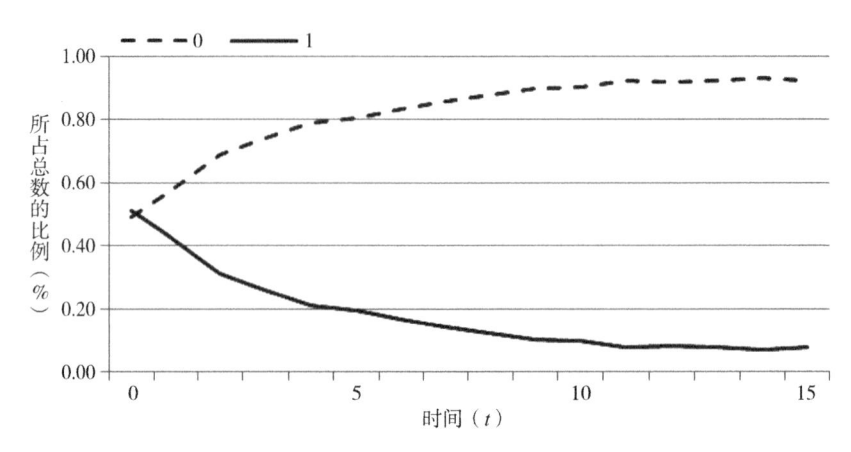

图6-13 不同状态微博用户群体成员所占比例（S'以5为界）（t=0~15）

较于前一段而言，变化幅度较小，属于群体行为形成的过渡期，其变化起伏较小；当t>10时，群体成员的状态基本达到稳定，不会有大的变化和起伏，其行为对外会表现出一致性，即微博用户的群体行为。

将模型分析与案例分析相结合发现，微博用户出现这种行为与微博用户群体成员的心理状态和面对的事件性质可能有较大关系。在微博中，一个事关社会民生的事件与一个娱乐事件的影响度来比较，社会民生事件的影响程度会更大，也更有可能得到微博用户的关注，比如，广东茂名PX事件，由于事关社会公众的基本生存与生活，事件一发生，在微博中引起大量人群聚集，网民反响强烈，要求政府解决问题的呼声很大，这就是由于事件性质的公共性和重要性，使得微博群体中，群体成员的情绪会更容易被激发或刺激，其行为可能会更容易受影响，群体也会更加活跃，产生一致性的群体行为的可能性也越大，但如果成员情绪过于偏激，可能会导致不理性行为的产生；反之，一般性娱乐事件，比如某明星出轨等，虽然也能引起了大量社会公众在微博中的聚集与讨论，但群体成员的心理更大成分是围观，将其当作"热闹"看，从言语的理性程度、受影响的程度以及参与积极性等方面，反应不会过于激烈。这就是微博用户群体行为形成与互动过程中，事件或事情性质对微博用户群体行为的影响。

与此同时，从群体成员的心理角度来看，将群体成员分为易变型（M_1）、坚持型（M_2）和固执型（M_3）三类，这三种类型的成员，其行为受外界因素的影响程度关系为 $M_1 > M_2 > M_3$，易变型成员的行为容易引导和改变，其次是坚持型成员，固执型成员受他人影响的程度最小。通过对模型分析发现，如果群体中固执型成员占大多数，那么微博用户群体表现相对较古板，行为方式不易改变，微博用户群体行为达成一致需要的时间较长；反之其行为方式较易改变，群体行为形成较容易，成员行为达成一致需要的时间较短。

综上所述，无论是基于特定兴趣与需求形成的固定的微博用户群体，还是基于一些特定的话题和事件形成的暂时性的微博用户群体，通过成员之间的相互作用以及群体成员与外界成员和环境的相互作用，最终都会形成群体行为。随着时间的推移，群体成员的个人行为是处于不断变化和发展的，他们的态度和行为表现会从分散走向统一、从多元化走向单一化、从随意性走向固定性，这样就形成了微博用户群体行为。

6.4.4 结论

本节主要是以元胞自动机的理论为基础，在充分考虑微博用户成员特性和群体特性基础上，建立微博用户群体行为形成互动的演化模型，通过设立互动演化规则，对微博用户群体行为进行详细的描述和分析，得出了关于微博用户群体行为形成互动的结论，主要表现在以下几个方面：

第一，微博用户群体成员的行为具有一定的偏向性，最终会形成极化现象。群体极化在一定程度上体现了群体行为分布的不均匀和成员的从众性。根据上文模型的具体仿真过程可以看出，在初始时刻的随机分布会随着时间的不断推进而表现出明显的分布不均匀性和态度的"一边倒"倾向，成员态度改变和行为选择不是独立的，它会根据周围成员的状态

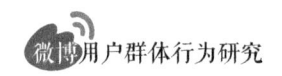

和行为而不断改变自己的态度和行为，以求达到与他人和群体保持一致、获得群体认同的目的，所以在微博用户群体行为形成过程中，成员会表现出一定的从众特性，使得成员行为具体一定的偏向性，易产生群体极化现象。

第二，微博用户群体行为有稳定发展的趋势。根据"熵"的理论，任何一个开放系统，通过系统内部与外部相互作用会使整个系统达到一种平衡和稳定状态。这个理论对开放的微博用户群体行为系统来说也同样适用。从以上的分析可以看出，在 $t=0$ 时刻，微博用户群体中成员状态是随机分布的，按照一定的演化规则进行变化，当成员个人行为的变化达到一定程度时，微博用户群体成员的行为会达到一种稳定状态，不会再有较大的起伏或变化，形成群体行为。在实际微博用户群体中，群体行为的稳定状态是由两个方面原因驱动的：一是话题或事件热度的下降，使得群体成员的关注度下降，其行为与态度不会发生较大的变化，会使得群体行为趋于稳定；二是如本研究中模型计算结果，群体成员的状态与行为受其他人影响，在达到一定程度后，群体成员的行为会与他人行为保持一致，不再变化，进而形成群体行为，达到稳定发展的趋势。

第三，微博用户群体成员越保守，群体行为形成或群体达成一致的可能性越小，且速度较慢。通过前文对 S' 以 3，4，5 为界的分析，以及微博用户群体行为的形成过程进行模拟发现，个人行为越是活跃，越容易受他人影响，那么群体成员也会表现得活跃，会充分与群体中其他成员进行互动和意见交流，能够进行深入的信息分享，微博用户群体行为能够较快地处于稳定状态并达成一致；反之，个人行为越是保守或不积极，群体行为也会更相当保守和消极，达到稳定状态所需时间会较长，群体行为形成过程也较少。

第四，微博用户群体行为形成过程中会产生一定数量的子群，子群随着群体行为的形成不断变化。从上文微博用户群体行为形成过程的具体图示中可以看出，微博用户群体并不是由单一或分散的个体组成的，更为重要的是，在微博用户群体中会分布着许多子群，子群、子群中的个体以及其他个体共同构成群体；随着时间的推移，微博用户群体中会形成许多小群体，这些小群体的规模不同、成员之间的关系及其与外界的沟通等都有较大区别。这些小群体的形成一方面是基于现实中的人际关系，因为微博用户群体在形成过程中可能会基于现实社会中的朋友或熟人关系，他们在现实生活中接触或联系较多，微博用户群体可能会延续现实社会中的关系，在一定范围里形成小群体，进一步深化关系；另一方面是基于共同目的形成的，这一类小群体由于目标或爱好相同，成员之间的交流较多，会形成小群体，构成群体的一部分。一般来说，小群体的成员在态度和行为表现上会呈现较高的一致性和相似性，子群成员的行为不是一成不变的，它们会随着时间的推移，通过与其他子群或个体互动不断改变行为，而且子群中某些成员行为的变化可能会导致整个子群行为的全部变化，使得群体行为的形成也具有复杂性和多样性。

6.5 本章小结

本章主要研究的是微博用户群体和群体行为的形成与互动，从群体成员感知外界环境、沟通与互动和行为选择的角度，详细论证了微博用户群体行为的形成过程；在此基础上，利用无标度网络的基本特性，建立演化模型，利用 Matlab 仿真了微博用户群体的形成过程，发现微博用户群体行为在形成与互动过程中，受初始群体成员、"元老级"成员和"明星"成员的影响较大，新进入成员会首先关注他们，并与其建立连接关系；同时在微博用户群体中还存在一些子群，子群成员内部可能会有较频繁的沟通互动，但是不同的子群其规模和影响范围也是有区别的，比如以初始节点

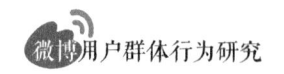

为中心形成的子群，其规模和影响力等相较于新进入成员形成的子群较大，这就使得微博用户群体分布极不均匀，成员地位与权威等都有较大区别。

另外，本研究发现微博用户群体行为的形成与成员之间的互动和沟通有着密切关系，每个成员的周围成员或邻居对其行为表现等都会有较大的影响；微博用户群体成员的状态具有不稳定性，他们会随着时间的推移不断变化，最后会达到一个稳定状态，群体成员可能会倾向于一种或几种固定的行为选择，成员行为选择的不确定性与无序性处于不断降低的趋势，也可能会形成群体极化。同时，群体成员的个性与性质以及群体中子群中心成员的行为表现会对周围成员的行为产生影响，可能会在形成子群行为的基础上，以子群的规模和影响力影响其他成员的行为，进行促使群体行为的形成。

第 7 章

微博用户群体行为选择的复杂网络模型

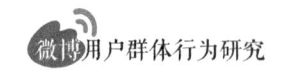

研究微博用户群体行为最重要的是研究群体行为选择，无论是群体中的个人行为还是群体中成员之间的互动，归根结底，他们在群体中的行为表现方式是群体行为。群体行为不是个人行为简单的相加或组合，它与群体成员的个人行为选择和群体成员的互动都有密切关系，它是通过群体中的个体行为表现出来的。微博的实时性能够对事件进行"直播"，使更广范围里的人了解微博事件的发展状况，对现实社会中群体性事件的发展有"帮助"，起到"助燃"的作用，能够放大群体性事件的内容，扩大群体性事件的影响；而群体性事件中，起决定性作用的是群体行为，群体行为在一定程度上决定了群体性事件的发展趋势。

根据群体动力学，群体行为选择与外部环境和成员个人的心理等都有较大关系，它是一个复杂的过程，各个因素的较小变化都可能引起群体行为的较大变化。上文详细分析了微博用户群体成员互动的详细过程以及群体成员互动的机理，并对互动过程中的关键要素和关键环节进行了详细分析。本节根据元胞自动机的理论，建立微博用户群体行为选择的模型，探析微博用户个体行为如何在环境要素和个人要素这个"变换箱"的作用下形成微博用户群体行为。

7.1 微博用户群体行为选择过程

网络时代的社会环境复杂多变，以微博为代表的网络信息交互平台在为人们提供较多信息资源的同时，也面临着较大的环境考验。从微博用户群体的生长环境来看，它不仅受到客观的社会环境和微博环境的影响，同时也受群体内部各种因素的影响，两者的共同作用才能形成群体行为。

王志明（2006）认为，群体成员在群体环境下，其行为的产生是由动机决定的，但是群体所处的环境和其与群体成员之间的互动会影响其行为，进而可能会影响群体行为；他将博弈论与元胞自动机相结合，分析成员个人与他人的互动会影响个人对群体的适应度以及工作的努力程度。黎艳玲（2010）认为，企业发展战略的选择受企业所面临的内部环境和外部环境影响，企业中个体行为会受到企业精神因素、个人所承受外界物质因素以及周围个人的影响，并结合元胞自动机的相关理论进行建立模型，仿真研究发现，群体中行为处于极端的人更容易受到外在因素的影响，而处于中立状态的人对外界因素反应较慢，其行为变化不大，或者说比较慢；同时这些因素对于个人对组织的忠诚度和工作的积极性都有较大的影响，不同类型的成员对于其反应也是不同的。

所以，本研究认为，所谓群体行为选择是指微博用户成员组成的有机群体在环境、个人心理及与周围成员互动中形成的行为取向，是群体行为方式的一种体现。根据对一般的群体行为进行分析可知，群体成员的行为方式一般可分为三种：积极参与群体行为，保持中立，消极排斥群体行为。有的微博用户群体行为选择取向也可以用理性、中性和非理性等表示。

结合前文分析可知，微博用户群体行为选择的过程面临着较为复杂的客观环境，包括社会环境和微博环境。社会环境是诱发微博用户群体目标和群体行为的主要原因，正是由于现代社会中各种问题的层出不穷，利益诉求无法表达，才会促使人们将注意力转移到微博中，利用网络平台进行聚集，形成群体，促使一些事件或问题的解决。微博环境是指微博的整体环境对用户群体行为的影响，微博的自由性、开放性、低门槛使得人们很容易进入该平台发布信息、发表意见，再加上真实信息与虚假信息、谣言和垃圾信息等相互交织，这为群体成员的信息收集、分析和过滤设置了较多障碍，成员个人无法获取全面、有价值的信息，使得个人行为选择容易产生偏差。同时，在微博用户群体内部，群体成员之间的互动和成员思想

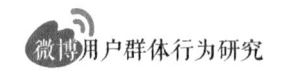

观念等交流，也会对个人行为选择产生一定影响，使得微博用户群体中的个人行为逐渐失去个性，更加会以相似性和集中化的趋势发展，形成群体行为。具体见图7-1。

图 7-1　微博用户群体行为选择过程图

由图7-1可以看出，微博用户群体行为选择的过程受客观环境、用户个人心理变化和成员之间互动沟通三个因素影响，它们在个人行为形成和个人与其他成员进行互动的过程中增加外力，使得群体成员更加清晰地认识客观环境和信息、其他成员的行为时，也会参照外在条件的变化和群体行为的发展需求，对个人行为进行改变，促使个人行为不断发生变化。

微博环境不仅复杂多样，而且是开放的，群体中的每个成员与他人交流互动或者个人行为形成的过程中，都会受到各个方面因素的影响，所以在研究微博用户群体行为选择的过程中，必须充分考虑各种主观因素和客观因素的变化，确保对其行为选择过程有全面的了解。

7.2　微博用户群体行为选择模型确立

根据管理学和组织行为学的基本理论，结合微博的特性以及微博用户群体行为形成互动机理与过程，本节主要利用复杂网络的元胞自动机理论，对微博用户群体行为选择进行仿真模拟，通过具体图表方式认识外在环境、用户个人心理和周围成员等因素是如何影响微博用户群体成员进行行为选择的，以及群体成员的行为选择结果分布等问题，为研究微博用户群体行为规范的确立奠定基础。

7.2.1　模型假设

微博用户群体行为是处于不断变化发展中的，其根本原因是不断变化的外界环境与用户个人心理的变化，所以，研究微博用户群体行为选择最大的难度在于各种变量对其行为的影响程度以及影响方式的确认，而且微博用户群体环境是很复杂的，为了方便研究，下面我们针对微博用户群体行为选择的相关问题做如下假设：

假设1：微博用户群体成员在进行行为选择过程中会充分考虑周围各种因素。微博用户群体中的每个成员都是理性的，他们在互动过程中，以及做出个人行为决策时，都会尽可能获取全面、准确的信息进行分析与判断，确保行为的客观性；同时在群体中，每个成员都会与周围成员进行互动，而且互动是充分有效的，互动都可能会对成员的行为表现和思想观念产生影响。

假设2：微博用户群体规模是固定的。微博用户群体成员处于不断变化之中，其群体规模也处于变化中，新进入群体成员的行为思想对群体中其他成员的行为也会有影响。所以微博用户群体行为的互动和选择与群体规模的关系毋庸置疑，本研究只考虑固定微博用户群体行为选择问题，将群体规模等变量加入环境因素考虑，以减少不确定因素影响，简化模型。

假设3：微博用户群体成员行为选择有三种：支持、中立和反对。微博用户群体多种多样，且存在较大差别，有的只是一个简单的兴趣群，比如关于微博中的书法群，将一些书法爱好者集中起来，；有的则是关乎国计民生事件的话题群，比如，微博中关于MH370飞机失事而聚集成的群体，在这个群体中，有飞行员、航天专家、政府工作人员、遇难者家属、

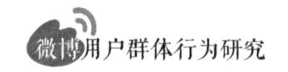

媒体记者和一般社会公众等。在微博用户群体中，由于群体成员在年龄、成熟度、知识水平、参与程度、积极性及利益相关性等各个方面都存在较大区别，其行为表现方式不尽相同。所以本模型中假设微博用户群体成员有三种行为选择方式，一方面是为了尽量考虑各种因素，确保群体行为选择的全面性与合理性；另一方面是为了简化规则，简化分析过程。

假设4：微博用户成员的初始状态。根据元胞自动机理论，假设微博用户群体成员在30×30的元胞空间里互动，即这个群体一共有900名成员，成员的初状态有三种，即 $S=\{-1, 0, 1\}$，其中，-1表示成员个人在群体中状态不活跃，基本不与他人互动，从行为选择角度看，表示持反对意见；0表示成员个人在群体中表现一般，不主动，但是有与他人的互动，从行为选择的角度看，表示持中立意见；1表示成员个人在群体中表现主动、活跃，与他人互动较多，从行为选择角度看，表示持支持意见。

假设5：初始状态，微博用户群体成员状态是均匀分布的。在静态的微博用户群体中，成员的状态等是不变的，且是均匀分布的，只有在群体成员进行互动之后，群体成员状态才会发生变化，用户才会面临行为选择的问题。确定初始状态的均匀分布是为了确保研究的客观性和有效性，更好地体现群体成员行为选择的变化过程。

元胞的初始状态，即 $t=0$ 时，元胞状态 -1、0 和 1 按照 1:1:1 的比例随机分布，即这三种状态各分别有300个成员，它们随机分布在元胞空间或群体中的任何一个位置。由于随机分布可能存在误差，所以我们认为初始成员的分布误差位于[-10, 10]之间都是合理的，也就是说，在初始时刻，三种状态成员的数量位于[290, 310]之间都是合理的；本研究在分析过程中，主要是通过增加仿真次数，多次运行程序，以达到三种状态的分布均符合要求，并取其值作为初始值，然后进行下一步研究。

7.2.2 模型构建

根据上节分析可知，微博用户群体成员在进行行为选择过程中，当 $t \geq 1$ 时，元胞状态的变化与外部环境、元胞自身情况和周围元胞的状态是密切相关的，它会根据周围元胞状态的变化而不断变化，也会随外界环境与自身状态的变化而变化。所以，在分析元胞变化规则前必须对元胞受各方面因素的影响程度进行界定，因为元胞只有在接收到一定的影响后才可能会发生对应的变化。微博用户群体成员行为选择受影响程度的具体变化规则：

$$B(t+1) = P(t) + E(t) + R(t)$$

其中，$B(t+1)$ 表示中心元胞受影响的程度，它的取值与 $P(t)$、$E(t)$、$R(t)$ 有直接的关系，其取值从大范围上来看，基本介于 $-1\sim3$ 之间，但是一般来说，它的取值基本位于 $[-1, 1]$ 之间，它会直接影响元胞在下一个时刻的状态。

$P(t)$ 表示元胞自身的原因，即个人因素。在行为选择过程中，影响元胞自身的原因是多样化的，而且比较复杂，不同的人由于个性与兴趣等不同，各个因素的影响程度也是不同的，通过前文对影响微博用户群体行为的因素进行分析，认为个人心理完善程度和个人参与程度是影响微博用户群体行为选择的主要原因。其中个人心理完善程度（用 D 表示）主要体现在微博用户群体成员的知识水平、沟通能力、教育程度、影响力、个人对于信息的理性认知程度等，它直接影响个人参与群体行为互动的程度，个人的心理完善程度越高，在参与微博用户群体行为选择过程中，会更加相信自己判断的正确性，会更有主见，行为选择会更理性，也会更愿意参加到群体互动和群体行为选择过程中；反之，当个人的心理完善程度一般时，在群体中会表现不积极、不主动，行为选择倾向于跟随他人的行为或思想，理性程度差，不愿意参与群体互动和群体行为选择。个人参与程度

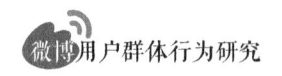

（用 I 表示）表示个人愿意与他人进行交流、表达个人想法与意见的程度，它直接影响个人参与群体互动的程度，个人参与程度越高，群体氛围越是积极，越能够达到微博用户群体行为选择的目的，也能够更好地体现群体成员的意志。这里假设 $P(t) = D \times I$，D 和 I 的取值都介于 0~1 之间，即 $D, I \in [0, 1]$。可以看出，D 与 I 的变化规则是相似的，其对群体行为选择的影响也是相同的，所以本研究在讨论的过程中，假设个人的心理完善程度 D 是一定的，取中间值 0.5，主要研究 I 的变化对于微博用户群体行为选择的影响。

$E(t)$ 表示环境因素。在研究影响微博用户群体行为的因素时已经提出，环境因素是影响微博用户群体行为的重要原因，而且贯穿整个群体行为形成与发展的全过程。微博用户群体行为选择面临的环境比较复杂，有社会环境、政治环境、经济环境等，同时也包括一些社会问题和社会事件，以及微博环境、群体环境等。对这些环境进行一一界定是比较麻烦、复杂，为了简化模型，这里采用笼统的概念，将 $E(t)$ 取值 a，其中 $a \in [0, 1]$。

$R(t)$ 表示周围元胞的影响，即群体中其他成员的影响。每个元胞周围都有三种状态的元胞存在，我们假设状态相同的元胞不产生的影响，状态为正值的元胞产生正面影响，状态为负值的元胞产生负面影响，状态为 0 的元胞对状态为 1 的元胞产生负影响、对状态为 -1 的元胞产生正影响。

假设 $S'(t)$ 表示 t 时刻周围元胞的数量，根据元胞自动机的基本原理，采用 Moore 型，可知 $S'(t) = 8$，$S_1(t)$ 表示 t 时刻周围元胞状态为 -1 的元胞的数量，$S_2(t)$ 表示 t 时刻周围元胞状态为 0 的元胞的数量，$S_3(t)$ 表示 t 时刻周围元胞状态为 1 的元胞的数量，可以得出，$S'(t) = S_1(t) + S_2(t) + S_3(t) = 8$。

假设所有周围元胞对中心元胞的影响程度均为 1，且每个周围元胞对

中心元胞的影响力是相同的，那么，每个周围元胞的影响程度的即为1/8。也就是说，状态为-1的周围元胞对中心元胞的影响程度为$|S_1(t)|/8|$，每个状态为-1的元胞对其周围元胞的影响力为-1/8；状态为0的周围元胞对中心元胞的影响程度为$|S_2(t)|/8|$，每个状态为0的元胞对其周围状态为-1的元胞产生的影响力为1/8，对其周围状态为1的元胞产生的影响力为-1/8；状态为1的周围元胞对中心元胞的影响程度为$|S_3(t)|/8|$，每个状态为1的元胞对其周围元胞产生的影响力为1/8。且$|S_1(t)|/8|+|S_2(t)|/8|+|S3(t)|/8|=1$。所以，$R(t)$的取值规则如下所示：

当$S(t)=1$时，$R(t)=-\dfrac{S_1(t)}{S'(t)}-\dfrac{S_2(t)}{S'(t)}=\dfrac{S_1+S_2}{8}$

当$S(t)=0$时，$R(t)=-\dfrac{S_1(t)}{S'(t)}-\dfrac{S_3(t)}{S'(t)}=\dfrac{S_3+S_1}{8}$

当$S(t)=-1$时，$R(t)=-\dfrac{S_2(t)}{S'(t)}-\dfrac{S_3(t)}{S'(t)}=\dfrac{S_2+S_3}{8}$

根据$P(t)$、$E(t)$、$R(t)$的值，可以确定$B(t+1)$的值，即微博用户群体行为选择过程中在$t+1$时刻受影响的程度。在微博用户群体中，如果一个成员半径r为1的周围的人中，基本上都是处于活跃状态，那么，不管中心成员是不活跃状态还是一般活跃状态，其在下一时刻的状态极有可能转化为活跃；反之，如果其周边成员的状态都不活跃，即基本不参与群体互动和讨论，那么中心成员在下一时刻的状态也极有可能转化为不活跃。这就是周围成员对微博用户群体行为选择的影响。

结合元胞自动机的理论以及微博用户群体行为形成互动演化模型的仿真分析可知，微博用户群体成员在行为选择过程中受到各种因素影响是必然的，受影响程度越大，那么其状态转变的可能性也越大，受到的影响程度较小，那么其状态转变的可能性就较小。所以，根据这个规则，可以确定微博用户群体成员状态的演化规则，如下所示：

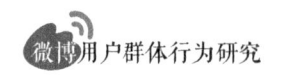

$S(t)=1$ 时，$S(t+1)=\begin{cases} -1 & B(t+1) \leq 0 \\ 0 & B(t+1) \leq 0.35 \\ 1 & B(t+1) > 0 \end{cases}$

$S(t)=0$ 时，$S(t+1)=\begin{cases} -1 & B(t+1) \leq 0.35 \\ 0 & 0.35 < B(t+1) \leq 0.65 \\ 1 & B(t+1) \geq 0.65 \end{cases}$

$S(t)=-1$ 时，$S(t+1)=\begin{cases} -1 & B(t+1) \leq 0.35 \\ 0 & 0.35 < B(t+1) \leq 0.95 \\ 1 & B(t+1) \geq 0.95 \end{cases}$

从上面三个状态转变函数可以看出，$S(t+1)$状态不仅与周围元胞的状态相关，同时还与元胞受到各方面因素的影响程度有很大关系，当元胞受到的影响较大时，那么其在下一时刻状态转化的可能性就大。

选择0.35、0.65和0.95作为分界线主要是考虑中心元胞的状态、下一时刻变化的状态以及转换的概率。$t+1$时刻元胞状态的变化规则与其在t时刻的状态和其在t时刻受到影响的程度有直接关系，若元胞在t时刻的状态为1，那么，只有具有较大负面影响时，它才可能转化为状态–1或0；若元胞在t时刻的状态为0，那么，其转化为状态–1或1，只有大约1/3的概率；元胞在t时刻的状态为–1，那么，只有具有较大的正面影响时，它才可能转化为状态1或0。而这些影响力主要来自元胞所面临的客观环境、元胞个人心理以及与周围元胞的互动。

在这个模型分析过程中，边界的设置采用随机固定型，但在边界选取上，不选取元胞空间之外行和列作为边界，而是选择元胞空间最边缘的列和行作为边界，也就是说，在这个30×30的元胞空间里，将第1行、第1列、第30行和第30列默认为元胞空间的边界，在$t=0$时刻形成随机分布元胞状态后即保持不变，它不随时间的变化而变化，但是它会对周围部分元胞产生一定的影响。

7.3 模型分析

结合元胞自动机理论建立的模型，运用Matlab对微博用户群体行为选择进行仿真分析。通过对上述元胞状态的具体演化规则进行分析可知，中心元胞的变化主要与其在上一时刻的状态和元胞受各种因素的综合影响程度是密切相关的。中心元胞在上一时刻的状态在整个变化过程中是相对固定的，在研究过程中可以视其是可知的，那么元胞是否变化以及如何变化最终是由$B(t+1)$的值决定的，所以我们在研究微博用户群体互动行为时，将重点放在这些因素是如何影响群体行为选择上。

从上文的分析可知，$B(t+1)$是由$P(t)$、$E(t)$和$R(t)$三个因素共同决定的，通过对$R(t)$的变化过程中进行分析发现，$R(t)$的值是处于不断变化中的，且由周围成员状态决定，而在t时刻，群体成员状态是确定的，所以$R(t)$值也是确定的。那么在影响微博用户群体行为选择的模型中，主要有三个变量是变化的，即成员个人的心理完善程度D、个人参与程度I以及环境影响因素E，再加上D与I的变化对群体行为选择的影响具有相似性，所以在这里我们主要考虑个人参与程度I和环境因素E的变化对微博用户群体行为选择的影响，并假设$D=0.5$。接下来我们通过计算机仿真的方式对各个因素对微博用户群体行为选择的影响进行具体分析。

7.3.1 个人因素的影响

有学者认为，网络社区是以过程为取向，并非以空间为基础，所以在社区中包括许多主体关系确立与流动的过程、社区成员信息分享与交流的过程以及有集体意义的互动过程，社区的构建是成员个体积极努力的过程，并非简单个体相加形成的一个聚集区域。这说明，在网络社区中，成员的聚集并不是简单的结果，最为重要的是形成结果的过程，这就涉及群体成员的行为选择。微博用户群体作为一种典型的网络社区，其群体中每

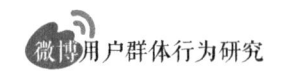

个成员的行为、互动方式与互动频率等对微博用户群体行为选择都有重要作用。在上文提到的模型的基础上，我们研究微博用户群体中个体参与群体互动的程度对群体行为选择的影响。

在研究个人因素对微博用户群体行为选择的影响时，我们假设环境因素$E(t)$不变，取a=0.5，即环境会对群体行为选择产生影响，且影响程度居中。在研究过程中，通过不断改变的D和I的值来分析个人参与程度对微博用户群体行为选择的影响。

1.个人心理完善程度一般时

根据分析与假设，在这里，我们可以认为成员个人的心理完善程度D是不变的，即$D=0.5$，也就是说，个人对于自己所拥有的信息资源的可信度以及个人知识水平、受教育程度等处于中间状态，成员没有过度自信，同时也不会感觉到自卑，这基本符合微博中大多数成员的特性，因为微博群体规模庞大，每个人的能力是有限的，不可能掌握全局或者让自己成为群体的核心，所以假设个人心理完善程度为0.5也是合理的。另外，我们分别取$I=0.3$、0.5、0.7、0.9，表示个人参与群体互动的程度从消极到积极不断增加的过程。图7-2~图7-5是对根据变量的不同设置得到的不同状态的微博用户群体成员所占总数的比例。

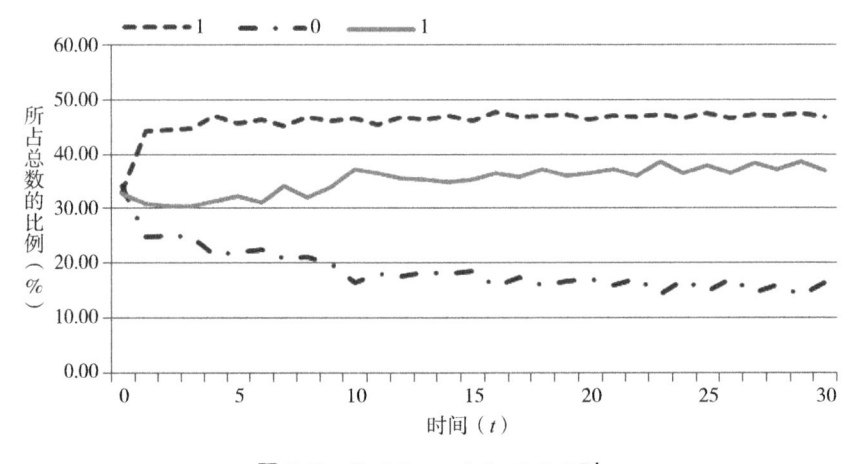

图7-2　$D=0.5$，a=0.5，$I=0.3$时

第 7 章 微博用户群体行为选择的复杂网络模型

由图 7-2 可知，在 $I=0.3$ 时，表示微博用户群体成员参与群体互动的态度比较消极，群体成员基本处于不活跃状态，再加上环境影响和个人自信程度一般，此时的群体互动整体呈现比较消极的状态。通过图示可以看出，状态不活跃的成员在群体中占据较大的比重，最大程度可占到47%，态度积极的成员约占38%，表现为中立状态的成员为15%左右。所以从总体上来看，当个人参与群体态度的主动性不高时，群体的总体表现是互动不充分，群体成员之间的交流互动较少，其状态变化较小，呈"两极分化"趋势，且状态不活跃的成员占据群体主导地位。从群体行为选择的角度来看，由于个人心理和环境的激发作用有限，群体成员较为保守，群体行为选择表现出两极分化，但是区分不明显，积极参与的成员较少。这种情形一般发生在群体行为选择的初级阶段，或影响力一般的群体性事件中，或者群体成员对群体目标与任务不感兴趣。因为，在这些情形下，群体成员之间互动少，成员之间不熟悉；而且获得的外部信息较少，无法为其行为选择作支撑，所以其行为一般会比较保守。

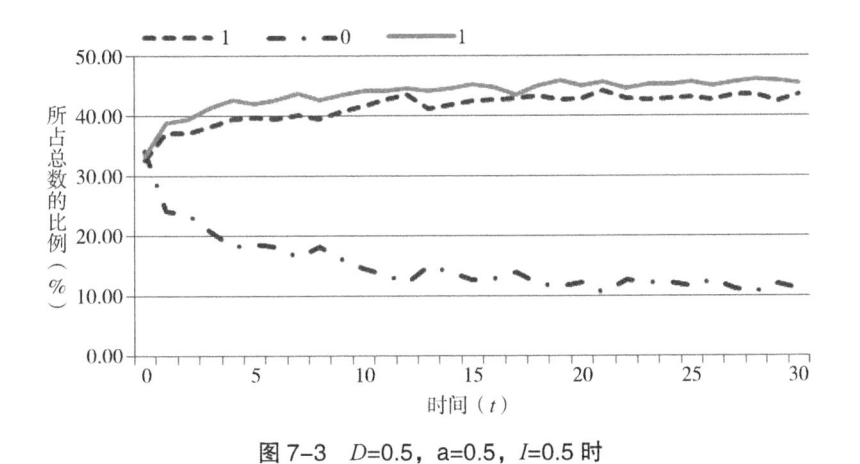

图 7-3　$D=0.5$，$a=0.5$，$I=0.5$ 时

由图 7-3 可知，在 $I=0.5$ 时，个体参与群体的程度一般，成员之间有一定的互动，参与微博群体事件或话题的主动性与积极性在提升，活跃

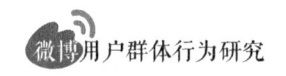

状态成员的数量略高于不活跃用户的数量。从群体行为选择的角度来看，随着群体成员互动程度的不断深化，群体成员会更加积极主动，群体之间的行为选择形成"拉锯战"，群体成员行为呈两极分化。比如，关于福州设"拉链式"护栏防"中国式过马路"的话题，在话题形成之初，该措施的合理性、便利性与持续性等都无法确定，群体成员之间有交流和互动，但成员参与程度一般，成员对事件有一定的认知，也有自己的理解和判断，但又无法确保判断的准确性；所以，当面对不太确定或不明朗的群体环境时，会有一部分成员参与群体互动，仍有一部分成员不积极，但保持中立的人数在下降，最终群体行为选择会形成两极分化的发展趋势。

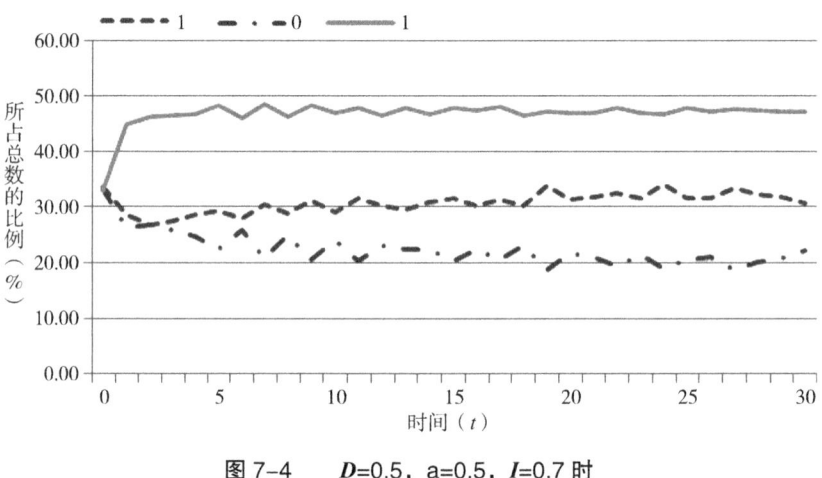

图 7-4　D=0.5，a=0.5，I=0.7 时

由图 7-4 可知，当 I=0.7 时，表示个体参与群体的积极性较高，成员之间互动也比较充分，会比较积极地参与群体活动或话题讨论。通过数据分析可知，此时群体中处于活跃状态的成员所占比重接近 50%，不活跃成员约为 30%，20% 左右的成员会保持中立状态。可以看出，活跃状态成员的数量在群体中处于相对优势地位，中立成员的数量在不断增加，

不活跃成员的数量在逐步减少。从微博用户群体成员行为选择的角度来看，此时由于个人参与群体互动的程度不断增加，对于事情或事件认知更加全面，个人行为表现方面可能会更加积极或理性，会偏向于正确一方，消极或非理性的行为在逐步下降，群体成员的行为选择向单极聚化方向发展。

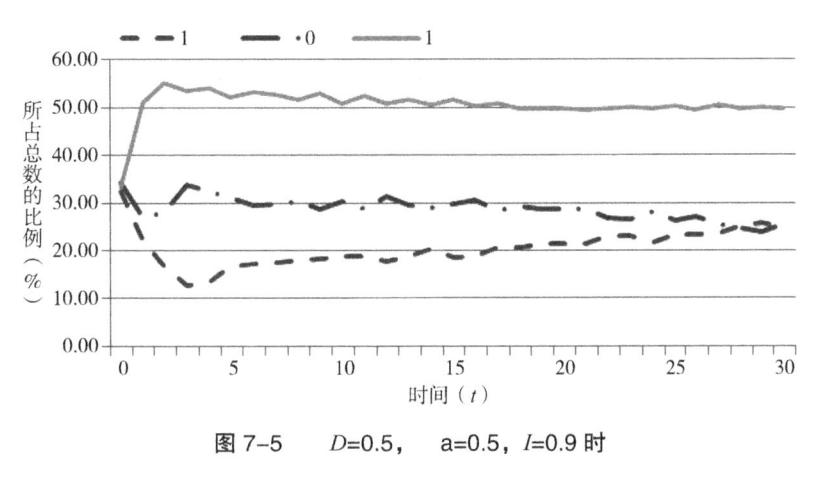

图 7-5　$D=0.5$，$a=0.5$，$I=0.9$ 时

由图 7-5 可知，$I=0.9$ 时，个体参与群体互动的积极性非常高，参与程度高，说明大部分成员会参与群体中的事件、活动与话题等的讨论与交流，群体成员之间的互动较多，整个微博用户群体的互动程度也非常充分。从数据分析结果可以看出，在这种情形下，活跃状态成员所占比例约为50%，不活跃成员约为25%，呈下降趋势，群体成员之间相互交流较多；但由于群体成员心理完善程度一般，成员对自己判断缺乏自信，其行为表现较为保守，群体行为选择中处于中立状态的成员比例仍较大。但从整体上来看，微博用户群体行为选择偏向理性化和客观化。

为了更加形象直观地表示群体成员互动意愿变化对群体行为选择影响，将 I 的变化与成员不同状态的关系用见图 7-6~图 7-8。

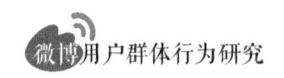

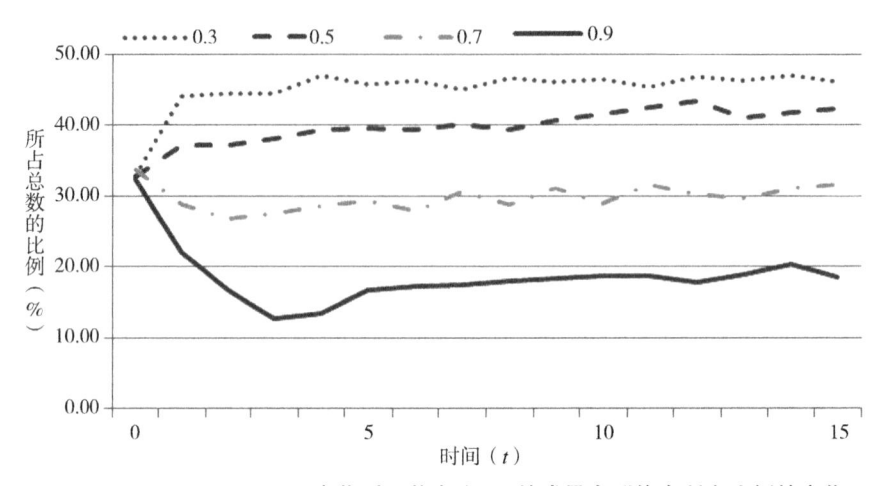

图 7-6　$D=0.5$，$a=0.5$，I 变化时，状态为 -1 的成员在群体中所占比例的变化

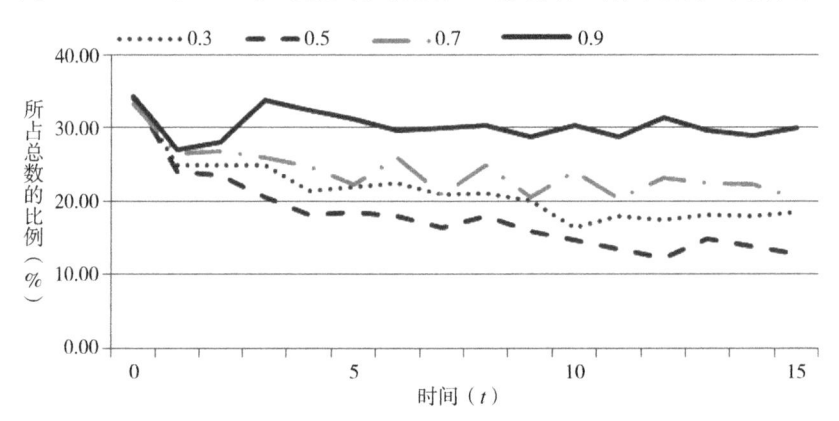

图 7-7　$D=0.5$，$a=0.5$，I 变化时，状态为 0 的成员在群体中所占比例的变化

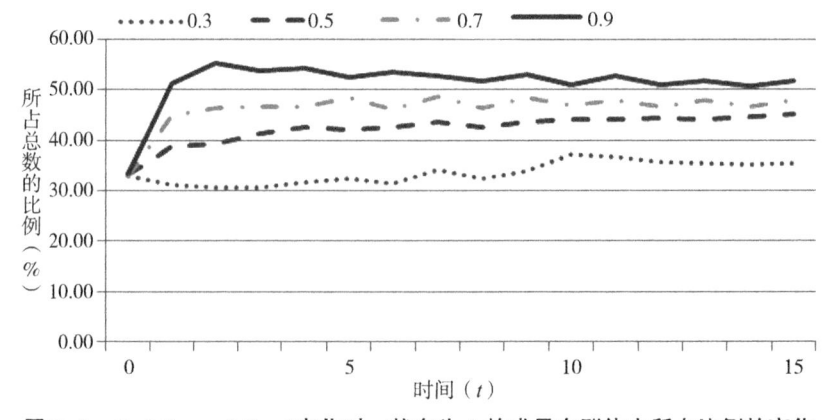

图 7-8　$D=0.5$，$a=0.5$，I 变化时，状态为 1 的成员在群体中所占比例的变化

图 7-6~图 7-8 表示随着 I 值不断增加，群体中不同状态成员所占群体总数比例的变化，体现了群体成员行为选择的大概分布情况。由图 7-6~图 7-8 可以看出，随着个体参与群体程度的不断增加，群体成员之间相互交流不断增加，受群体、个体和环境三个方面因素的影响，群体中不活跃成员或呈消极态度的数量不断减少，当群体中个人互动积极性增加到 0.9 时，群体中仅有 20% 的成员在行为选择过程中处于消极状态；同时保持中立态度和保持积极参与态度的成员数量在不断增加。

这说明，随着微博用户群体中个体参与群体互动程度的不断增强，群体中的个人比较倾向于同他人进行意见和观点的交流，人们的观点与行为逐渐成熟，群体行为也能够达到一致，甚至是在行为选择过程中，听取并接受群体中其他成员的意见。比如，2014 年发生的"西安一医院医生手术台旁'自拍'事件"，基于根深蒂固的医患矛盾，微博中大部分在其中可能更多的是"围观看热闹"，或进行消极评价，但是随着对相关事件了解程度的不断增加以及与群体成员交流互动程度的不断深入，对事件本质的认识也更加全面，更多地参与事件讨论，一方面言论更加理性化；另一方面行为选择也偏向于一致化和理性化，使得微博用户群体行为选择达成一致。

2. 个人心理完善程度较好时

从上文的分析可以看出，受个人心理完善程度的影响，即使个人参与程度很高，群体活跃程度也是有限的，微博用户群体行为选择的占优选择也并未显现出来，其主要原因是个人心理的不完善性影响了个体参与群体的深度与广度。所以本小节假设个人心理完善程度较好，取 $D=0.7$，再次分析个人参与程度对微博用户群体行为选择的影响。这里我们取 $I=0.3$、0.5、0.7、0.9，表示个人参与群体互动的程度从消极到积极不断增加的过程。下面图 7-9~图 7-11 是对根据变量的设置得到的不同状态的微博用户群体成员所占总数的比例。

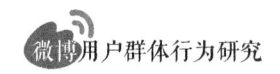

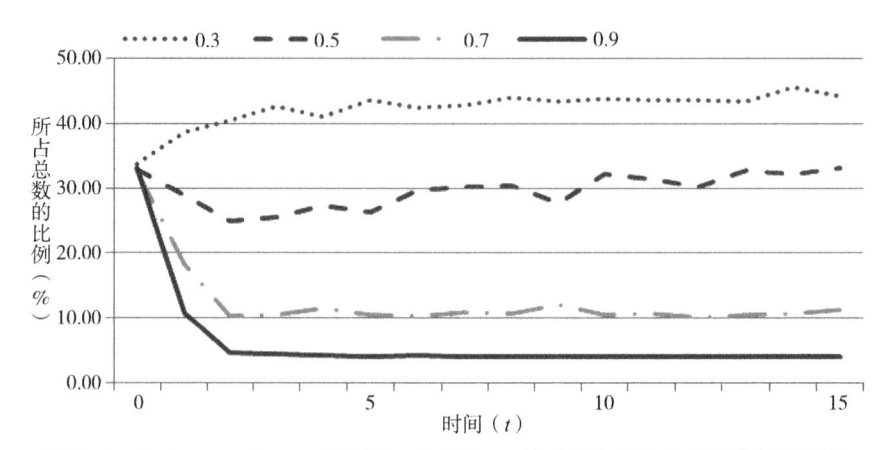

图 7-9　D=0.7，a=0.5，I 变化时，状态为 -1 的成员在群体中所占比例的变化

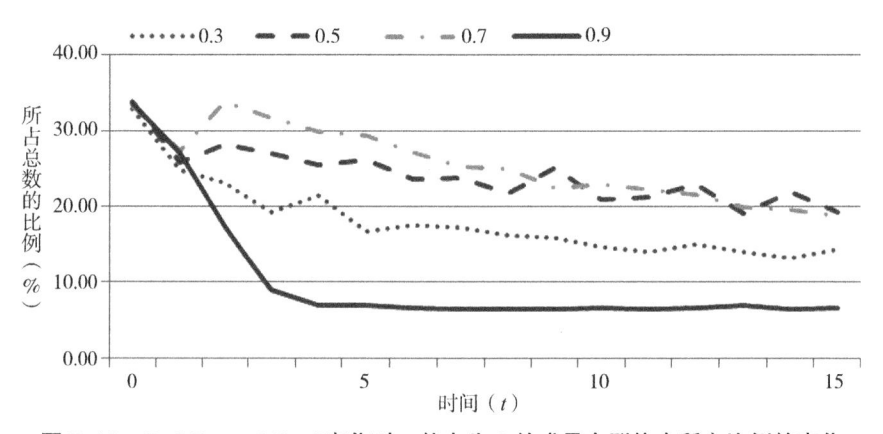

图 7-10　D=0.7，a=0.5，I 变化时，状态为 0 的成员在群体中所占比例的变化

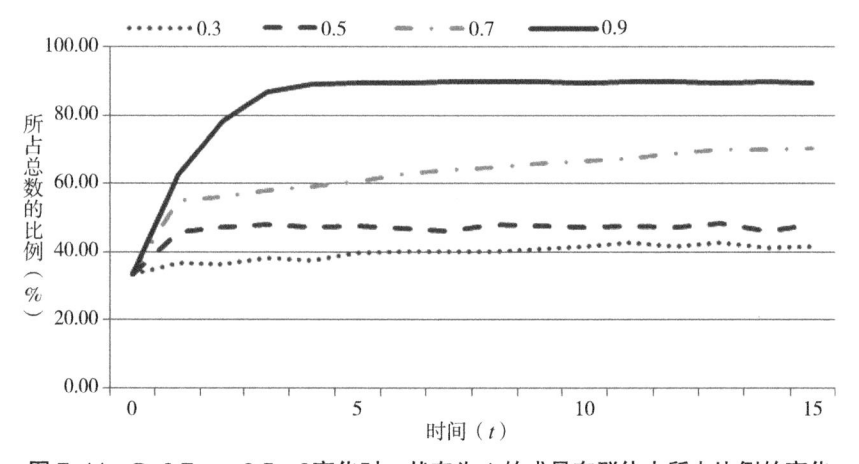

图 7-11　D=0.7，a=0.5，I 变化时，状态为 1 的成员在群体中所占比例的变化

当I=0.3时，个人参与程度较低，群体成员互动不积极，即使群体成员心理完善程度较高，由于对话题或群体任务不感兴趣，群体不活跃，基本上不参与群体活动；由图7-9~图7-11中可以看出，此时群体中状态为-1的成员比例在稳定情况下高达45%，状态为1的成员比例则为40%，处于中立状态成员比例为15%，此时群体行为选择处于两极分化状态。在微博用户群体中，这种群体有很多，比如关于"最美校服"话题的讨论，微博用户群体成员没有明确目的导向，群体目标任务或话题吸引力不够，成员参与度不高，群体行为选择处于两极分化状态。

当I=0.5时，个人参与群体互动程度一般，成员可能感兴趣，了解得也比较多，但是切实参与群体互动的成员并不是太多，接近20%的成员处于围观状态，微博用户群体行为选择呈两极分化的趋势。当I=0.7时，个体参与群体互动的积极性比较高，大部分成员会参与群体中的事件、活动与话题等的讨论与交流，群体成员之间的互动较多，整个微博用户群体的互动程度也非常充分。从数据分析的结果可知，随着时间的推移，群体中活跃成员数量不断增加，而不活跃成员数量和保持中立的成员数量处于逐渐下降中，群体行为选择向单极聚化方向发展。

当I=0.9时，成员参与群体达到接近完全状态，说明对于群体关注的话题或事件，群体成员基本不会置身事外，会积极参与讨论、互动与交流，此时群体活跃度非常高，群体互动很充分，其行为选择呈现单极分化。这主要是因为微博用户群体在进行行为选择的过程中，由于个人心理完善程度较高，会更加理性对待群体互动以及群体中的相关信息，会更加积极主动的参与群体互动，使得群体行为选择更加客观理性。

从整个I的变化过程可以看出，随着I值的不断增加，群体活跃成员所占比例不断增加，不活跃成员的比例不断减少，保持中立成员从30%下降到5%左右，这说明随着个人参与群体程度的不断提升，群体互动程度是

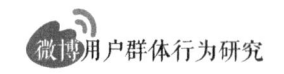

不断提升的，群体成员活跃程度不断提升，群体行为选择也有明确的导向性。由此可知，在微博用户群体中，增强个人积极性与主动性是提升群体事件或话题影响力与热度的重要方法，比如，在2013年5月发生的昆明"PX事件"，开始由于人们关注较少，参与讨论较少，整个事件虽说有足够的重要性，但是事件的影响力比较小且社会关注度比较低，整个群体中成员之间的互动也少，群体行为不明显；但是随着人们对环境问题以及该事件可能产生后果的关注度不断提升，对该话题和事件的讨论不断增加，互动交流不断深入，使得群体互动充分，事件和话题的影响力不断提升，引起了社会的关注与重视。所以，微博用户群体中个人参与群体互动程度的高低以及个人心理完善程度直接影响微博用户群体行为选择，并且与微博用户群体行为选择呈正相关，个人心理完善程度越完善，参与群体互动越积极，群体讨论越充分，微博用户群体行为选择的取向越是理性、积极，具有较大的正能量；反之则呈消极状态，不理性，影响微博舆论环境与秩序。

7.3.2 环境因素的影响

根据勒温的动力场理论，个人行为的形成在一定场域里产生和进行，即个人的生活空间 f，在这个空间中，个人行为的形成与变化并非孤立的，会与场域中的环境因素相互作用，进而形成个人行为；环境会直接影响个人接收的信息、个人认知与思维方式、个人习惯等形成，使得个人的行为在面临不同环境时可能会发生较大的变化。美国心理学家布朗芬布伦纳提出的社会生态系统理论认为，个人行为不仅受身边事件的直接影响，同时也受更广范围里的各类环境影响。他将个人所面临的社会生态系统细分为五类：微系统、中系统、外系统、大系统、长期系统，这些系统分别代表个人所需要面对的不同层面的环境和问题，它与个人成长、发展以及个人行为观念的形成密切相关；处于社会生态系统中的人必然会与周围的各类环境进行互动和相互作用,并受其影响,它伴随着个人的成长与发展过程。

微博用户群体行为选择所面临的环境也是复杂的、多样的,从整体上来看,它主要面临三个层面的环境:宏观环境、中观环境和微观环境。宏观环境是指整个社会的大环境,如政治环境、经济环境、社会环境和文化环境等,虽然这些环境较大,但其对微博用户群体互动行为的影响也是必然的,它们其中任何一个的变化都可能对成员心理、动机和互动积极性以及整个群体行为的发展等产生影响,进行影响群体行为选择的结果;中观环境是指微博环境,即整个微博平台的秩序、规范等;微观环境是指微博用户群体环境,即以本群体为中心所需面对的特殊环境,如群体成员的构成与背景、群体的目标与任务和群体结构等都是微观环境。本节在研究环境因素对微博用户群体行为选择的影响时,为了避免因素重复,将所有环境因素放在一起综合考虑,简化研究过程。

1. 个人因素影响较低时环境的作用程度

在研究微博用户群体所面临的外界环境对群体行为选择的影响时,假设个人心理完善程度与个人参与群体互动程度是固定,且个人因素的影响程度较低时,即 D 取值 0.5,I 取值 0.6,则 $P(t)=0.3$,令 a 分别等于 0.3、0.5、0.7、0.9,观察微博用户群体行为选择的具体变化过程。具体见图 7-12~图 7-15。

由图 7-12 可知,当 a=0.3 时,外界环境对微博用户群体行为选择有影响,但是影响程度较小。此时个人和群体的互动受环境影响较小,使得不活跃状态成员在群体互动中占据主导地位,活跃用户所占比重较之略少,处于中立状态的成员约占 10%。因为个人自信程度和参与程度较低,此时群体成员的行为选择基本依赖个人的参与程度,微博用户群体成员的行为选择也比较单一化,不积极的行为占据主导地位,积极的行为选择影响并未超过不积极子群的影响力。

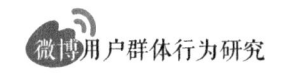

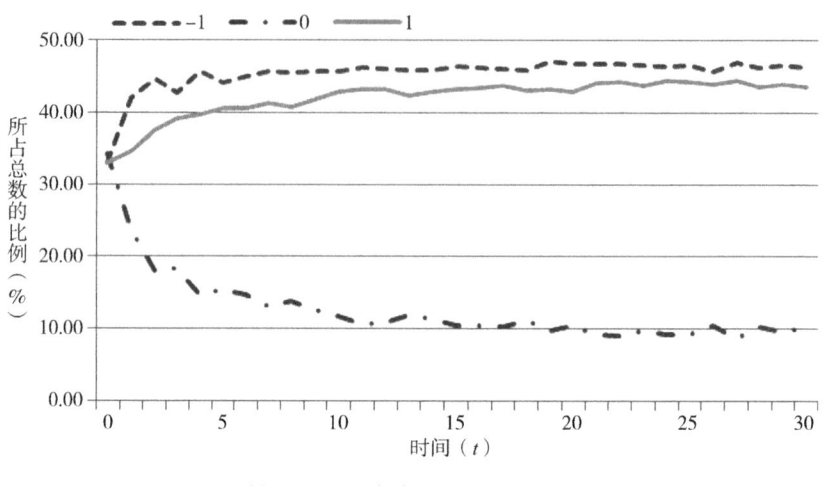

图 7-12　$P(t)=0.3$，$a=0.3$ 时

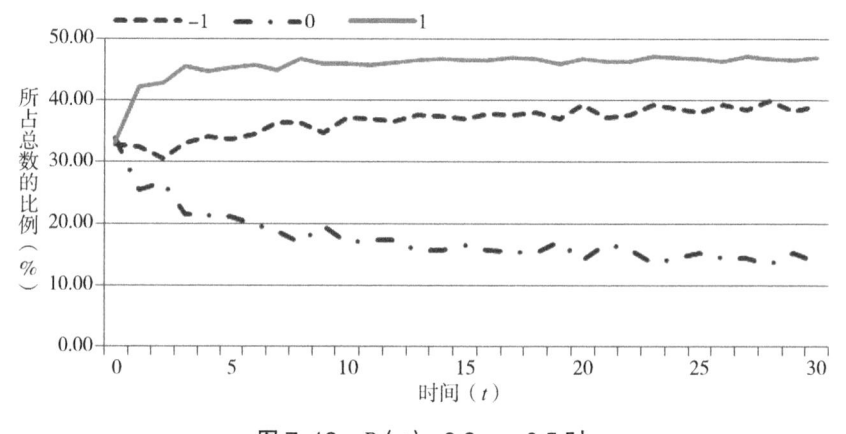

图 7-13　$P(t)=0.3$，$a=0.5$ 时

由图 7-13 可知，当 $a=0.5$ 时，环境对微博用户群体的影响逐步增加，外界对微博用户群体行为的推动力增加，使得成员个人行为和群体互动受环境影响的程度较大。状态活跃成员所占比例约为 47%，状态不活跃成员所占比重约为 38%，处于中立状态成员的比例为 15%，群体成员比较积极、活跃，群体行为选择状态或取向可能较为理性。

由图 7-14 可知，当 $a=0.7$ 时，环境因素对微博用户群体行为选择有较

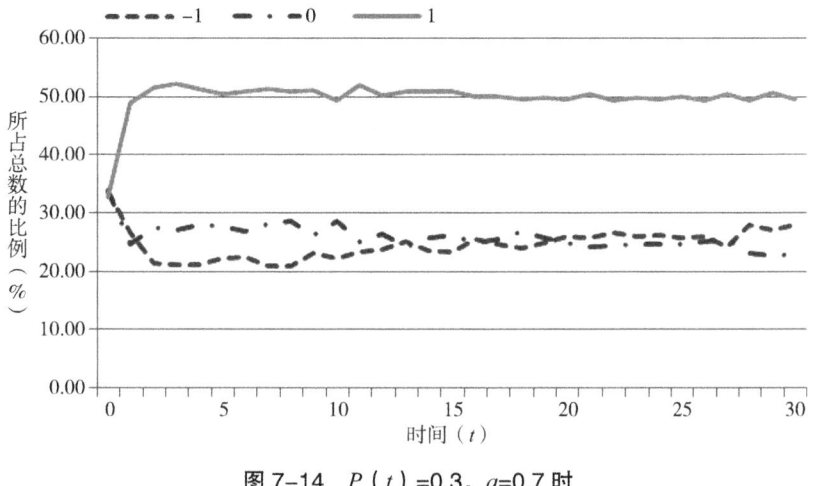

图 7-14 $P(t)=0.3$, $a=0.7$ 时

大影响,外界推力较大,个人行为和群体行为都可能会受到较大的影响。状态活跃成员所占比例约为50%,在群体中处于相对优势地位,这说明,微博用户群体成员在进行行为选择过程中,积极参与或者持理性支持态度的成员占据多数,非理性行为在微博用户群体行为选择中较少。

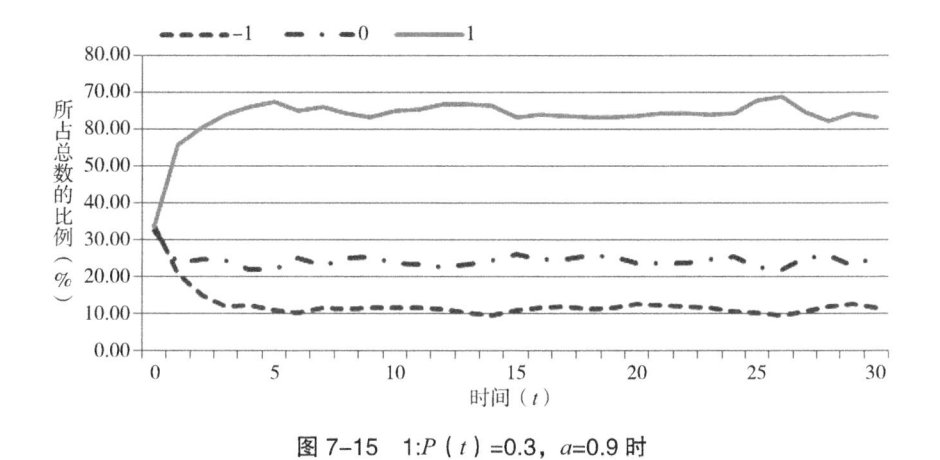

图 7-15 1:$P(t)=0.3$, $a=0.9$ 时

由图7-15可知,当$a=0.9$时,说明环境对微博用户群体中的个体行为、群体成员互动以及群体行为选择有绝对影响力,此时状态活跃成员所

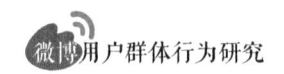

占比例约为60%，状态不活跃成员所占比重约为25%，处于中立状态成员的比例为15%，状态活跃成员占据绝对优势地位，对其他成员行为和群体成员之间的互动有较大影响，而状态不活跃成员所占比例相对较小，影响较弱，处于群体的边缘位置，可以说此时整个群体行为的走向与发展趋势是被活跃用户的行为选择所控制，其对微博用户群体行为选择拥有绝对话语权。

将图7-12~图7-15根据a的变化进行简化处理可以得到以下三个图。

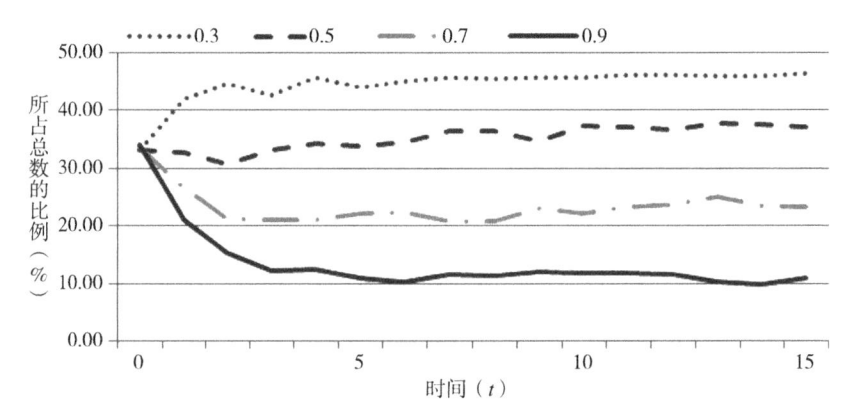

图7-16　$P(t)=0.3$，a变化时，状态为-1的成员在群体中所占比例的变化

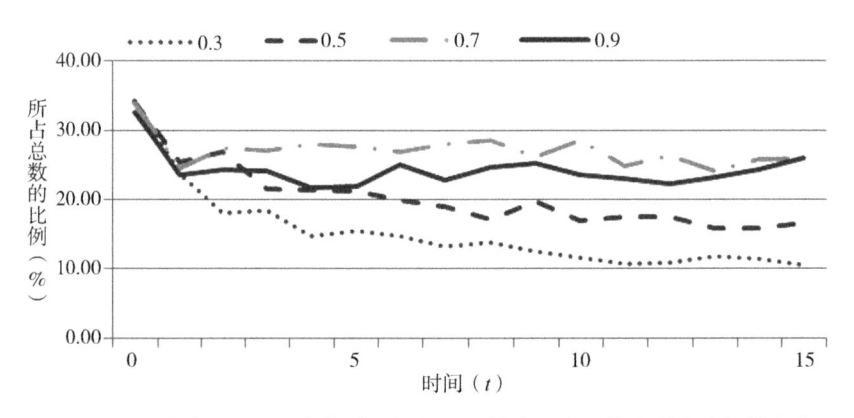

图7-17　$P(t)=0.3$，a变化时，状态为0的成员在群体中所占比例的变化

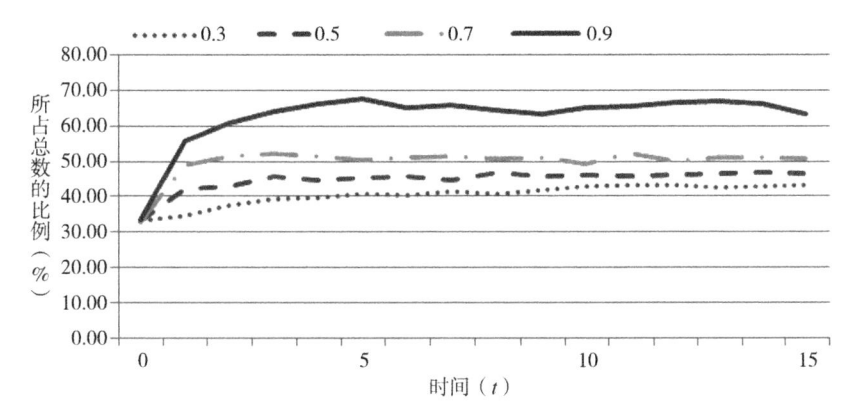

图 7-18　$P(t)=0.3$，a 变化时，状态为 1 的成员在群体中所占比例的变化

由图 7-16~图 7-18 可知，随着 a 逐渐增大，群体中不活跃成员的数量在逐渐减少，保持中立的成员数量在增多，活跃成员数量也在不断增加，且增加幅度较大，说明随着环境影响力的扩大，群体逐渐活跃起来，群体成员结合环境信息进行行为分析，也更加客观、理性，微博用户群体行为选择从简单的两极分化走向单极聚化。比如，在 2014 年 7 月发生的"红十字会赈灾送棉被事件"，一开始由于只有少数几家媒体的声音，而且缺少客观环境带来的真实消息，导致人们在微博对该话题的评论绝大多数是负面的，而且依据对红十字会固有的印象，评价态度也非理性；当来自灾区的声音和诉求在微博中发布后，人们对红十字会的这一行为表示理解，群体成员行为选择向支持红十字会的方向发展。这主要是由于外在信息环境的变化对群体成员行为产生的影响。

2. 个人因素影响较高时环境的作用程度

从上节的分析可知，个人因素影响较弱，即使微博用户环境影响再大，由于成员心理的封闭性，其心理和行为受外界影响或干扰程度有限，微博用户群体行为选择的充分性并未全部展示，处于绝对优势地位的群体

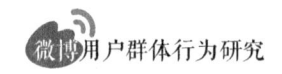

行为选择取向并未显现。为了更好地了解环境因素对微博用户群体行为选择的影响,本节提升个人因素的影响程度,将 D 和 I 均取值 0.7,意味着此时个人心理完善程度和参与群体互动程度均较高,个人因素影响较高时的微博用户群体行为选择的变化;同时 a 取值 0.3、0.5、0.7、0.9,具体结果见图 7-19~图 7-21。

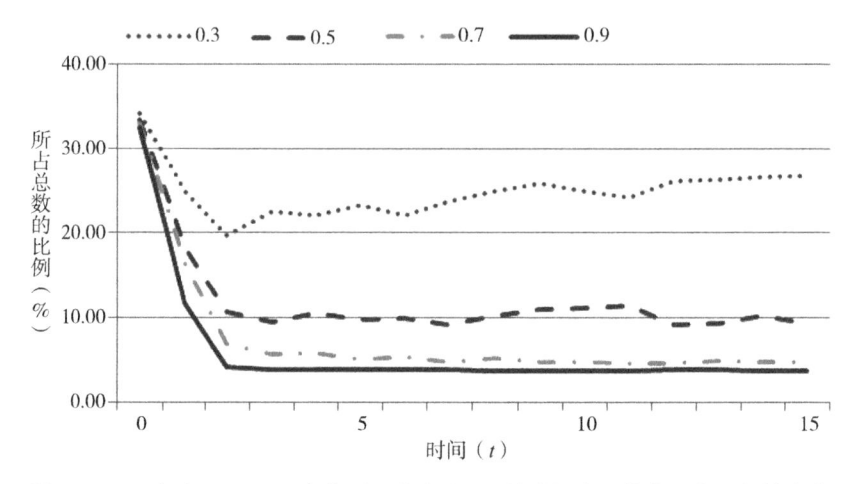

图 7-19　$P(t)$ =0.49,a 变化时,状态为 -1 的成员在群体中所占比例的变化

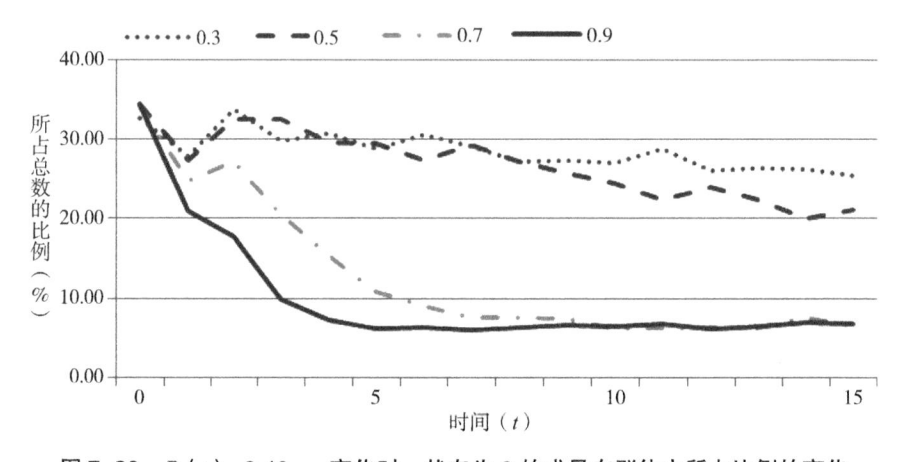

图 7-20　$P(t)$ =0.49,a 变化时,状态为 0 的成员在群体中所占比例的变化

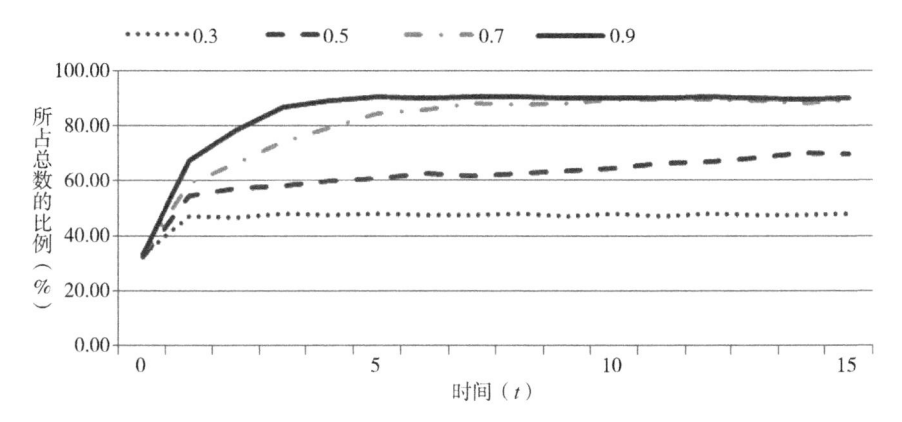

第 7 章
微博用户群体行为选择的复杂网络模型

图 7-21　$P(t)=0.49$，a 变化时，状态为 1 的成员在群体中所占比例的变化

由图 7-19~图 7-21 可知，当 $P(t)=0.49$，a 从 0.3 到 0.9，在整个过程中，状态为 "-1" 和 "0" 的成员数量处于不断下降中，而行为选择状态 "1" 的成员从 45% 上升到 90%，也就是说大部分成员积极参与群体互动，再加上环境的影响，群体行为选择的单极聚化很明显，群体中大部分成员的行为保持一致，且比较积极参与群体活动，群体行为选择有明显的偏向性。

由此可知，随着环境影响程度的不断加深，群体互动中状态活跃成员的数量不断增加，群体成员互动的深度与广度不断提升，促进群体行为选择结果一致性形成。所以在应对微博用户群体行为时，当成员个人因素固定的情况下，可以通过调节外部环境来影响群体行为选择的取向或方式，达到有效利用微博用户群体行为的目的。比如，关于 2012 年微博中的"微笑局长"事件，在整个过程中，微博扮演着信息公开和信息共享的角色，在微博中的相关信息传播得到社会公众的广泛认知，并积极参与讨论，微博用户群体积极支持相关信息的传播，并主张严惩违法行为。其间，微博用户群体行为从缺乏信息支持的不明确，到信息充分时的鼎力支持，最后群体行为选择趋于极化。这就是在群体成员心理完善程度

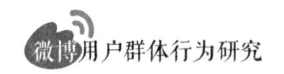

和参与群体程度较高时，由于客观环境变化，导致微博用户群体行为选择变化的全过程。

7.3.3 结论

通过对个人参与程度和环境因素对微博用户群体行为选择的影响进行对比分析发现，两者的研究结论有一定的相似之处，两者与微博用户群体行为选择呈正相关关系，两者的变化不仅会改变群体行为选择的方向，同时也会影响微博用户群体行为选择的态度与取向等。通过对以上模型仿真结果进行分析，得出以下几个关于微博用户群体行为选择的结论：

第一，微博用户群体行为选择会受个人参与程度影响，个人参与群体互动越积极，群体氛围越活跃，群体行为选择取向可能会更加理性，达成一致的可能性越大。随着个人参与群体程度的不断增加，群体中活跃成员的数量不断增加，不活跃成员的数量在减少，群体成员更加倾向于与其他人进行沟通和交流，不断活跃群体氛围，促进微博用户群体互动程度的加深，有利于群体行为选择的形成与发展。一般来说，群体中成员个体参与互动较少时，群体行为表现不明显，且没有代表性，也无法反映群体中成员个体和成员之间互动的结果，可能只是一些个体行为简单的相加；当个体参与互动的程度不断加深时，会活跃群体氛围，使得群体互动广度、深度与频度都不断增加，有利于体现和表达个体的思想、心理、动机等，促进群体行为选择。

第二，随着个人参与群体互动积极性的增加和环境影响的加大，微博用户群体行为选择从两极分化向单极聚化方向发展。通过对以上建模过程进行分析可知，当个人因素和环境因素作用程度有限或较低时，群体成员参与互动程度不充分，群体成员活跃度较低，对群体话题或群体目标与任务感兴趣程度不高，微博用户群体行为选择结果两极分化，即 -1 和 1 两种状态成员比例分布基本一致，或某种状态略占优势。当个人因素和环境因素影响力较大时，群体成员互动程度高，心理完善程度好，会积极参与群体话题讨论，完成群体目标与任务，此时微博用户群体行为选择倾向单极聚化，在群体中会有一种状态处于绝对优势的地位，其所占比例可达到80%以上。所以，微博用户群体行为选择结果与群体成员参与群体互动程度和群体活跃程度密切相关，群体成员越是积极，群体行为选择出现一致性的可能性越高，呈单极聚化；反之呈两极分化。

第三，微博用户群体行为选择需要个人因素和环境因素共同作用，单一因素对群体行为选择的作用有限，其中个人因素是拉力，环境因素是推力，环境因素的影响略大于个人因素的影响。处于社会系统中的个人，在任何情形下都与周围的环境进行互动，并受其影响，同时也会反作用于环境，环境与个人行为和群体行为是相互作用、相互促进的关系，所以处于复杂环境中的微博用户群体同样也会受环境影响。随着环境影响程度的不断增大，微博用户群体成员互动的程度不断加深，群体成员之间的沟通与交流也会相应增加，环境影响力越大，群体中活跃状态成员所占比重越大，不活跃状态成员所占比重越小，群体氛围也会越活跃，有利于微博用户群体行为的发展，群体行为选择倾向会更加突出。另外，通过对个人因素处于不同状态时环境因素对群体行为选择的影响进行分析时发现，个人心理完善程度和参与群体互动程度越高时，环境因素的作用会更好地发挥作用，更加凸显微博用户群体的能量。由此可知，在微博用户群体行为选择过程中，环境因素是推力，个人因素是拉力，如果个人因素的影响程度有限时，环境因素再高，其作用程度与范围也是有限的。所以，在现实的微博群体性事件处理中，我们最主要还应当关心人的心理与知识水平的完善程度，合理利用环境，这样才能正确引导微博用户的群体行为选择。

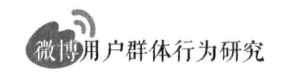

表7-1 个人参与程度与环境变化对群体行为选择影响的对比分析表

变量		状态-1数量（%）	状态0数量（%）	状态1数量（%）
个人因素 $I=$ （当$D=0.5$, $a=0.5$）	0.3	47%	18%	35%
	0.5	43%	15%	42%
	0.7	30%	22%	48%
	0.9	19%	30%	51%
环境因素 $a=$ （当$D=0.5$, $I=0.6$）	0.3	45%	12%	43%
	0.5	38%	17%	45%
	0.7	25%	25%	50%
	0.9	10%	22%	68%

通过表7-1可以看出，当个人参与群体互动程度和环境因素同时作用于微博用户群体行为选择时，环境因素的影响力略高于个人参与群体互动程度，这主要是由两个方面的因素造成：一是根据上节模型的设置规则，环境因素的作用力相较于个人参与群体互动的影响作用更加直接，更容易产生推力；二是由于人是群居动物，微博用户群体是人们集中获取信息、分享信息和交流信息的平台，人们会更容易接受外界的变化，个人参与群体互动的积极性与主动性在一定程度上也是由环境因素决定的，所以相较于个人因素来说，环境要素的作用力更加明显。这也就要求在处理微博用户群体行为和群体性事件时，应该将解决问题的重点放在外界环境因素的调整上。

第四，微博用户群体成员行为选择过程是起伏和不断变化的，但结果是稳定的，呈单极聚化或两极分化的发展趋势。微博用户群体是一个开放的系统，其成员互动和行为选择是各种力相互作用的结果，所以在设定条件下，随着时间的推移，微博用户群体成员的行为选择也会达到一个体平衡和稳定状态，不会一直处于不稳定状态。通过上文的分析可以看出，在 $t=0\sim10$ 时，微博用户群体成员处于不断互动交流过程中，由于处于急剧的变化过程，群体成员的行为选择状态变化快且较大，群体行为初显，但并没有固定，仍存在一定的变数；当 $t>10$ 时，无论个人参与群体互动的程度和环境影响程度如何变化，群体成员的状态基本达到稳定，虽存在变化，但幅度较小，基本上不会发生本质上的变化，群体互动达到一种平衡和稳定，群体行为选择比较固定，有一定的倾向性。所以，微博用户群体行为选择在形成过程中，无论群体成员如何互动，具体过程中如何变化和发展，最终都会在群体中寻求一个平衡点，达到稳定状态。

第五，微博用户群体行为选择的从众性。在微博用户群体中，人们的行为不可能完全独立或按照自己的意志形成，群体行为选择受个体、群体和环境三方面的影响，或多或少有跟随、参照他人行为和群体行为的成分，所以微博用户群体行为选择有一定的从众性，这种行为并不是完全按照个人意志发展的，会受他人意志和行为的影响，表现出一定的趋同性和相似性。比如，2014年的MH370事件，微博中关于其话题有很多，由于我们每个人的知识水平是有限的，拥有的信息也是有限的，在参与话题讨论过程中，我们一般都会根据群体中权威人士或大多数人的意见来发表意见或表现自己的行为，跟随他们的行为，确保自己不受群体排斥，并获得群体的认同，这就导致微博用户群体行为选择有一定的从众性，它也许并不能体现每群体成员的真实想法，但它体现了群体的行为选择取向与态度。

7.4 本章小结

微博用户群体成员由于受主观和客观等各个方面因素的影响，人们的

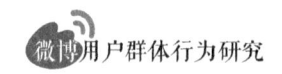

观念等都会发生较大的变化，这使得人们在面临行为选择时也会发生较大变化。以元胞自动机理论为基础，从环境因素、个人因素和周围成员三个方面来构建微博用户群体行为选择的复杂网络模型，并利用Matlab对模型进行仿真分析发现，微博用户群体行为选择过程中，个人因素和外在环境因素是影响其行为选择的主要因素，当环境因素不变时，随着个人心理完善程度和个人参与群体互动程度不断提高，微博用户群体成员表现得越是积极活跃，群体行为选择偏向理性化，更能体现出群体成员互动的结果；反之，如果个人心理完善程度和个人参与群体互动程度受限时，微博用户群体成员互动有限，群体行为选择偏向两极分化方向发展。当个人因素固定不变，且影响较低时，随着环境因素影响力的不断提升，群体氛围不断活跃，群体成员之间群体行为选择呈两极分化，但有一定的偏向性，幅度较小；当个人因素固定不变且影响较高时，随着环境影响力的不断提升，群体成员在外界环境的刺激下，互动比较充分且成员之间的信息交流与沟通较完善，微博用户群体行为选择向单极聚化方向发展，有非常强的偏向性。

另外，通过对比分析发现，微博用户群体行为选择需要个人因素和环境因素共同作用，单一因素对群体行为选择的作用有限，其中个人因素是拉力，环境因素是推力，同时环境因素的影响略大于个人因素的影响。同时，微博用户群体成员行为选择有一定的从众性，其过程是起伏和不断变化的，但结果是稳定的，呈单极聚化或两极分化的发展趋势。所以，在应对微博群体性事件的过程中，必须同时关注人的因素和环境的因素，在"以人为本"的基础上，通过外界环境的作用引导微博用户群体行为的走向。

第8章

微博用户群体行为的决策原则与规范的构建

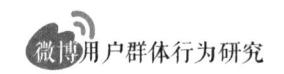

微博的出现打破了传统的信息传播方式和人际交往方式，在传统人际交往和信息传播中，人们的地位不对等，精英阶层往往处于社会上层，对社会和他人拥有绝对的控制权，掌握大部分信息与资源，能够对他人产生较大影响；反之，处于底层或在群体中处于相对弱势的个人，掌握的资源和信息相对较少，无法在第一时间做出准确的决策，对他人的控制能力与影响力较小。这是传统社会人际交往过程中常常遇到的困境，但是从整体上来说社会资源呈现分化趋势，不同成员处于不同地位，对他人的影响力是完全不同的。微博的出现打破了传统的社交方式，突破了原有的社会交往秩序和交往方式，通过微博，每个人都能够获取较多的信息和资源，能够在信息传播与资源获取方面获得较大的优势，能够自成信息发布中心和信息共享中心，成为其他社会团体、组织以及个人关注的焦点。这就要求在面对微博这种新环境时，必须重塑微博用户群体行为的规则，确立微博用户群体行为的规范与对应的机制，确保微博言论的权威性、有效性与实时性。

8.1　微博用户群体行为决策原则的确立

约翰·弥尔顿（1644）认为，公众都应该被允许发表观点和意见，在公众的辩论中，好的和真的观点总会战胜谎言和欺骗。这个观点后来被称为弥尔顿"观点的自由市场"和"自我修正原理"，继而被作为保障媒介自由的理论基础。所以，在微博用户群体的开放环境中，个人能够自由表达观点，基本不受约束。但是事实上，个人言论与行为并非完全自由，它还受主观心态和客观规则的约束，比如 Granovetter 将个体的人"嵌入"社会网络，因而个体的决策必然要受制于所"嵌入"的网络，也就是说，隶属于群体和社会网络中的个体，其行为、观点和决策等都受群体和外在因素的影响。群体是由个体组成的，但是群体行为和群体决策并不是个人行为与个人决策的相加，而是个体在群体中融合、互动和博弈的结果。对于微博用户群体行为，个体在是否参与的决策过程中就应该考虑其他人的情况，如果其他人参与越多，则个体决策参与群体性事件的可能性就越大。

在微博用户群体决策过程中，其决策行为与一般群体有一定的相似性，但是基于微博平台和微博用户群体行为的复杂性，其群体行为的决策过程与其他决策行为也有着一定的差别，所以，为了确保微博用户平台稳定、良好秩序的确立，形成良好的决策氛围和环境，必须确立微博中的群体行为的决策原则，能够对群体成员决策行为和决策过程有一定的约束和限制，让群体行为的决策朝着有利于社会和谐与稳定的方向发展。

1. 议题与意见引导原则

根据微博用户群体行为形成的过程与机理可以看出，群体行为与意见的形成与发起者、早进入者及有影响力的人物有较大关系，这就要求在对微博用户群体行为进行引导与监控的过程中，首先要遵循议题与意见引导的原则，确保行为方式与意见表达发展趋势。

意见与议题引导原则是指在微博用户群体行为发生与发展过程中，要主动设置议题，确立意见领袖，引导群体行为与意见的走向和发展趋势。拉扎斯菲尔德认为，在传播过程中存在两极传播，就是说大众传播并不是直接"流"向一般受众，而是要经过意见领袖这个中间环节，再由他们转达给相对被动的一般大众，其模式如下：大众传播——意见领袖——一般受众。意见领袖拥有更多的信息资源，它们的一言一行都对其追随者有重要影响，其所发布的信息能够更多地得到他人的关注，同时也易被他人接受。库尔特·卢因指出，群体传播中存在一些把关人，只有符合群体规范或把关人价值标准的信息内容才能进入传播渠道。

微博用户群体中的信息在进行传播的过程中不可能同时面向所有受众，其中必定会经过若干次的信息加工后才能进行传播，其中就包括意见

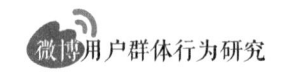

领袖，他们将自己接收的信息进行一定的加工和分析后转给身边的朋友、同事等，进行传播与扩散。从表面上来看只是信息的传播，对他人无任何影响，但是在信息传播过程中，意见领袖对于信息的加工和对信息的态度与意见都可能对他人的行为、言论与意见发表产生一定的影响，这就是意见领袖对微博用户群体行为选择的影响。在微博中，名人微博和权威信息就是意见领袖的代表，它们能够得到多于普通用户成千上万的关注与转发，它对于微博用户群体行为关注度的迅速提升起到至关重要的作用。无论是政府还是企业，要培养特定领域里的意见领袖，引导舆论走向，确保在群体中拥有话语主导权。

科恩（1963）认为，"在多数时间，报纸在告诉人们该怎样想时可能并不成功；但它在告诉它的读者该想些什么时，却是惊人地成功"。1972年，马尔科姆·麦肯姆斯和唐纳德·肖于提出议程设置理论，他们认为，大众传播媒介在一定阶段会对某个社会事件和社会问题突出报道，引起社会公众的关注进而成为社会舆论中心议题。所以媒体在引导舆论发展的过程中可以进行一些议题设置，引导社会公众的关注视线，达到一定的目的。这就是利用议程设置进行信息把关的结果，在传统媒体时代对于确保言论权威起着重要作用，同样，在新媒体环境中有巨大作用。郭庆光（1999）认为，"在新的网络环境下，议程设置既不会消失也不会弱化，反而会得到强化，传统大众媒体权威性、网络个人话语的随意性、大众媒体对'议题'把关的三个特性，使得传统大众媒体议程设置效果依然强大"。这种固定信息的设置可以起到有效的信息把关作用，使得有价值的信息能够利用新媒体广泛传播，而一些负面消息则可以得到有效遏制。

微博是一个完全公开的信息平台，我们可以实时了解感兴趣的人或事的最新信息并对其直接发表意见，微博用户群体形成与发展的初衷是让社会公众自由发表言论，表达自己的建议与社会态度，但由于群体行为形成过程中受从众心理的影响，使得社会公众无法展现内心最真实的态度及自己的创新能力与独到的观点，社会言论"跟风"，呈现一片大好情景或一片狼藉。因此，在微博用户群体行为形成以及群体观点发表过程中，需要充分发挥意见领袖的作用，进行必要的议程设置，设置一些与网友自身利益密切相关又能引起共鸣的话题，引导群体成员充分、自由地发表最真实的想法和意见，而不是一味地附和，充分发挥创新能力，使得微博用户群体能够成为一个建言献策的平台，尽可能体现社会最广范围公众的真实意见与态度，促进群体行为的理性化与客观性。

2.信息充分交流原则

根据微博用户群体行为形成互动机理和演化过程研究可以看出，在微博用户群体行为形成过程中，群体成员之间的信息交流和互动程度直接决定了群体行为达成一致的速度和可能性，所以微博用户群体行为决策必须遵循信息充分交流的原则。

所谓信息充分交流原则，是指在微博用户群体行为的形成与发展过程中，成员之间只有通过充分的信息交流才可能达成一致的、理性的结果。Alessandro认为，在真实的决策过程中，每个个体都会按照不同的速度和方式改变自己的意见，个人的观点与意见处于不断变化之中。根据对微博用户群体行为的形成与发展过程进行研究发现，在微博用户群体中，个体观点的更新和行为选择会受到周围其他人的行为的影响；微博用户群体行为决策是动态的，处于不断变化之中，但是也会达到稳定状态；这种动态决策也反映了微博用户群体成员进行为选择和决策过程中存在交互，包括信息交互和观点交互等。

"信息就是力量"，网络时代信息的时效性决定了信息的价值，最及时的信息往往是最有价值的信息。所以在面对一些社会事件，尤其是影响重大的事件时，首先要做的是确保信息沟通渠道的畅通性，以便使消息在社

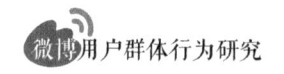

会公众之间进行有效传播，加强社会公众之间的沟通，减少负面信息的误导和影响。杨雷（2010，2011）在研究不同环境下群体决策观点收敛时发现，决策个体属性和个体的交互范围对群体决策有显著影响，随和型、无主见型的个体在群体决策观点的收敛时间较短，相反，固执型和偏执型群体决策观点收敛时间较长；另外，在决策个体知识水平一定的情况下，参与交互的决策个体越多，群体收敛到一致状态所需时间也越短，这充分说明群体中个体的影响力。根据有界置信模型的思想，在群体交流和互动中，一般来说，个体很难接受与自己思想和观点有较大差距的个体，只有当差距在一定范围内时才能够影响个体的观点。所以，在微博用户群体中，不同背景、不同习惯、不同文化环境下的成员个体都有可能对其他成员的行为产生较大影响，有的人善于交流，其他人对其观点可能会产生很大的影响，加快群体观点的收敛；有的人则疏于交流，比较固执，在群体中虽然有信息与观点的互动，但他不会受其他人观点的影响，也不会接受他人观点，这种情况下群体交流就比较闭塞，群体决策观点收敛有一定的阻碍。

"三个臭皮匠，赛过诸葛亮"，虽说一句俗话，但在微博用户群体行为决策过程中显得尤其重要，一个人的智慧与能力是有限的，更为重要的是发挥所有成员个体"集结的力量"。所以，在微博中用户群体行为在进行决策过程中，需要充分发挥成员的积极性和主动性，充分利用其成员不同的教育程度、经验和背景，让成员能够进行充分交流与互动，成员之间交流意见、观点和思想等，使每个人都能够接收或吸收他人的意见，为个人决策和群体决策奠定基础。群体成员之间充分交流与互动一方面能够使成员个体充分认识自身意见与观点，进行全面思考；另一方面能够促进群体行为选择，使群体决策观点能够收敛，呈现一致性。这种决策方式会使得群体行为或群体决策的观点能够更好地得到群体成员的认同，也使其更好地接受群体行为的结果。

3.信息认知全面原则

在第7章中，利用复杂网络的元胞自动机模型对微博用户群体行为选择的动力学过程进行分析可知，其行为选择的形成与群体成员个人心理完善程度有着密切关系，因为个人心理完善程度会直接决定成员个人信息认知的全面性与理性，所以在微博用户群体行为决策过程中，必须遵循信息认知全面的原则，确保群体成员能够准确、全面、有效、理性地分析信息、接收信息，确保决策的理性。

所谓信息认知全面原则是指微博用户群体行为决策过程中，成员必须将获得的信息进行全面分析，理性认知。Witkin（1964）提出"场"的概念，认为人们在信息认知过程中倾向于依赖外部环境或以其他参照物作引导，其中场独立者倾向于凭借内部感知加工信息，场依存者在看待事物时往往倾向于从宏观上着眼，从整体上把握，受外界影响较大。Jung（1923）提出的心理类型理论将人格划分为外倾和内倾两类：外倾者好交往，容易受客观现实支配，有良好的适应性；内倾者以自我为中心，注重内心体验，看待事物以主观因素为准则。认知方式表现为个人习惯于采取何种方式认知外界事物，它并没有好坏的区分；但在某些特定方面，不同认知风格对人的影响是不同的，甚至在一个人的一生中，随着年龄的增长，生活阅历的增加，认知风格会发生一些变化，这些变化可能影响人的发展。

信息量丰富，使参与者能够从多个角度全面了解事件进程，能够减少其对事件的猜测，减少不稳定因素的出现。信息发布，尤其是权威信息的性质使其能够在最广的范围内传播，并且能够被参与者接受和信任，所以信息发布，尤其是权威信息的发布也在一定程度上消解了情绪化的现象，确保微博言论的理性与客观。同时，微博影响社会事件的进程和舆论的形成是一个持续不断的过程，而且是变化着的，它会随着人们拥有知识量与

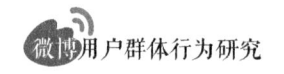

信息量的改变而改变，会因人们对客观事物认知的变化而变化，当人们拥有丰富的知识量与知识视野，拥有宽广的知识范围与知识广度时，人们对待事物才会呈现较为客观的态度，才能对其有较为理性的认知，当人们在参与社会事件的过程中也才会以理性化的态度对其进行认知，这样微博在参与社会事件或舆论形成的过程中才能更好地表现其和谐的社会环境，充分发挥微博的优势与独特性。

在群体中，决策个体的观点是随着时间变化而不断变化的，其中影响其观点变化的三个主要因素是决策个体过去的经验和认知对当前观点的影响、决策个体及决策群体知识水平的高低对群体决策观点演化的影响、决策个体观点值的稳定对当前观点的影响。由此可知，个人认知的全面性、准确性对于群体决策有着至关重要的作用。微博用户群体成员的认知习惯、认知方式、认知态度是一个持续不断的过程，而且是变化的，它会随着人们拥有知识量与信息量的改变而改变，会因人们对客观事物认知的变化而变化，当人们拥有丰富的知识量与知识视野，拥有宽广的知识范围与知识广度时，人们对待事物的态度才能呈现得较为客观和理性，这样使得群体成员在参与社会事件或话题讨论的过程中能够客观分析和考虑各种客观环境，做出理性选择，充分发挥微博用户群体行为的优势。

所以，微博用户群体行为的选择过程，需要关注成员的心理完善程度，即成员所拥有的信息量以及成员对信息的态度、判断与理解，成员不能只是简单地关注某个问题或者了解他人信息，更为重要的是要依靠个人的知识与智慧对信息进行理性、准确的认知和判断，使个人与群体在互动交流过程中能够理性应对外界信息，正确处理垃圾信息和负面信息，合理吸收和分析正面信息与有用信息，而不是简单的人云亦云，使其观点切实体现个人的态度与观点，确保微博用户群体行为决策的准确性和客观性。

8.2 微博用户群体行为规范的构建

正如埃瑟·戴森所说:"数字化世界是一片崭新的疆土,可以释放出难以形容的生产能量,但它也可能成为恐怖主义和江湖巨骗的工具,或是弥天大谎和恶意中伤的大本营"。作为一种新型的信息发布及人际沟通工具,微博影响力是众所周知的,它对人们的生活方式及思维方式都产生了较大影响,在为人们提供各种便利的同时,也给人们的生活带来了较大的负面影响,如果缺乏引导,可能会使公众走向社会的对立面。研究发现,在微博中,个体通过与他人进行信息分享和人际交往,会形成一些非正式的群体或组织,群体以微博为平台,进行实时的互动与交流,群体中的成员相互作用、相互影响,形成群体行为。这些群体行为可能是正面的,宣扬时代主旋律,有利于社会稳定与发展,比如"微博打拐";也有一些负面行为,比如地震过程中的谣言。所以,确立微博用户群体行为规范是规范网络秩序与社会秩序的客观需要,需要从微博平台秩序确立、社会减压与安全机制的保障和微博用户个体的规范约束等方面着手,使微博用户群体行为向着促进微博环境优化和社会环境和谐的方向发展。

8.2.1 微博平台秩序的确立

在Web3.0时代,微博的出现改变了人们的生活方式和思维方式,打破了人们传统的信息接收习惯与信息认知方式,"自媒体"逐渐在互联网络的发展中占据无可比拟的优势地位。"自媒体"的开放性、自由性、交互性等特质打破了传统媒体"内容为王"的信息服务理念,它以用户为中心,打破了传播主体与受众的界限,每个人既是信息接收者,也是信息发布者,其信息接收习惯、认知方式等都会对他人和社会,产生一定影响。通过对微博用户群体行为选择进行复杂网络建模可知,微博用户群体行为

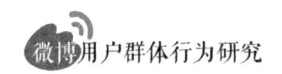

的理性化和规范性与社会宏观环境、微博环境和群体环境密不可分，这就要求政府层面要加强对微博的监管和对网民行为的约束。网络运营商要加强对微博环境的净化和网民行为的监管，规范微博用户群体成员的行为。

第一，政府建立健全法律法规，加强对微博的监管及网民行为的约束。没有规矩，不成方圆。在任何情形下，无论是个人的行为，还是言论，都必须遵守规章制度，在既定规范和约束下开展，不能随意打破，否则会破坏社会秩序，不利于社会稳定与和谐发展。如前所述，微博用户群体是一个开放性平台，它给予人们交流、讨论与交往的空间，为人们在信息交换、人际交往等方面都提供了较为全面、完善的服务，所以为了更好地发挥微博用户群体的作用，政府等相关部门必须确立一定的规则与制度，从宏观上规范成员行为，达到对微博用户群体行为进行监管的目的。

目前，我国政府对微博群体的信息发布限制与要求不是很高，其中可能存在一些失范的信息发布行为。这就导致对网民来说，微博可能是一个无限制平台，这会严重影响微博信息的信度与效度。在国内没有具体翔实的法律法规保障微博用户群体行为合理合法发展的情况下，政府的首要任务是制定完善的法律法规，有针对性地出台一些行政法规等，加强对微博用户群体行为的监管，约束网民信息发布、评论与转发行为，对其进行一定的理性化教育，控制过分的非理性从众行为，减少网民过激行为和过激言论的出现；利用政府行政手段加强对微博用户群体行为的管理，塑造和谐、健康的微博舆论环境，确保微博群体行为是向着符合政府需要、维护社会秩序、促进社会稳定的方向发展。

第二，网络管理者加强对网络的管理与监控。"把关人"这个概念最早是由库尔特·卢因提出的，他指出群体传播中存在一些把关人，只有符合群体规范或社会共同价值标准的信息才能进入传播渠道。在对微博用户群体行为的影响因素进行分析时提出，微博是开放的，其对群体成员行为的约束较小，微博用户群体是完全暴露在开放公开的舆论环境中，其成员行为是完全自由无约束的，使得微博用户群体行为在形成与发展过程中会受到外界各种有利与不利环境和因素的干扰。所以，为了确保微博用户群体行为的规范性，强化微博用户群体行为的秩序与规则，在这个完全开放自由的环境下，除了政府宏观方面的监管与约束，网络管理者作为微博信息的直接管理与监控者，必须严格执行政府的相关规定，加强对网络的管理与监控。一方面，要对微博用户群体产生的信息进行必要的分类，要求成员在群体互动过程中尽量发布与事件或话题相关的信息，不必要的个人信息、闲聊信息不要通过群体方式发表，避免信息价值的消解与弱化；另一方面，要与网民签订微博信息发布协议，要求群体成员要理性发布，不能有过激的行为或言论，不发生恶意攻击他人或谩骂的行为，对一些非理性行为可以采取限期取消发布信息等惩罚性措施，要求网民要理性对待微博信息，有一定的信息认知力与信息辨别力，要通过对自己获取的信息进行理性全面地分析，发表客观言论，塑造和谐的微博用户群体言论环境。

第三，净化微博平台环境，促进信息资源合理利用。"大众媒介是一种可以为善服务，也可以为恶服务的强大工具，如果不加以适当控制，它为恶的可能性则更大"。微博为人们的信息获取和观点分享等提供了一个开放性平台，其中拥有较多的信息资源，如果人们能够合理有效地利用，会获得较多的回报，反之，如果无意放大或利用微博群体中的负面信息，不仅会对微博用户造成一定的损失，同时也可能引发一系列的社会问题，甚至影响社会稳定。所以在对微博用户群体行为进行规范化管理的过程中，必须加强对微博环境的清理与管控，加强对微博用户群体的信息过滤，对一些虚假信息、谣言等要依法严厉打击，尽可能避免负面信息、垃圾信息和不良信息的发布，引导用户关注积极向上、具有正能量的信息以

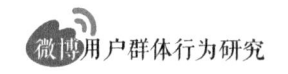

及政府、权威机构与组织所发布的信息,促进微博用户群体中信息资源的合理利用,塑造和谐、干净的舆论环境,确保微博用户群体接收的信息准确性与合法性,以达到对群体行为引导的作用。

8.2.2 社会减压与安全机制的保障

古人所说:"禁于未发之谓预""防为上、救为次、戒为下",重要的是能及时发现"朦胧之时,有朕兆可寻,模糊之时,有端倪可察"的信号。微博虽然是一种信息沟通传递的工具,但通过对现实社会中发生的一些大规模群体性事件进行分析发现,通过群体的聚集,对这些事件或话题的发展会起到助燃与阻燃的作用。在微博用户群体行为选择形成过程中,群体成员心理、行为和动机等与现实社会的各种制度、政府态度等都有重要作用,所以在信息时代要起建立完善的微博用户群体行为秩序,必须追踪溯源,从源头和本质上找到引起微博用户群体行为原因,采取必要的措施解决问题,才能确保微博平台中相关秩序的确立与完善。

第一,加强政府相关制度建立与健全,提升政府公信力。在对微博用户群体行为进行管理和引导的过程中,政府必须加强对自身工作机制的完善,建立健全基本的法律法规,确保公民基本权利能够得到维护;以身作则,以人民利益为导向,奉公守法,依法行政,及时处理社会公众反映的各类问题,积极关注社会公众的利益诉求,确保人民群众的基本利益得到保障;加强政府信息公开,借助政府门户网站、微博和微信平台等,及时发布与政府工作相关的各类信息,接受社会公众监督。制度的完善和政府的自律能够缓解微博用户群体成员的不满情绪,促使其理性地认知与分析各类问题;同时也能够减少社会问题,促使微博用户群体行为向着促进社会和谐稳定的方向发展。

第二,加强权威信息发布与信息公开。微博之所以成为人们获取信息的重要来源,除去其平台自身的优势外,更为重要的是人们从现实社会,尤其是权威机构或媒体获取的信息过少，才转向微博平台。所以在规范微博用户群体行为时，要想真正使其行为合理，还必须从信息质量与信息数量方面进行全面把关，加强信息公开，确保信息的权威性。

一方面，变"堵"为"疏"，积极利用微博用户群体发布权威信息。信息时代，对于信息和新闻，政府的态度不应该是"拖"和"堵"，更重要的在于"疏通"，采取积极有效地措施，解决微博用户和社会公众所关注的问题，化解矛盾，提升政府公信力，增强社会对政府的信任度，以达到社会稳定的目的。

另一方面，加大政府权威信息发布的力度，确保实时性。由霍夫兰"信源可信度"中信源的重要性可知，权威的信息源易被接受。借助政府的权威性，政府信息也有着必然的权威性，所以政府必须充分利用并发挥其所拥有的权威性进行信息发布；同时，权威部门发布的信息是影响微博用户群体行为选择的重要因素，权威信息一般能够更好地被参与者接受和信任，有利于消解微博用户群体中成员的非理性行为，更好地分析权威信息，依据权威信息进行行为选择，确保微博用户群体行为选择的客观性。

第三，畅通诉求表达渠道。有学者提出，"信息就是力量"，网络时代信息的时效性决定了信息的价值，最及时的信息往往是最有价值的信息；所以在面对一些社会事件，尤其是影响重大的事件时，首先要做的是确保信息沟通渠道的畅通，以便使消息在社会公众之间进行有效的传播，加强社会公众之间的沟通，减少负面信息的误导和影响。在对影响微博用户群体行为的因素进行分析时可知，社会公众利益诉求无法实现和政府的不作为导致社会矛盾不断增加，社会公众的不满情绪不断增多，使得微博用户群体行为发生的可能性不断加。所以，这就要求要从社会公众利益诉求表达的层面来减轻社会压力，进而规范微博秩序，传递正能量。

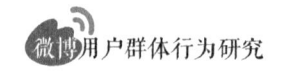

微博用户群体的聚集和群体行为的形成都是出于一些特定目的，都有一定的目标，或表达自己的利益诉求，或解决社会问题，比如"微博打拐""PX事件"、微博公益活动等。群体借助于微博平台的原因主要有两个：一是传统或现实社会中利益或话语表达渠道不畅，个人权益和目标无法有效实现；二是微博平台范围广泛、便利，方便个人目标的实现，相比较而言，前者更为重要。所以想要规范微博用户群体行为，首先必须打通现实社会中利益表达渠道，除了确立必要的法律法规与制度，更为重要的是要加强政府与社会的沟通，关注社会问题，使大部分人的利益诉求能够有效实现，将微博作为一种的辅助补充方式；及时处理社会公众反映的问题，并进行有效反馈，使社会公众有被重视和被关注的感觉，只有这样才能使微博用户群体行为更加理性，不被非理性态度与言论控制，有利于和谐微博群体氛围和环境的塑造。

8.2.3 微博用户个体的规范约束

对信息把关与规范塑造的最高境界是让微博用户群体从我做起，真心接受各种约束与规范，所以必须将自我把关与政府、网络管理者的把关与管理相结合。自我把关是个人在法律法规、道德、价值观等约束之下，理性地、多维度地接受信息，进而决定是否传播该信息并做出最为合理的选择，并倡导个人将自我把关作为一种个人潜意识中的状态。通过对微博用户群体行为选择进行复杂网络建模可知，微博用户群体成员心理的完善程度和个人的自信程度等都会对群体行为选择的理性和群体行为一致性、群体活跃度等产生影响，所以，在微博用户群体行为规范构建过程中，除了要从平台秩序维护和社会减压与安全机制保障方面进行规范，还必须加强对微博用户个体行为规范进行约束，要求群体成员要做到自律和自我完善，理性应对各类问题，确保微博平台良好舆论环境的形成。

第8章 微博用户群体行为的决策原则与规范的构建

第一，培养独立个性与自律。微博用户群体行为的形成和发展及群体成员的从众心理，与相似言论集中引导有关，但同时也与群体成员自身的"网络个性"有密切关系。微博用户群体成员在运用微博发布信息和获得信息的过程中，潜移默化地会受微博群体中其他信息的影响，如果缺少个性与独立的思维能力，则较易受他人影响，发表的言论也会与他人极为相似，完全没有个性与特色。所以，在微博用户群体行为形成过程中，群体成员互动的交流必须保持个人言论的独立性和思想性，一方面要有个性，在对各种社会信息进行理性与客观的分析后，经过独立思考，发表符合自身"网络个性"的言论，要有个性，发表"属于自己的言论"；另一方面要自律，"网络个性"并不是要我行我素，毫无限制，在发表言论的过程中也要充分考虑社会中的现实状况，根据理性分析发表客观言论，不能肆无忌惮地贴出各种信息。所以微博用户群体行为在形成与发展的过程中，要想真正实现群体的目标，必须加强对群体成员社会心理塑造，使其能够在充分掌握社会信息的基础上，能够理性地面对各种言论，经过独立的思考，发表较为客观的言论，而不是简单的盲从。

第二，塑造理性化的应对态度。哈贝马斯从两个方面来论证合理性：一是行动者行动的独立性；二是行动者通过反思与外部世界产生联系。"行动者试图理解行动状况，以便自己的行动计划和行动得到意见一致的安排"，这就是哈贝马斯合理化的论证过程。哈贝马斯从行动合理的角度来论证合理化的问题，而行动的理性不仅仅是从行动本身来考量，更为重要的是行动者的行为以及其与外部世界的关系，只有这样才能确保行动者在思想理性的基础上达到行动的理性化。微博平台是一个开放的空间，用户或参与者可以以各种方式发表言论而不用理会他人的看法与态度，匿名和自由并行的特性使得参与者在言论方面无所顾忌；理性与情绪化并存，好与坏并存，各种言论的表达可能使舆论环境呈现一片混浊的景象。微博

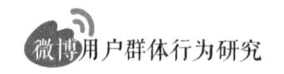

用户群体成员的知识结构参差不齐，有专业人士，有学者，还无任何专业知识的人，他们在参与过程中所表达的言论的信度与效度都是不一样的。专业、学者从自身专业角度对网络事件或社会事件进行多角度的深入剖析，有理有据的透彻分析值得相关部门借鉴；一些没有任何专业知识背景的人，可能是公共事务的受众，他们表达自身的真实感想与意见，也有一定的理性可言，同时也值得受众进行深入反思；还有一些既没有专业知识，又与公共事务没有直接的关系，他们的参与纯属围观或恶意操作，可能会发表理性言论，也可能会恶意中伤。这种情绪会排挤理性化的思考，甚至会影响理性化思考与想法的出现，不仅对自身的思考模式如此，同时也会影响微博群体中他人的思考模式，情绪化的思想会导致参与者在对社会事件认知的过程中带有一定的负面情绪，影响认知的公平性与客观性。所以这就要求微博用户群体成员在进行行为选择的过程中，可以参考和吸收他人的意见，但最为重要的是，在对这些信息进行分析、思考和研判，客观对待这些信息，理性化分析其正确性与合理性，在独立思考的基础上做出行为选择与判断，避免不当行为的出现，维护微博用户群体的良好秩序，使群体行为向着理性化方向发展。

第三，密切关注微博用户群体成员心理，并对群体行为进行合理引导。心理学大师阿诺德从认知的角度对于情绪有着较为明确的定义："情绪是对趋向知觉为有益的、离开知觉为有害的东西的一种体验倾向。这种体验倾向为一种相应的接近或退避的生理变化模式所伴随"（Arnold，1960），他认为情绪的性质并不直接由刺激事件决定，而是由人们对于刺激事件的评估决定的，对于事件有不同的评估结果，人们的情绪也会有较大的不同。沙赫特和辛格则认为："情绪的产生有两个不可缺少的因素：一是个体必须体验到高度的生理唤醒；二是个体必须对生理状态的变化进行认知性的唤醒。情绪状态是由认知过程、生理状态、环境因素在大脑皮层中整合的结果。这可以将

第 8 章
微博用户群体行为的决策原则与规范的构建

上述理论转化为一个工作系统,称为情绪唤醒模型。"拉扎勒斯提出的"认知—评价"理论认为,情绪是人与环境相互作用的产物。在情绪产生的过程中,人们会不断评价外界环境对自身的影响,同时也会不断调节自己对于刺激事件的态度与反应。所以人们的情绪会改变对事件的认知,形成不同的社会舆论态势。突变的感染性原理认为,信息的共振发生本身就含有一种"诱导"同构的意义。在信息涨落过程中,快涨落或最优稳定的涨落携带有最强的信息吸引子,它们成为秩序选择中的获胜者,并且它们将充当一种"诱导"因子,使那些慢涨落部分或不稳定涨落部分的信息被诱导而与快涨落或优稳涨落"同构",从而建立起整体的新秩序。微博用户群体成员由于心理上的不成熟和知识能力的有限性,无法较为准确、全面地获取各种信息或认知其他行为,所以行为表现会存在一定偏差。这就要求用户个人在群体互动中要保持客观性,不能人云亦云,要理性认知和对待微博中的信息;相关部门要加强微博用户群体心理的建设与完善,制定相关的规则与制度,要求用户理性对待微博信息,有一定的信息认知力与信息辨别力,并对思想和行为进行客观引导,合理利用微博用户群体行为产生与发展的规律,促使微博用户群体行为向着有利于社会稳定的方向发展。

微博用户群体行为的形成与发展是一个过程,这个过程是复杂的。在前文对微博用户群体行为形成、群体互动和群体行为选择等进行建模分析的基础上,认为微博用户群体行为的形成和发展并不是无序的,而是有序可循的,同时也是可以被有效塑造,可以通过确立一定的群体行为规范对微博用户群体行为进行有效引导,使之向着有利于社会和谐稳定的方向发展。本章首先从微博用户群体行为的决策原则出发,要培养意见领袖,设置群体议题,引导群体成员的言论与关注的方向;要加强群体成员之间的信息交流与互动,多角度全面了解议题或事件以及其他成员的态度,加强与其他人交流,降低群体行为决策冲突,确保群体行

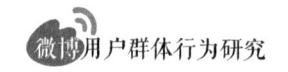

为的准确性与客观性；要促进成员认知的全面性，使群体成员在决策之前能够充分认知信息，为理性决策奠定基础。另外，对于微博用户群体行为，还必须从平台秩序的确立、社会减压与安全机制的保障和微博用户个体规范约束三个方面进行必要规则的建立，确保能够对群体成员行为进行有效的合理约束，保证微博用户群体环境的客观、和谐，促进群体行为的理性化与规范性。

第 9 章

研究结论与展望

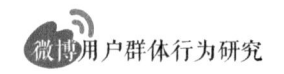

9.1 研究结论

关于复杂性的研究起源于对复杂网络和复杂系统的研究，其中较为著名的是霍兰教授的复杂适应系统（CAS），一个系统的复杂性主要是由系统中个体的适应性造成的。在系统中，个体之间、个体与环境、个体与系统外部因素等都会产生不同程度的互动，这种互动会促使个体不断改变自身结构与行为，进而影响整个系统，使系统具有复杂性。

在复杂网络理论框架下，我们从宏观层面和微观层面去分析微博用户群体行为，宏观层面主要研究在开放的微博平台中，微博用户群体的结构与客观环境的作用以及群体的聚集状态等；在微观层面，主要研究微博用户群体内部各成员之间的互动的群体行为的形成互动与选择。本研究主要的研究内容有微博用户群体行为的复杂网络结构、微博用户群体行为影响因素的解释结构模型、微博用户群体行为形成互动的机理与演化模型、微博用户群体行为选择的复杂网络模型、微博用户群体行为规范构建的对策等。通过对这些内容进行研究，本研究主要得出以下研究结论：

第一，揭示了微博用户群体的结构与复杂性表现。通过实证数据分析发现，微博用户群体的平均路径长度较短，群集聚集程度高，但是群体之间的交互较少，呈现弱关系连接的趋势；群体成员在年龄、学历、地域、职业等方面分布复杂，使得群体呈现多元化，群体结构复杂；在群体中，有的群体成员在其中受到的关注较多，较为活跃，但也有一些成员比较沉默，处于群体边缘位置，群体成员分布呈不均匀状态。

第二，构建了影响微博用户群体行为因素的解释结构模型。在从宏观和微观两方面分析微博用户群体行为复杂性结构的基础上，认为微博用户群体行为受社会宏观环境、微博环境、群体因素和个人因素等多个因素的共同作用。群体成员在面对多样化的环境和变化时，会不断与群体外因素进行交流和沟通，其行为并非一成不变，而是不断变化的，以适应外界变化，使群体成员的思想、观念与行为等都会受到较大影响。将理论分析与案例分析相结合，提取影响因素，并分析各因素之间的关系，建立影响因素的解释结构模型，结果发现，政府工作机制的不完善和相关法律制度的缺失是影响微博用户群体行为的根本原因，而社会矛盾的突出、群体成员的互动与群体成员心理完善程度是影响微博用户群体行为的根本原因。这为监测和引导微博用户群体行为的发展提供了决策依据。

第三，揭示了微博用户群体行为形成互动的机理与演化机理。微博用户群体行为在形成互动过程中，受初始群体成员、"元老级"成员和"明星"成员的行为影响较大，新进成员会首先关注他们，并与其建立关系，这就使得微博用户群体分布极不均匀，成员地位与权威等都有较大区别。微博用户群体行为在形成过程中，会在感知外界环境的基础上与他人沟通互动，做出初步的行为选择，并在与他人交互过程中进行行为调适，最终形成适合群体的行为选择。在互动过程中，会通过暗示与模仿、调适与同化机制进行活动，改变自己的行为或影响他人行为，达到形成微博用户群体行为的目的。在整个形成互动过程中，其行为则受成员个性及周围成员状态影响，当成员个性易变时，群体行为能够在较短时间达成一致，反之需要较长时间；同时也会产生一定数量的子群，随着时间的推移，通过与其他子群或个体互动，促使微博用户群体行为的形成；微博用户群体行为形成互动最终的结果是稳定，且行为有一定的偏向性，会产生行为极化现象。

第四，根据元胞自动机模型，构建了微博用户群体行为选择的复杂网络模型。微博用户群体行为选择受个人因素、环境因素和周围元胞三方面的影响，利用复杂网络基本理论建立演化模型，通过仿真分析发现，微博用户群体行为选择会受个人参与程度影响，个人参与群体互动越积极，群体氛围越活跃，群体行为选择取向可能会更加理性和具有客观性；随着个

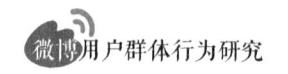

人参与群体互动积极性的增加和环境影响的扩大,微博用户群体行为选择从两极分化向单极聚化发展,也就是说群体越活跃,群体行为达到一致性的可能性越大,反之群体行为会出现对峙的局面;但无论影响程度如何,微博用户群体成员行为选择过程是起伏和变化的,结果是稳定的,呈单极聚化或两极分化发展。同时微博用户群体行为选择需要个人因素和环境因素共同作用,单一因素对群体行为选择的作用有限,其中个人因素是拉力,环境因素是推力,环境因素对微博用户群体行为选择的影响略大于个人因素;而且在群体行为选择过程中,群体成员可能会出现从众行为。

第五,提出微博用户群体行为决策原则和规范构建的对策与建议。为了更好地利用微博用户群体行为的优势、规避其劣势和负面影响,必须从意见领袖与议题的设置、加强成员互动和提高成员认知等方面入手,建立完善的微博平台秩序、完善社会减压与安全机制、规范微博用户个体行为等,尽可能减少群体成员从众行为的产生,使微博用户群体成员能够更加理性地面对和分析所遇到的各种事件,能够进行充分的讨论、交流与互动,让微博用户群体行为选择理性化,促使其向着促进国家稳定和社会和谐的方向发展。

研究微博用户群体行为是为了从群体角度认识微博用户的行为方式和微博用户群体在网络群体性事件的发展以及塑造和谐网络环境方面的作用。从上文分析可知,受宏观和微观因素影响,微博用户群体行为呈现复杂性,同时也具有不稳定性和不预测性,为了能够更好地利用微博用户群体行为,需要应用复杂网络的基本理论和知识,建立模型进行仿真,通过实证方法对微博用户群体行为进行全面研究,只有这样才能更好地认识微博群体的作用。

9.2 研究展望

本研究以复杂网络的理论为基础,通过抓取数据对微博用户行为的基本特性进行分析,得出了一些基础结论,它对于掌握群体成员的心理状态和用户群体行为预测都有一定的意义，同时也是探索微博用户群体行为发展非常重要的基础。

本研究历时三年多，从个体行为到群体行为，从群体成员心理动机到群体行为，从定性研究到定量研究，做了大量的研究工作，但是仍存在一些局限性，主要表现在以下三个方面：

第一，本研究根据复杂网络的理论建立模型过程中，假设群体是比较规则或固定的，对于群体外围或边界的设定也比较清晰；但在真正的微博用户群体中，群体的边界与规模等都是未知的，无法明确，这使得本研究有一定的局限性。所以后续研究需要从群体成员的随机退出与进入角度入手，建立模型开展相关研究。

第二，研究的时效性。从发展的观点来看，微博用户群体行为的发展是一个动态变化的过程中，而且用户的行为与其心理状态和社会状态有着密切的关系。本研究选取的群体行为案例是针对已知的微博用户群体和群体行为进行分析研究，所以研究结论对未知微博用户群体行为的形成与发展的适用性还有待证明。

第三，数据与信息冗余性的考虑。微博用户群体行为在形成发展过程中会产生大量冗余信息，它们对可能对群体成员心理与行为产生影响；本研究的假设是将冗余信息剔除，仅保留对有用信息对微博用户群体行为的作用进行研究，也有一定的局限性。

微博的出现打破了传统信息传递与沟通模式以及人际交往模式，从传统的单一式转化为交互式，可以随时随地进行信息分享与交互。这使得微博在社会中的影响力不断提升，它不仅是人们获取信息和分享信息的重要平台，也是人群集中地以及突发事件、群体性事件的发源地。所以必须对其微博用户群体行为进行研究，有利于减少影响社会稳定的隐患。

未来关于微博用户群体行为的研究，可以从以下几个方面展开：

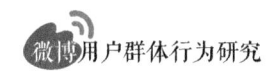

第一，加强研究不同微博用户群体行为形成与发展的区别。要想更好地利用微博用户群体行为服务于国家和社会发展，必须对不同类别的微博用户群体行为的形成与发展进行研究，比如基于食品安全事件形成的群体行为、基于自然灾害类事件形成的群体行为等，探讨不同群体成员心理与行为的变化过程，把握规律，更好地运用于分类引导微博用户群体行为。

第二，微博助燃或阻燃群体行为发展的量化研究。本研究探讨了微博用户群体行为的发生与发展，但对微博在群体行为发展过程中所起作用没有进行深入研究。所以在后续研究中，还需要从实证角度，对微博对群体行为发展的助力与阻力进行量化分析，以更好地认识微博用户群体行为的影响力，为有效引导其发展提供依据。

第三，本研究侧重于微博用户群体行为的相关作用机制和过程进行研究，没有对微博用户群体行为正面影响和负面影响进行深入研究。我们认识到微博用户群体行为的影响，一旦没有引导好群体行为的发展，便可能产生严重的负面影响，其破坏力难以估量。所以我们还必须从风险管理的角度研究微博用户群体行为有效引导的相关问题。

在技术进步的同时，人们总是在追逐着新技术应用的步伐。任何一项新传播技术的产生和发展都与整个社会和时代背景密不可分，它不仅是更高文明的反映，还是更高文明的要求。微博这种新型的信息传播方式也不例外。从经济形态来看，我们处在信息化社会；从精神层面来看，我们处在张扬个性的时代，这种社会需求、技术进步在某种程度上一定会影响人们的工作方式、生活方式和思维方式。因此，如何利用和发挥好微博这块重要的社会交往阵地、信息获取源头、国家安全领域，是今后国家在关注网络安全、社会安全和国家安全工作中必须重视的一个重要问题，也需要更多的学者对微博中的用户群体行为进行深入探讨和研究，更进一步了解其群体行为形成、特性与发展等内容，促使研究内容、角度与深度的不断拓展。

参考文献

[1] 网易科技，数据显示Twitter实际月度活跃用户数仅1.2亿[EB/OL].网易科技.2014-04-17.

[2] 中国互联网络信息中心.第52次中国互联网络发展状况统计报告[EB/OL].中国互联网络信息中心，2023-09-17.

[3] 王欢，张静.论微博与传统媒体的融合[J].情报杂志，2011，30(12):27-31.

[4] Twitter用户数突破5亿大关，成为仅次于Facebook的第二大社交网站[EB/OL]. 36kr. 2014-08-17.

[5] 麦田.深入分析twitter:聚焦和扩散[J].信息网络，2009(8):60-62.

[6] 彭兰.微博发展的动力[J].青年记者，2009(11):55-56.

[7] 骆正林.传统媒体是引导舆论的权威机构[J].新闻爱好者，2012(4):1-4.

[8] 迟新丽.大学生网络交往动机问卷编制及相关问题研究[D].重庆：西南大学，2009.

[9] 张自立，姜明辉.社会媒体用户对谣言关注度的实证研究[J].情报杂志，2012，31(12):81-85.

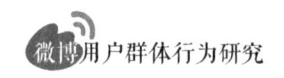

[10] 方明豪，李玉媛.哈贝马斯交往行为理论视阈下的微博舆论的理想言谈情境[J].文化学刊，2012(5):34-36.

[11] 王娟.微博客用户的使用动机与行为[D].济南：山东大学，2010.

[12] 刘鲁川，刘亚文，孙凯，等.整合U&G与ECM-ISC的微博用户持续使用行为模式研究[C].中国信息经济学年会会议.2012.

[13] 李林红，李荣荣.新浪微博社会网络的自组织行为研究[J].统计与信息论坛，2013，28(1):88-94.

[14] 易兰丽.基于人类动力学的微博用户行为统计特征分析与建模研究[D].北京：北京邮电大学，2012.

[15] 赵文兵，朱庆华，吴克文，等.微博客用户特性及动机分析——以和讯财经微博为例[J].现代图书情报技术，2011(2):69-75.

[16] 吴敏琦.微博用户日常生活信息获取行为模式及其影响因素研究[J].情报科学，2013，31(1):86-90.

[17] 新浪微博.Weibo商业化潜力——2012年新浪微博用户发展调查报告[EB/OL].新浪微博.2012-10.

[18] 何黎，何跃，霍叶青.微博用户特征分析和核心用户挖掘[J].情报理论与实践，2011，34(11):121-125.

[19] 杨成明.微博客用户行为特征实证分析[J].图书情报工作，2011，55(12):21-25.

[20] 赵鹏.复杂网络与互联网个性化信息服务的研究[D].合肥：中国科学技术大学，2006.

[21] 李勇.复杂网络理论与应用研究[D].广州：华南理工大学，2005.

[22] 胡倩.C2C电子商务中羊群效应[D].天津：天津大学，2011.

[23] 黄波.互联网用户群体行为产生机理研究[D].北京：北京邮电大学，2013.

[24] 赖华梃.群体规模对从众行为影响研究[D].成都：西南财经大学，2013.

[25] 王冬梅.群集运动控制及其相关特性的研究[D].武汉：华中科技大学，2009.

[26] 贾原.基于复杂社会网络的微博传播实证研究[D].北京：北京邮电大学，2013.

[27] 康书龙.基于用户行为及关系的社交网络节点影响力评价——以微博研究为例[D].北京：北京邮电大学，2011.

[28] 吕思园.基于复杂网络特征的SNS社交网站传播特征研究[D].太原：山西大学，2011.

[29] 郑蕾.面向社会网络的信息传播模型研究[D].上海：上海交通大学，2011.

[30] 熊会会.基于复杂网络的微博客信息传播机制研究——以新浪微博为例[D].广州：华南理工大学，2012.

[31] 刘孟男.网络参与中群体极化行为形成机制研究[D].哈尔滨：哈尔滨工业大学，2010.

[32] 夏艳.网民群体行为及心理研究[D].南昌：南昌大学，2011.

[33] 杨柳.网络社会的群体行为研究[D].南昌：江西师范大学，2009.

[34] 蔡云.突发事件下的群体行为模拟研究——以雪灾下大规模春运为例[D].杭州：浙江大学，2011.

[35] 严磊.基于集群行为社会认同模型的集群行为动力机制研究[D].荆州：长江大学，2012.

[36] 贾烨然.复杂网络的建模分析及其应用[D].哈尔滨：哈尔滨工程大学，2011.

[37] Herbert L .Petri, John M.Govern.动机心理学[M].5版，郭木，译.西

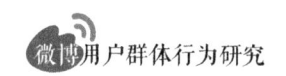

安：陕西师范大学出版社，2005.

[38] 孙强，黄蓓蓓.微博井喷式发展动力何在？——从用户特征角度分析中国微博发展的动力因素[J].广告大观（理论版），2010(6)：45-53.

[39] 司夏萌.互联网信息传播结构下的舆论涌现过程研究[D].北京：北京交通大学，2011.

[40] 何敏华.复杂网络上传播动力学研究[D].武汉：华中科技大学，2009.

[41] 褚建勋.基于复杂网络的知识传播动力学研究[D].合肥：中国科学技术大学，2006.

[42] 余宏旺.通讯网络下群体的动力学行为[D].上海：上海大学，2008.

[43] 倪顺江.基于复杂网络理论的传染病动力学建模与研究[D].北京：清华大学，2009.

[44] 叶祺.大规模网络的社团发现与多层次可视化分析[D].北京：北京邮电大学，2011.

[45] 李淑静.复合复杂网络模型研究与应用[D].青岛：青岛大学，2011.

[46] 赵茂磊.非交易类虚拟社区的成员参与动机研究[D].杭州：浙江大学，2005.

[47] 孙威.微博用户兴趣挖掘与建模研究[D].大连：大连理工大学，2012.

[48] 田军伟.基丁社会网络的用户兴趣模型研究[D].成都：电子科技大学，2010.

[49] 吕文纳.微博用户群体结构的研究[D].北京：北京交通大学，2011.

[50] 赵梦.博客用户的个性化建模研究与实现[D].杭州：浙江大学.2007.

[51] 刘锡伟.复杂网络的动力行为研究：稳定性与同步性[D].上海：复

旦大学，2008.

[52] 薛志斌.智能群体系统集集群行为的动力学建模与分析及其仿真研究[D].兰州：兰州理工大学，2012.

[53] 吴凯，季新生，刘彩霞.基于行为预测的微博网络信息传播建模[J].计算机应用研究，2013, 30(6):1809-1812.

[54] 李军，陈震，黄霁崴.微博影响力评价研究[J].信息网络安全，2012(3):10-13.

[55] 毕鹏程，席酉民，王益谊.群体发展过程中的群体思维演变研究[J].预测，2005(03):1-7.

[56] 裴心雅.微博侵权行为的法律分析[J].行政与法，2010(7):88-90.

[57] 纪莉，张盼.论记者在微博上的媒介使用行为及其新闻伦理争议[J].武汉大学学报(人文科学版).2012(5):117-121.

[58] 汪向征，曹军，焦建利.微博学生用户的交互行为与人格特征的关系研究[J].远程教育杂志，2012(6):39-44.

[59] 钱颖，汪守金，金晓玲，等.基于用户年龄的微博信息分享行为研究[J].情报杂志，2012, (11):14-18.

[60] 瞿泽辉.复杂网络及其在信息领域中的应用[D].成都：电子科技大学，2011.

[61] 冯伟，王国华，王雅蕾，等.官员微博传播与评论者行为:一个实证研究[J].情报杂志，2012, 31(8):5-11.

[62] 汪苤轩.多元互动视角下官员微博行为探究[J].领导科学，2011(32):15-17.

[63] 单飞跃，高景芳.群体性事件成因的社会物理学解释——社会燃烧理论的引入[J].上海财经大学学报，2010, 12(6):26-33.

[64] 乐国安，薛婷，陈浩.网络集群行为的定义和分类框架初探[J].中

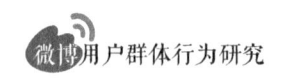

国人民公安大学学报(社会科学版)，2010，26(6):99-104.

[65] 徐旭林.社会群体行为建模及其动力学分析[D].天津：南开大学，2010.

[66] 熊菲.互联网用户行为分析及信息演化模式研究[D].北京：北京交通大学，2013.

[67] 常锐.群体性事件的网络舆情及其治理模式与机制研究[D].长春：吉林大学，2012.

[68] 田占伟.基于复杂网络的微博信息传播研究[D].哈尔滨：哈尔滨工业大学，2012.

[69] 蔡君，赵慧民.基于用户社团变化的大型网络异常群体行为检测[J].西北大学学报(自然科学版)，2013，43(3):383-389.

[70] 薛国林.中国互联网语境的现实逻辑——网络群体行为与政府应对策略[J].人民论坛·学术前沿，2013(12):6-12.

[71] 巴克.社会心理学[M].南开大学社会学系，译.天津：南开大学出版社，1984.

[72] 中国行政管理学会课题组.中国群体性突发事件：成因及对策[M].北京：国家行政学院出版社，2009.

[73] 孙元明.当前国内群体性事件及其发展趋势研究[J].江南社会学院学报，2008(3):6-10.

[74] 陈强，徐晓林，王国华.网络群体性事件演变机制研究[J].情报杂志，2011，30(3):35-38.

[75] 中国行政管理学会课题组，我国转型期群体性突发事件主要特点、原因及政府对策研究[J].中国行政管理，2002(2):6-9.

[76] 杨久华.试论网络群体性事件发生的模式、原因及其防范[J].重庆社会主义学院学报，2009(4):89-92.

[77] 邓希泉.网络集群行为的主要特征及其发生机制研究[J].社会科学研究，2010(1):103-107.

[78] 夏学銮.网络社会学建构[J].北京大学学报(哲学社会科学版)，2004(1):85-91.

[79] 高承实，荣星，陈越.微博舆情监测指标体系研究[J].情报杂志，2011，30(9):66-70.

[80] 代玉梅.微博舆情传播效果的时间维度考察——"螺旋效应""集聚效应"与"涵化效应"[J].西南大学学报（社会科学版），2012(3): 56-60.

[81] 彭柯，朱庆华，王雪芬.微博用户共享行为影响因素研究[J].图书情报知识，2013(2):81-87.

[82] 原福永，冯静，符茜茜.微博用户的影响力指数模型[J].现代图书情报技术，2012(6):60-64.

[83] 陈然.网络论坛活跃群体社交网络研究——从"关注"行为的视角[J].新闻界，2012(18):51-55.

[84] 钟厉.突发事件中谣言传播的群体极化现象[J].新闻爱好者，2012(6):63-64.

[85] 兰月新.突发事件网络舆情谣言传播规律模型及对策研究[J].情报科学，2012，30(9):1334-1338.

[86] 兰月新，邓新元.突发事件网络舆情演进规律模型研究[J].情报杂志，2011，30(8):47-50.

[87] 兰月新，曾润喜.突发事件网络舆情传播规律与预警阶段研究[J].情报杂志，2013，32(5):16-19.

[88] 刘树林，席酉民.群体大小与群体创建决策方案数量的实验研究[J].控制与决策，2002(5):583-586.

[89] 王根生.网络舆情群体极化动力模型与仿真分析[J].情报杂志，

233

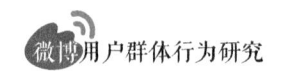

2012，31(3):20-24.

[90] 刘志斌，赵金楼，于剑男.网络信息扩散时效分析及其建模[J].情报杂志，2012，31(4):122-126.

[91] 戴海容.社会冲突视野下网络群体行为分析[J].学术探索，2013(10):108-111.

[92] 王元卓，于建业，邱雯，等.网络群体行为的演化博弈模型与分析方法[J].计算机学报，2015，38(2):282-300.

[93] 魏玖长，韦玉芳，周磊.群体性突发事件中群体行为的演化态势研究[J].电子科技大学学报(社科版)，2011，13(6):25-30.

[94] 方兴东，张静，张笑容.即时网络时代的传播机制与网络治理[J].现代传播(中国传媒大学学报)，2011(5):64-69.

[95] 杨继君，徐辰华，韩传峰.基于信息流的非常规群体性事件中主体决策模型及对策研究[J].情报杂志，2013，32(4):58-62.

[96] 李从东，洪宇翔，谢天.基于系统动力学的群体负面情绪动力机制研究[J].情报杂志，2013，32(5):38-42.

[97] 史伟，王洪伟，何绍义.基于微博平台的公众情感分析[J].情报学报，2012(11):45-49.

[98] 王林，时勘，赵杨，等.基于突发事件的微博集群行为舆情感知实验[J].情报杂志，2013，32(5):32-37.

[99] 李峰，沈惠璋，张聪，等.社会影响的外部性与群体动力学研究[J].科技管理研究，2010，30(21):224-229.

[100] 徐光有，袁年兴.群体性事件中的群体行为探析[J].理论导刊，2011(11):29-32.

[101] 宫敏燕.社会转型期群体行为的社会学思考[J].长春理工大学学报(社会科学版)，2012，25(6):44-46.

[102] 吕传笑，栾晓峰.个体行为与群体行为的互动分析[J].山东省农业管理干部学院学报，2005(5):97-98.

[103] 方锦清，刘强，李永.迅猛发展中的博客-微博网及其各种影响[J].复杂系统与复杂性科学，2011，8(4):68-75.

[104] 狄国强，曾华艺，勒中坚，等.网络舆情事件的系统动力学模型与仿真[J].情报杂志，2012，31(8):12-20.

[105] 叶金珠，佘廉.网络突发事件蔓延机理研究[J].情报杂志，2012，31(3):1-5.

[106] 杜杨沁，霍有光，锁志海.政务微博微观社会网络结构实证分析——基于结构洞理论视角[J].情报杂志，2013，32(5):25-31.

[107] 刘常昱，胡晓峰，司光亚，等.舆论涌现模型研究[J].复杂系统与复杂性科学，2007(1):22-27.

[108] 郭小安，王国华.谣言定性与定量的再思考[J].情报杂志，2012，31(10):59-64.

[109] 兰月新，曾润喜.基于Lotka-Volterra的微博群体竞争模型[J].情报杂志，2013，32(7):59-63.

[110] 杨芳勇.论社会燃烧理论在"重大事项"上的应用——重大事项社会稳定风险评估的理论基础与方法模型[J].中共浙江省委党校学报，2012，28(4):106-111.

[111] 杨志谋，司光亚，李志强.大规模虚拟民众群体行为仿真概念建模研究[J].计算机工程与应用，2011，47(21):231-234.

[112] 杨志谋，司光亚，李志强，等.大规模群体行为仿真模型设计与实现[J].系统仿真学报，2010，22(3):724-727.

[113] 余凤霞，基于元胞自动机的群体行为仿真[D].宁波：宁波大学，2011.

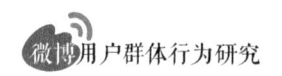

[114] 夏亭，孙绍荣.基于元胞自动机制度下组织化群体行为的模拟研究[J].上海理工大学学报，2012，34(6):520-526.

[115] 贾举.网络集群行为研究[D].西安：陕西师范大学，2010.

[116] 汤志伟，杜斐.网络集群行为的演变规律研究[J].情报杂志，2014，33(10):7-13.

[117] 王建平.从"广州事件"看信息时代的集群行为[J].江淮论坛，2003(4):66-70.

[118] 沈晖.网络集群行为与社会工作介入策略[J].中国地质大学学报(社会科学版)，2009，9(5):94-99.

[119] 朱思鹤.网络集群行为初探[J].网络安全技术与应用，2012(6):64-66.

[120] 周湘艳.从传播学视角反思网络群体行为[J].东南传播，2007(8):53-54.

[121] 蔡前.以互联网为媒介的集体行动研究：基于网络的视角[J].求实，2009(2):44-48.

[122] 田大宪，贾举.网络集群行为的生成机理与调控方略[J].当代传播，2010(4):37-40.

[123] 乐国安，薛婷.网络集群行为的理论解释模型探索[J].南开学报(哲学社会科学版)，2011(5):116-123.

[124] 魏娟，杜骏飞.网络集群事件的社会心理分析[J].青年记者，2009(28):75-76.

[125] 郑知.网络集群行为的一般演变过程[J].东南传播，2011(11):53-55.

[126] 王扩建.网络群体性事件：特性、成因及对策[J].中共南京市委党校学报，2009(5):54-59.

[127] 牛文元.社会物理学理论与应用[M].北京：科学出版社，2009.

[128] 付允，刘怡君，牛文元，等.和谐社会构建中群体性事件演化过程分析[C].和谐发展与系统工程——中国系统工程学会年会.2008.

[129] 范泽孟，牛文元.社会系统稳定性的调控机理模型[J].系统工程理论与实践，2007(7):69-76.

[130] 朱力，卢亚楠.现代集体行为中的新结构要素——网络助燃理论探讨[J].江苏社会科学，2009(6):84-90.

[131] 曹嘉霖.网络群体事件演化机理研究——以"周久耕事件"为例[D].上海：上海交通大学，2012.

[132] 孙佰清，景东，马万里.网络舆论集群行为的动态仿真及可视化引导路径研究[J].哈尔滨工业大学学报(社会科学版)，2011，13(5):20-26.

[133] 杨蕾.网络集群行为的形成机理及应对策略研究[D].上海：上海交通大学，2010.

[134] 陆园园，薛镭.基于复杂适应系统理论的企业创新网络研究[J].中国科技论坛，2007(12):76-80.

[135] 陶文昭.互联网群体极化评析[J].思想理论教育，2007(17):9-12.

[136] 薛婷，陈浩，乐国安.集群行为诸理论的整合模型[J].心理科学，2010，33(6):1439-1443.

[137] 刘德胜，司光亚，蒋亚群，等.面向战争问题的群体行为建模研究综述[J].系统仿真学报，2013，25(2):197-202.

[138] 程洁，狄增如.复杂网络上集群行为与自旋模型[J].力学进展，2008(6):733-750.

[139] 王林，赵扬，时勘.集群行为的价值性执行意向微博实验研究[J].情报学报，2013(1):36-39，

[140] 胡斌，殷芳芳.集成CA与QSIM的非正式组织群体行为演化的定性模拟[J].中国管理科学，2005(5):132-138.

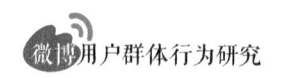

[141] 张芳, 司光亚, 罗批. 谣言传播模型研究综述[J]. 复杂系统与复杂性科学, 2009, 6(4):1-11.

[142] 吴江, 胡斌. 信息化与群体行为互动的多智能体模拟[J]. 系统工程学报, 2009, 24(2):218-225.

[143] 宋恩梅, 左慧慧. 新浪微博中的"权威"与"人气": 以社会网络分析为方法[J]. 图书情报知识, 2012(3):43-54.

[144] 张义庭, 谢威. 基于熵理论的高校突发事件网络舆情五力模型构建[J]. 情报杂志, 2012, 31(11):19-22.

[145] 杜杨沁, 霍有光, 锁志海. 基于复杂网络模块化的微博社会网络结构分析——以"上海发布"政务微博为例[J]. 图书情报知识, 2013(3): 81-89.

[146] 汪小帆, 李翔, 陈关荣. 复杂网络理论及其应用[M]. 北京: 清华大学出版社, 2005.

[147] 郭进利. 复杂网络和人类行为动力学演化模型[M]. 北京: 科学出版社, 2013.

[148] 李青, 朱恒民. 基于BA网络的互联网舆情观点演化模型研究[J]. 情报杂志, 2012, 31(3):6-9.

[149] 唐漾. 复杂网络动力学及其应用的若干问题研究[D]. 上海: 东华大学, 2010.

[150] 周海平. 复杂网络的演化模型及传播动力学研究[D]. 贵阳: 贵州大学, 2009.

[151] 赵松年. 元胞自动机和复杂性研究[J]. 物理, 1994(9):566-570.

[152] 郑兰. 微博客世界中用户间互动对用户微博使用行为的影响研究[D]. 北京: 北京邮电大学, 2012.

[153] 黄晚霞, 王志明. 员工群体行为复杂性分析[J]. 科技管理研究, 2005(11):109-111.

[154] 陈波，于泠，刘君亭，等.泛在媒体环境下的网络舆情传播控制模型[J].系统工程理论与实践，2011，31(11):2140–2150.

[155] 许丹，李翔，汪小帆.复杂网络理论在互联网病毒传播研究中的应用[J].复杂系统与复杂性科学，2004(3):10–26.

[156] 杨善林，朱克毓，付超，等.基于元胞自动机的群决策从众行为仿真[J].系统工程理论与实践，2009，29(9):115–124.

[157] 谈友胜.国外从众行为理论研究进展述评[J].生产力研究，2010(9): 247–250.

[158] 刘志明，刘鲁.面向突发事件的民众负面情绪生命周期模型[J].管理工程学报，2013，27(1):15–21.

[159] 章士嵘.心理学哲学[M].北京：社会科学出版社，1998.

[160] 钱晓蓉.公共管理中网络集群行为的研究[D].苏州：苏州大学，2011.

[161] 塞缪尔·亨廷顿.变化社会中的政治秩序[M].王冠华，刘为，译.上海：上海三联出版社，1989.

[162] 张明军，陈朋.2011年中国社会典型群体性事件的基本态势及学理沉思[J].当代世界与社会主义，2012(1):140–146.

[163] 魏娟.网络集群对政府形象的影响及对策研究[EB/OL].江西广播电视网，2011-06-09.

[164] 王冰.复杂网络的演化机制及若干动力学行为研究[D].大连：大连理工大学，2006.

[165] 哈贝马斯.公共领域的结构转型[M]，曹卫东，译.上海:学林出版社.1999，

[166] 斯蒂芬·P·罗宾斯.组织行为学[M].孙健敏，李原，黄小勇，译.北京：中国人民大学出版社，2005.

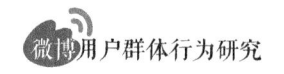

[167] 张宁.复杂网络实证研究——中国教育网[J].系统工程学报，2006(4):337-340.

[168] 陈森发.复杂系统理论与方法[M].南京:东南大学出版社，2005.

[169] 方建移，章洁.大众传媒心理学[M].杭州：浙江大学出版社，2007.

[170] 网络时代的反思:互联网对思维和行为方式的改变[EB/OL].百度文库，2011-11-26.

[171] 强韶华，吴鹏.突发事件网络舆情演变过程中网民群体行为仿真研究[J].现代图书情报技术，2014(6):71-78.

[172] 王丽新.基于情绪传染模型的群体仿真技术研究[D].哈尔滨：哈尔滨工业大学，2012.

[173] 黄少华，翟本瑞.网络社会学：学科定位于议题[M]．北京：中国社会科学出版社，2006.

[174] 王志琳.心灵·自我·社会——米德的社会行为主义述评[J].赣南师范学院学报，2003(5):56-59.

[175] 塔尔德，帕森斯.模仿律[M].何道宽，译.北京：中国人民大学出版社，2008.

[176] 马克思，恩格斯.马克思恩格斯全集[M].中共中央马克思、恩格斯、列宁、斯大林著作编译局，编译.北京：人民出版社，1998.

[177] 王志明.企业群体行为复杂性的定性模拟研究[D].武汉：华中科技大学，2006.

[178] 黎艳玲.基于元胞自动机的社会复杂系统仿真模型研究[D].南宁：广西师范大学，2010.

[179] 张佳慧，陈强.社会燃烧理论视角下网络群体性事件发生的研究[J].电子政务，2012(7):63-67.

[180] 高抗.试论网络集群行为的生成演变机理——以胡斌飙车案引发

的网络公共事件为例[J].中共浙江省委党校学报,2010,26(5):80-84.

[181] 文卫勇,胡嘉,徐锋.突发性群体事件演化过程中的网络舆情因素分析[J].南昌大学学报(人文社会科学版),2012,43(2):55-59.

[182] 郭庆光.传播学教程[M].北京:中国人民大学出版社,1999.

[183] 路茂林.图书馆危机管理与灾害教育体系的构建[J].高校图书馆工作,2010,30(1):53-55.

[184] 汪小帆,李翔,陈关荣.网络科学导论[M].北京:高等教育出版社,2012.

[185] 郭进利.复杂网络和人类行为动力学演化模型[M].北京:科学出版社,2013.

[186] 何铮,张晓军.复杂网络在管理领域的应用研究[M].成都:电子科技大学出版社,2013.

[187] 罗家德.社会网分析讲义[M].北京:社会科学文献出版社,2010.

[188] 古斯塔夫·勒庞.乌合之众:大众心理学研究[M].冯克利,译.南宁:广西师范大学出版社,2015.

[189] 哈罗德·伊罗生.群氓之族:群体认同与政治变迁[M].邓伯宸,译.南宁:广西师范大学出版社,2015.

[190] 尼古拉斯·克里斯塔基斯,詹姆斯·富勒.大连接:社会网络是如何形成的以及对人类现实行为的影响[M].简学,译.北京:中国人民大学出版社,2013.

[191] 吕文纳.微博网络群体结构的研究[D].北京:北京交通大学,2011.

[192] 辛强伟.复杂网络上的信息传播[D].西安:西安理工大学,2007.

[193] 戴海容.社会冲突视野下网络群体行为分析[J].学术探索,2013(10):108-111.

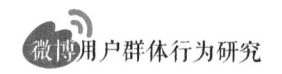

[194] 刘正荣.从非理性网络舆论看网民群体心理[J].现代传播(中国传媒大学学报),2007(3):167-168.

[195] 宋军,吴冲锋.中国股评家的羊群行为研究[J].管理科学学报,2003(1):68-74.

[196] 兰月新.突发事件微博舆情扩散规律模型研究[J].情报科学,2013,31(3):31-34.

[197] 张玉,李治权.论网络公共话语空间的政策价值及其制度培育的必要性[J].天津社会科学,2011(4):60-63.

[198] 汪大海,何立军,玛尔哈巴·肖开提.复杂社会网络:群体性事件生成机理研究的新视角[J].中国行政管理,2012(6):71-75.

[199] 杨志谋,司光亚,李志强等.群体行为建模理论基础与建模方法研究[J].系统仿真学报,2009,21(16):4921-4925.

[200] 邓华国,陈强.加值理论视角下网络群体性事件发生机制研究[J].电子政务,2012(6):69-73.

[201] Takayuki Niizato, Yukio-Pegio Gunjia. Metric-topological Interaction Model of Collective Behavior[J]. Ecological Modelling,2011,222(17):3041-3049.

[202] Shin D H .The Evaluation of User Experience of the Virtual World in Relation to Extrinsic and Intrinsic Motivation[J].International Journal of Human-computer Interaction, 2009, 25(6):530-553.

[203] Papacharissi Z , Rubin A M .Predictors of Internet Use[J].Journal of Broadcasting & Electronic Media, 2000, 44(2):175-196.

[204] Cheong M, Lee V. Dissecting Twitter: A Review on Current Microblogging Research and Lessons from Related Fields[J]. Sociology to Computing in Social Networks: Theory, Foundations and Applications, 2010, 1(3): 343-362.

[205] Wilson D W. Monitoring Technology Trends with Podcasts, RSS and Twitter[J]. Library Hi Tech News, 2008, 25(10):8–12.

[206] Morales A J, Losada J C, Benito R M. Users Structure and Behavior on An Online Social Network During a Political Protest[J]. Physica A: Statistical Mechanics and Its Applications, 2012,391(21):5244–5253.

[207] Bachnik W, Szymczyk S. Quantitative and Sociological Analysis of Blog Networks[J]. Acta Physica Polonica B,2005, 36(10):3179–3191.

[208] Grabowski A. Human Behavior in Online Social Systems[J].The European Physical Journal B–Condensed Matter and Complex Systems, 2009, 69(4):605–611.

[209] Qiang Yan, Lianren Wu, Lan Zheng. Social Network Hased Microblog User Behavior Analysis[J]. Physica A: Statistical Mechanics and Its Applications, 2013,392(7): 1712–1723.

[210] Albert R, Jeong H, Barabási A L. Error and Attack Tolerance of Complex Networks[J]. Nature, 2000, 406(6794): 378–382.

[211] Crabtree I, Soltysiak S. Identiying and Tracking Changing Interests[J]. International Journal of Digital Libraries, 2011,2(1):38–53.

[212] Dogbe C . On the Modelling of Crowd Dynamics by Generalized Kinetic Models[J].Journal of Mathematical Analysis and Applications, 2012, 387(2):512–532.

[213] McPhail C. Stereotypes of Crowds and Collective Behavior: Looking Backward, Looking Forward[J]. Stud. Symbolic Interact.1997,3(Suppl):35–58.

[214] Turner R, Killian L M. Collective Behavior[M]. New York: Prentice Hall, 1972.

[215] Helbing D, Farkas I·J., Vicsek T. Simulating Dynamical Features of

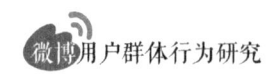

Escape Panic[J]. Nature,2000, 407 (28):487-490.

[216] Blumer H. Collective Behavior[M]. New York: Barnes & Noble,1939.

[217] Allport F H. Social Psychology[M]. Boston: Houghton Mifflin, 1924.

[218] Iain Couzin. Collective Minds[J]. Nature, 2007(445):715.

[219] S·Cooper, Z·Popovic, A·Treuille. Continuum Crowds[J]. ACM Trans. Graphics (TOG),2006,25 (3):1160-1168.

[220] Farkas I, Helbing D, Vicsek T. Social Behavior: Mexican Waves in an Excitable Medium[J]. Nature,2002(419): 131-132.

[221] Helbing D.. Traffic and Related Self-driven Many-particle Systems[J]. Reviews of Modern Physics,2001:73.

[222] Festinger L. A Theory of social Comparison Processes[J]. Human Relation,1954 (7):117-140.

[223] Eigen M, Schuster P.The hypercycle, a principle of natural self-organization[M].Springer-Verlag,1979,14(5):219.

[224] Granovetter, Mark.Threshold Models of Collective Behavior[J]. American Journal of Sociology, 1978, 83(6):1420-1443.

[225] Chang E C , Cheng J W , Khorana A .An Examination of Herd Behavior in Equity Markets: An International Perspective[J].Journal of Banking & Finance, 2000, 24(10):1651-1679.

[226] Abhijit V Banerjee. A Simple Model of Herd Behavior[J]. The Quarterly Journal of Economics,1992,1(107):797-817.

[227] Lakonishok J , Shleifer A , Vishny R W .The impact of institutional trading on stock prices[J].Journal of Financial Economics, 1992, 32(1):23-43.

[228] Watts D J, Strogatz S H. Collective Dynamics of "Small-world" Networks[J]. Nature, 1998, 393(6684): 440-442.

[229] Levine P .Civic Renewal and the Commons of Cyberspace[J].National Civic Review, 2001, 90(3):205–212.

[230] Codd E F.Cellular Automata[M]. New York: Academic Press,1968.

[231] Wolfram S . Universality and Complexity in Cellular Automata[J]. Physica D Nonlinear Phenomena, 1984, 10(1):1–35.

[232] John Maynard Keynes. The General Theory of Employment, Interest and Money [M].New York: Harcout Brace and Co., 1936.

[233] Iwanaga S , Namatame A .Collective Behavior in Cascade and Schelling Model[J].Procedia Computer Science, 2013, 24(1):217–226.

[234] Parrish J K, Edelstein Keshet L. Complexity, Pattern, and Evolutionary Trade-off in Animal Aggregation[J].Science,1999,284(5411): 99–101.

[235] Huth A, Wissel C. The Simulation of the Movement of Fish Schools[J]. Journal of Theoretical Biology, 1992, 156(3): 365–385.

[236] Festinger L. A Theory of Social Comparison Processes[J]. Human Relations, 1954, 7(2): 117–140.

[237] Zheng X, Zhong T, Liu M. Modeling Crowd Evacuation of a Building Based on Seven Methodological Approaches[J] , Build. Environ,2009,44 (3):437–445.

[238] Spieser K,Davison D E. Multi-agent Stabilisation of the Psychological Dynamics of One-dimensional Crowds[J] , Automatica,2009,45 (3):657–664.

[239] Blue V J , Adler J L .Cellular Automata Microsimulation of Bi-Directional Pedestrian Flows[J].Transportation Research Part B Methodological, 2001, 35(3):293–312.

[240] Neil J Smelser. Theory of Collective Behavior[M]. New York: Free Press, 1962.

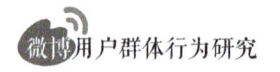

[241] Lewin K . Principles of Topological Psychology[M]. New York: McGraw. 1936.

[242] McPhail C. The Myth of the Madding Crowd[M]. New York:Aldine de Gruyter, 1991.

[243] Coser Lewis. The Function of Conflict[M].London： Free Press， 1956.

[244] Aveni A. The Not-so-lonely Crowd: Friendship Groups in Collective Behavior[J] , Sociometry,1977,40 (1):96 - 99.